All rights reserved.
All the contents in this book are protected by copyright law.
Unlawful use and copy of these are strictly prohibited.
Any of questions regarding above matter, need to contact 나녹那碌.
이 책에 수록된 모든 콘텐츠는 저작권법에 의해 보호받는 저작물이므로 무단전재와 무단복제를 금합니다. 나녹那碌(nanokbookcafe@naver.com)으로 문의하기 바랍니다.

인도는 왜?

펴낸곳 | 나녹那碌
펴낸이 | 형난옥
지은이 | 박금표, 고태진, 이동원
편집 | 김보미
표지 디자인 | SOHA
내지 디자인 | 이애란
초판1쇄 인쇄 | 2024년 12월 15일
초판1쇄 발행 | 2024년 12월 20일
등록일 | 제 300-2009-69호 2009.06.12
주소 | 서울시 종로구 평창21길 60번지
전화 | 02-395-1598 팩스 | 02-391-1598

ISBN 979-11-91406-26-9

박금표
고태진
이동원   지음

나녹
那碌

머리말

인도의 사회·문화적 이해를 돕는 지침서

인도는 2024년 현재 세계에서 인구가 가장 많은 나라입니다. 인구가 많을 뿐만 아니라 평균 연령 기준으로 매우 젊은 나라에 속하며, 경제 강국으로 부상하고 있습니다. 우리나라와 인도가 교류한 역사는 김수로왕의 왕비 허황옥이 아유타에서 왔다는 『삼국유사』의 기록까지 거슬러 올라갑니다. 그러나 현대 역사에서는 공식 수교가 1973년에야 체결될 정도로 양국 관계가 소원했던 시기도 있었습니다. 인도는 명상의 나라라는 이미지가 강했으나, 2010년 한-인도 포괄적경제동반자협정CEPA을 체결하면서 이런 이미지가 변화하기 시작했고, 현재는 다양한 분야의 경제 교류가 이루어지며 "앞으로는 인도다!"라는 말도 흔히 듣습니다.

1972년 한국외국어대학교에 인도어과가 설립되었습니다. 이후 인도어뿐만 아니라 인도 역사와 지역학 연구가 활발히 이루어졌고, 관련 교과목이 개설되었습니다. 학생들뿐 아니라 인도에 관심 있는 이들이 "인도는 정말 궁금하다"라는 말을 자주 하는데, 구체적으로 무엇이 궁금한지 물어보면 신비로움, 위생 문제, 빈곤, 카스트 제도, IT 산업발전 등을 꼽습니다. 인도의 현재 모습을 다양한 매체를 통해 접할 수는 있지만, 그러한 관습의 배경이나 그 이면에 담긴 이야기를 파악하고 궁금증을 풀기는 어렵다고 합니다.

다시 말해, 인도는 최근 세계적인 경제 성장국으로 주목받고 있지만, 그 뒤에는 수천 년 동안 형성된 독특한 문화적 전통과 복잡한 사회 구조가 자리하고 있습니다. 따라서 인도를 이해하기 위해서는 단순히 경제적 관점을 넘어서는 깊이 있는 접근이 필요합니다.

이 책은 인도 언어, 문학, 역사 전공자가 공동으로 집필했습니다. 먼저 학생들이 가장 궁금해하는 키워드를 수집한 뒤, 인도하면 떠오르는 이미지 11개로 구분하고 해당하는 항목들을 선별하여 집필하는 방식을 채택했습니다. 또한 각 항목에 '우리나라에서는'에 해당하는 내용을 추가하여, 독자들이 우리나라와의 차이를 이해할 수 있도록 구성했습니다. 예컨대, '인도는 더럽다?'라거나 '인도는 강하다?'라는 이미지에 대해 실제로 더럽다면 어떤 양상에서 그런지, 강하다면 구체적으로 어떤 부분에서 강하다고 볼 수 있는지를 설명하여 다양한 궁금증을 풀 수 있도록 했습니다. 이 책은 인도의 사회적·문화적 이해를 돕는 지침서로서, 독자들이 인도에 대한 고정관념을 넘어서 새로운 시각으로 인도를 바라볼 수 있도록 돕는 데 목적을 두고 있습니다. 최근 출판된 많은 인도 관련 서적들이 경제와 산업에 초점을 맞추는 경향이 있지만 이 책은 일상생활, 사회 구조, 전통문화, 종교적 관습 등 인도인의 삶을 포괄적으로 다루고 있습니다.

　이 책은 인도의 사회와 문화를 폭넓고 생생하게 이해하고자 하는 다양한 독자층을 대상으로 합니다. 중고등학생, 일반 대중은 물론, 인도 진출을 고려하는 스타트업 기업 관계자나 비즈니스 전문가까지 누구나 쉽게 접근하여 인도의 다채로운 면모를 이해할 수 있도록 구성되었습니다.

　이 책은 단순히 정보를 전달하는 데 그치지 않습니다. 독자들의 궁금증을 해소함과 동시에 새로운 질문을 던지고 스스로 답을 고민할 수 있는 계기를 마련하고자 합니다. 이 책은 인도의 경제적 성장 이면에 자리한 일상적 생활문화와 가치관을 깊이 이해하는 데에도 적지 않은 도움이 될 것입니다. 나아가 이 책을 읽는 사람들의 인도에 대한 관심이 한층 더 깊은 이해와 애정으로 이어지기를 바랍니다.

　요즈음 종이책 판매량이 줄어드는 어려운 출판 환경 속에서도 인도에 대한 애정으로 출판을 추진해주신 김보미 편집자님을 비롯한 관계자분들께 감사드립니다. 아울러 이 책을 위해 개인 소장 사진 자료를 기꺼이 내주신 분들께도 깊은 감사를 드립니다.

2024년 가을의 끝자락에서
저자 일동

차례

■ 머리말_인도의 사회·문화적 이해를 돕는 지침서 4

1 인도는 더럽다?

왜 야외에서 용변을 볼까요? 11 / 닿아선 안 되는 사람이 있다고요? 14 / 왼손으로 음식을 먹으면 안 되나요? 17 / 왜 쓰레기가 아무 데나 버려져 있나요? 21 / 소똥과 소오줌도 약으로 쓴다고요? 25

2 인도는 화려하다?

왜 인도 영화에는 노래와 춤이 빠지지 않나요? 33 / 왜 한밤중에 결혼식을 할까요? 35 / 왜 결혼할 때 붉은 칠을 할까요? 40 / 왜 하얀 피부가 미의 기준일까요? 43 / 홀리와 디왈리는 어떤 의미의 축제일까요? 47

3 인도는 복잡하고 어지럽다?

인도에는 얼마나 많은 신이 있을까요? 55 / 인구 1위국이 인도라고요? 61 / 언어가 몇 개나 될까요? 64 / 왜 인도 영어는 알아듣기 힘들까요? 69 / 왜 그렇게 경적을 울려 댈까요? 73 / 인도는 더운 나라일까요? 76 / 왜 입버릇처럼 'No Problem'이라고 할까요? 81

4 인도는 신비롭다?

인도인은 누구나 채식주의자인가요? 87 / 냄새나고 풀풀 날리는 쌀일수록 고급이라고요? 91 / 탈리가 무엇인가요? 93 / 왜 공휴일에는 술을 팔지 않을까요? 96 / 인도인은 무엇을 위해 살까요? 100 / 인생이 네 단계로 나뉜다고요? 105 / 왜 죽으면 화장을 할까요? 109 / 말세는 언제부터 시작된 걸까요? 114

5 인도 사회는 평등/불평등하다?

카스트가 지금도 있나요? 121 / '좋은 이름'이 뭘까요? 125 / 힌디어에도 반말과 존댓말의 구분이 있을까요? 128 / 헌법에 규정된 할당제는 무엇인가요? 130 / 여성도 사회 활동을 하나요? 133 / 여성 할당제란 무엇일까요? 1372 / 왜 여성은 전통의상을 선호할까요? 141 / 왜 무슬림 여성은 얼굴을 가리나요? 145

6 오늘날의 인도는 영국이 만들었다?

왜 바스쿠 다가마는 인도로 갔을까요? 151 / 영국은 어떻게 인도를 식민지로 삼았을까요? 155 / 왜 세포이 항쟁이 시작되었을까요? 159 / 짜이를 언제부터 마시기 시작했을까요? 166 / 왜 크리켓에 열광할까요? 171 / 왜 인도와 파키스탄은 분리되었을까요? 176 / 왜 힌두와 무슬림의 갈등이 생기나요? 182

7 인도는 종교의 나라다?

힌두교는 포용적일까요? 189 / 왜 자이나교 승려는 하늘을 입을까요? 193 / 왜 인도에는 불교도가 적을까요? 197 / 왜 씨크는 터번을 쓰고 다닐까요? 202 / 왜 조로아스터교도가 인도에 가장 많을까요? 207

8 인도는 신화의 나라다?

왜 인도를 '바라뜨'라고 부를까요? 213 / 왜 가네샤는 상아가 하나만 있나요? 218 / 왜 라마는 씨따를 버렸나요? 222 / 하누만은 어떻게 신이 되었나요? 229 / 왜 힌두는 꿈브 멜라에 목숨을 걸까요? 234

9 인도는 위험하다?

왜 아요댜에서는 분쟁이 계속 될까요? 241 / 왜 성폭력이 빈번한가요? 245 / 왜 테러가 자주 발생할까요? 249 / 명예살인은 도대체 무엇일까요? 252 / 왜 지참금을 법으로 금지했을까요? 256 / 왜 과부는 싸띠를 했을까요? 261

10 인도는 거대하다?

인도를 통일한 최초의 왕은 누구일까요? 269 / 세계 최대 사랑의 무덤은 무엇일까요? 274 / 왜 티베트 망명정부가 인도에 있을까요? 278 / 인도의 총선은 어떻게 진행되나요? 282 / 인도 최고 통치권자는 누구일까요? 286

11 인도는 강하다

인도 교육 체계는 우리와 다른가요? 293 / 입시 도시 꼬따를 아시나요? 297 / 왜 네루는 IIT를 세웠을까요? 301 / 왜 IT 기업 CEO에 인도인이 많은가요? 304 / 주가드 정신을 들어 보셨나요? 311 / 인도는 어떻게 우주 강국이 되었을까요? 316 / 인도의 힘은 무엇인가요? 320

■ 참고문헌 328 / ■ 사진 출처 334 / ■ 찾아보기 337

1
인도는 더럽다?

왜 야외에서 용변을 볼까요? / 닿아선 안 되는 사람이 있다고요? / 왼손으로 음식을 먹으면 안 되나요? / 왜 쓰레기가 아무 데나 버려져 있나요? / 소똥과 소오줌도 약으로 쓴다고요?

왜 야외에서 용변을 볼까요?

오스트리아인 헤세 바르텍Hesse Wartegg이 1894년 6월 한 달여를 조선에 머무르면서 『조선, 1894년 여름』이라는 책을 썼습니다. 당시 조선의 실상을 상세하게 적은 이 책은 서울이 '더럽고 똥 천지인 도시'라고 묘사하고 있습니다. 아마도 그때는 집집마다 화장실이 있었던 것도 아니고, 공중화장실이라는 개념도 없었기에 집 밖에서 용변을 봤을 것입니다. 1980년대까지도 우리나라에는 '푸세식' 화장실이 많았으며, 남녀 구분 없이 사용하는 공중화장실은 비위생적일 뿐 아니라 악취도 심했습니다.

    변소라는 말은 용변을 보는 장소를 의미합니다. 현재의 화장실은 대개 수세식 화장실을 가리키는데 수세식이 아닌 화장실인 경우 '푸세식'이라는 말을 쓰기도 합니다. 수세식은 용변을 물로 씻어 내리는 것이고, 푸세식은 배설한 장소에 용변이 쌓이면 이를 일정 기간에 한 번씩 퍼내는 것입니다. 변소 가운데 푸세식이라 부를 수 없는 경우는 용변을 보는 장소 아래 동물 우리가 있고 배설된 변을 동물이 먹는 경우일 것입니다.

    변소를 '용변을 보는 장소'로만 규정한다면 인간은 배설하지 않고는 살 수 없는 존재이기에 인간이 사는 곳에는 변소가 만들어져 있습니다. 그러면 고대 인도에서는 어떠한 형태의 변소가 사용되었을까요?

우리가 생각하는 그 푸세식 변소와 비슷할까요?

인도의 배설물 처리시설의 역사는 매우 오래되었고 세계적으로도 유래를 찾아보기 힘들 정도로 뛰어난 시설들이 인더스 문명시대부터 존재했던 것으로 추정됩니다. 인더스 문명 유적지에서는 대형 목욕탕과 함께 하수시설이 발견되었습니다. 그리고 하수시설의 일부로 각 집에는 변소가 있어, 이곳에서 용변을 보면 물에 씻겨 내려가 하수도를 통해 도시 외곽으로 흘러나갔습니다. 단순히 외곽으로 향하는 물길을 만들어 둔 것이 아니라 붉은 벽돌로 하수가 흘러나가는 곳을 덮은 상태로 말입니다. 그러니까 인더스 문명에서 발견된 용변을 보는 장소는 푸세식 변소가 아니라 일종의 수세식 변소인 셈입니다.

그렇다면 그러한 수세식 변소의 역사가 이후에도 지속되었을까요? 인더스 문명의 원주민들은 농경 사회를 구축했습니다. 그러나 이후 인도로 이주한 아랴인들은 유목민으로, 이들은 인더스 문명 유적지에서 볼 수 있는 수세식 변소를 만들지 않았습니다.

고대 힌두의 생활 전반을 규정한 『마누법전*Manusmṛti*』에는 용변에 관한 규정도 있습니다. 용변을 보지 말아야 할 곳은 '길거리, 태운 재, 그리고 소를 기르는 곳'입니다. 이러한 곳을 피해서 '나무, 흙덩어리, 나뭇잎, 풀' 등으로 몸을 가리고 머리를 덮고, 말을 삼가며 경건하게 용변을 보아야 합니다. 물론 몸을 가렸다 하더라도 불, 성자, 해, 물, 암소 등을 바라보면서 용변을 보아서도 안 됩니다. 그러면 얼굴은 어디로 향해야 할까요? 낮에는 얼굴을 북쪽을 향하고, 밤에는 남쪽으로 향하고 대소변을 보아야 합니다. 그러나 용변, 치장, 목욕, 양치질, 눈에 검은 칠하기, 천신들에 대한 예배는 아침에 행해야 한다는 규정이 있으니, 아침에 대변을 보아야 한다는 것입니다.

인도에는 힌두뿐 아니라 무슬림도 많습니다. 이슬람교의 생활 규정에 따르면 변소에 들어갈 때는 왼발부터, 나올 때는 오른발부터 나와야 합니다. 남녀 불문하고 용변은 앉아서 보아야 하는데, 남성들도 소변을 앉아서 보아야 한다고 강조하는 것은 용변이 몸에 묻는 것을 불결하게 여기기 때문입니다.

변소에서 볼일을 본 후에는 힌두와 무슬림 모두 손을 닦아야 합니다. 『마누법전』에는 '흙이나 물'로 닦아야 한다고 되어 있고, 이슬람교 생활 규정에서는 '물이나 돌'이라고 되어 있습니다. 물이 정화작용을 한다고 여기는 것은 공통이지만, 이슬람교는 사막에서 탄생한 종교이기 때문에 흙보다는 돌이나 모래를 사용한 듯합니다.

인도인들은 사람의 변을 매우 불결하게 여기기 때문에 집 안에 화장실이 있는 것 자체를 싫어하며, 인분 처리는 주로 불가촉천민들이 담당하였습니다.

오늘날 인도의 도시에는 수세식 화장실이 많이 만들어졌습니다. 그러나 도시를 벗어나면 수세식 화장실이 잘 설치되어 있지 않습니다. 나렌드라 모디Narendra Modi 총리는 취임 첫 해인 2014년 '깨끗한 인도 운동Swachh Bharat Abhiyan'을 시행했습니다. 이 운동을 통해 1억 개가 넘는 간이 공중화장실이 도시와 농촌 등에 설치되었고, 모디 총리는 2019년 인도는 더 이상 노상 배변이 없는 나라가 되었다고 선언했습니다. 그러나 여전히 화장실 혜택을 보지 못하는 인도의 인구는 30%에 이른다고 합니다. 설치된 공중화장실도 시설 불량, 물 부족, 관리 부실, 카스트에 따른 사용 제한 등의 문제로 인해 실제 화장실에 접근할 수 없는 인도인은 그보다 더 많을 것으로 추정됩니다. 결국 아직도 적지 않은 사람들이 아침이면 용변을 보기 위해 집 밖으로 나가고 있습니다.

깨끗한 인도만들기 캠페인

　　노상 배변은 환경오염이나 전염병뿐만 아니라 여성 인권에도 매우 심각한 문제를 야기합니다. 야외에서는 눈에 잘 띄지 않는 곳을 찾아 용변을 보기 때문에 여성의 경우 성폭력에 노출되어 있다는 지적도 나옵니다. 이 때문에 일부 여유 있는 집안에서는 이동식 화장실을 혼수품으로 마련해주기도 합니다. 생활의 편의를 위해서 부모가 냉장고를 혼수로 마련해주듯이 딸의 안전을 지키고 싶은 부모들이 혼수품으로 화장실을 장만해주는 것입니다. 이처럼 인도 시골에서는 '화장실이 없이는 결혼도 없다No Toilet, No Bride'는 캠페인이 등장할 정도였습니다. 그러나 아직도 많은 사람이 배설 신호를 느끼면 들판, 해변, 기찻길, 하수로 등 야외로 한 통의 물을 들고 나갈 수밖에 없는 환경에 놓여 있습니다.

　　우리나라 옛말에 '뒷간과 사돈집은 멀어야 한다.'고 하였습니다만, 요즘에는 둘 다 가까워야 한다고 하니 상전벽해가 따로 없습니다. 인도인의 인식 변화가 무섭게 휘몰아친다면 분명 '인도의 농촌, 2024년 여름'의 한 구절로 남지는 않을까요?

닿아선 안 되는 사람이 있다고요?

　　예로부터 '부정(을) 탄다'는 말이 있습니다. 부정한 일로 인해 해를 입는다는 이 말에서 '부정不淨'은 문자 그대로 보면 '깨끗하지 못함'을 뜻하지만 '꺼리고 피해야 할 불길한 일'을 가리키기도 합니다. 부정 타는 상황에서는 악귀가 해를 끼친다고 여겨졌으며, 이를 피하기 위해 여러 풍습이 생겨났습니다.

인도에도 부정을 탄다는 개념이 있습니다. 우리나라와 다른 점이 있다면 해를 입히는 주체가 악귀가 아니라 사람이라는 것이지요. 인도에서는 부정을 타게 하는 일이 가장 천한 일로 여겨지는데, 여기에는 시체, 오물, 죽은 가축 등을 처리하거나 피를 만지는 일 등이 포함됩니다. 이러한 일을 하는 사람들은 '(부정을 탈 수 있으니) 접촉해서는 안 되는 사람'이라는 뜻의 '아추뜨Achūta'라 불렸습니다. 이들 계층이 형성된 것은 중세쯤으로 추정됩니다. 근대 이후 이들에게는 아추뜨를 영어로 번역한 불가촉천민Untouchable, 신의 자녀라는 의미의 하리잔Harijan, 억압받는 사람을 뜻하는 달리뜨Dalit, 차별적 보상 대상으로 헌법에 지정된 지정카스트Scheduled Castes 등의 여러 명칭이 붙었습니다. 마하뜨마 간디Mahatma Gandhi는 이들을 가리켜 '신의 자녀'라는 뜻의 하리잔이라 했으나, 불가촉천민들은 스스로를 '억압받는 자'라는 뜻에서 달리뜨로 불리기를 바랐습니다. 그리고 지정카스트는 이 계층이 역사적으로 천시되어 현대사회에 적응할 수 있는 능력을 갖지 못하였기 때문에 이들의 교육이나 취업 등에서 일부 보상을 해 주어야 한다고 헌법에 명시된 데서 온 명칭입니다.

1900년대 초부터 불가촉천민 문제는 중요한 정치적·사회적 이슈로 부상했습니다. 그후 마하뜨마 간디 주도의 불가촉천민 인식개선 운동, 암베르까르Ambedekar 주도의 불가촉천민 해방 운동이 일어났습니다. 암베르까르는 불가촉천민 최초로 미국과 영국으로 유학을 갔

암베드까르 탄생 132주년기념 동상 제막
(2023.4.13, 하이데라바드, 높이 38.1미터)

다가 인도에 돌아와서는 교수, 의원 등으로 활동했습니다. 그가 바로 독립 인도의 초대 법무부 장관입니다. 인도에서 불가촉천민으로 대통령이 된 사람은 두 명입니다. 라만 나라야난^{K. C. Raman Narayanan}은 제10대 대통령(1997~2002), 람 나트 꼬빈드^{Ram Nath Kovind}는 제14대 대통령(2017~2022)으로 역임하였습니다. 법조계에서는 발라끄리슈난^{K. G. Balakrishnan}이 2007년부터 2010년까지 대법원장을 역임했습니다.

이렇게 사회 고위층에서 활동하는 불가촉천민들이 있으니 인도에서 '불가촉'은 옛말이 되었을까요? 그러나 현실은 안타깝게도 그렇지 않습니다. 암베드까르가 법무부 장관이 되었을 때 불가촉천민이 아니었던 그의 비서는 장관의 서명이 필요한 서류를 책상 위로 던져서 전달했다고 합니다. 혹시라도 손끝이 스쳐서 부정을 타면 큰일이기 때문입니다. 카스트에 따른 차별은 인도 헌법에 의해 금지되어 있지만, 수천 년간 이어진 고정관념이 완전히 사라지지 않은 듯합니다. 세상에는 부정을 타게 하거나, 만져서는 안 되는 사람, 그래서 차별받아야 할 사람은 존재하지 않습니다. 모두가 평등하게 대우받아야 하며 진정한 변화는 우리 사회의 인식에서 시작되어야 할 것입니다.

왼손으로 음식을 먹으면 안 되나요?

인도 여행을 준비하는 사람들은 인도에서 여행자가 지켜야 할 에티켓에 대해 한 번쯤 들어 보셨을 것입니다. 그중 빠지지 않고 강조되는 것이 바로 밥을 먹을 때 오른손을 사용하라는 것인데요. 젓가락질 잘해야만 밥을 먹냐는 노래가 있을 만큼 어렸을 때부터 식사 예절의 하나로 올바른 식사 도구 사용을 배우며 자라온 한국인들에게 손으로 음식을 먹는 인도인들의 모습은 다소 낯설게 다가옵니다. 멀쩡한 식사 도구를 놔두고 손가락에 음식을 묻혀 가며 먹는 모습을 보고 눈살을 찌푸리며 더럽다고 말하는 일도 있지요.

　손으로 음식을 먹는 것이 정말 더러운 행위일까요? 정淨과 부정不淨의 개념을 무엇보다 중시하는 인도인들은 일상생활에서 일어날 수 있는 모든 종류의 오염을 조심합니다. 식사란 외부의 음식물이 몸 안으로 들어오는 것이기에 특히나 주의해야 하지요. 따라서 인도인들에게 있어서 언제 어디서 어떻게 오염되었을지 모르는 식사 도구보다 깨끗하게 씻은 자기 손이 더 믿을 만하다는 건 당연한 일일지도 모릅니다. 설거지했을 테니 괜찮지 않냐고요? 세제를 통해 세균이 제거되었더라도 다른 사람의 손을 탄 이상 그 도구는 이미 관념적으로 더러워졌다고 볼 수 있습니다. 인도의 음식점 대부분 한 구석에 손을 씻을 수 있는 세면대가 따로 준비되어 있습니다. 또는 식사 전후로 소독 기능이 있는 작은 레몬 한 조각을 띄운 따뜻한 물이 손님에게 제공됩니다.

인도인들은 손으로 음식을 먹으면 도구를 사용할 때보다 더 많은 감각을 사용하기에 그 맛을 온전히 느낄 수 있다고 말합니다. 뜨겁진 않냐고요? 인도 음식 대부분 손끝으로 느끼기에 딱 기분 좋은 따뜻한 온도입니다. 게다가 음식에 닿는 순간 손끝에 있는 신경 세포들이 뇌에 신호를 보냄으로써 소화를 돕는다는 연구 결과도 있지요. 사실 손가락을 잘 사용하면 인도 음식을 훨씬 깔끔하게 즐길 수 있습니다. 물론 이 기술에는 특별한 요령이 필요하므로 익숙해지려면 약간의 연습이 필요합니다. 오른손을 사용하여 짜빠띠chapati, 로띠roti, 난naan과 같은 빵을 작게 잘라낸 뒤 채소나 고기 위에 얹고, 이 빵 조각을 활용하여 집어 먹습니다. 잘 구운 김 한 장을 하얀 쌀밥 위에 얹은 뒤 싸 먹는 과정을 떠올려 보세요. 아, 이때 다섯 손가락을 전부 다 사용하는 대신 엄지, 검지, 중지 세 손가락 위주로 사용하는 것이 좋습니다. 이렇게 하면 손가락에 음식이 묻을 일이 거의 없지요. 만약 빵이 아닌 쌀밥을 먹을 때는 엄지손가락 끝에 쌀밥을 공처럼 뭉쳐서 얹은 뒤 나머지 네 손가락으로 채소나 고기를 끌어모아 섞어서 먹습니다. 인도의 풀풀 날리는 쌀을 흘리지 않고 먹으려면 숟가락보다 손가락이 더 적합한 것 같습니다.

그런데 인도인들은 왜 음식을 먹을 때 오른손만 사용하는 것일까요? 이것 역시 오염을 방지하는 것과 관련이 있습니다. 인도인들은 화장실에 가서 용변을 처리하거나 발을 닦는 등 일반적으로 더럽다고 여기는 활동을 할 때 왼손을 사용합니다. 이 과정에서 왼손은 오염됩니다. 그리고 이미 더러워진 손이 음식에 닿게 되면 자연스럽게 그 음식도 오염될 것이고, 그 음식을 먹은 사람도 오염될 수 있다 믿었기에 인도에서 왼손으로 음식을 먹는 것은 오랫동안 금기로 여겨져 왔습니다. 상황에 따라 왼손에 도구를 들고 오른손으로 빵을 자르는 것을 도울 수는 있지만 왼손으로 직접 음식을 집거나 입을 닦아서는 안 됩니다.

왼손 사용에 대한 제재는 음식을 먹는 것에 그치지 않습니다. 인도에서는 왼손을 사용할 때 부정을 탈 수 있다는 믿음이 있습니다. 다른 사람에게 돈이나 물건을 건넬 때, 악수를 청할 때, 어깨나 팔을 가볍게 건드릴 때 왼손을 사용한다면 인도인들은 무례하다며 기분 나빠할 수 있으니 주의해야 합니다. 예배나 기도 등 다양한 종교 의례에서도 오른손을 사용해야 합니다. 심지어는 새 옷을 입거나 새 신발을 신을 때 오른쪽 팔다리를 먼저 넣어야 한다고 말하는 인도인들도 있지요. 도대체 무슨 연유로 왼쪽이 부정한 이미지를 가지게 되었는지는 정확하게 알 수 없지만 기록에서 미루어 보아 인도에서 왼쪽을 꺼리게 된 것은 아주 오래전부터입니다.

사실 오른쪽을 좋게, 왼쪽을 나쁘게 여기는 것은 인도에 국한된 이야기가 아닙니다. 우리말 '오른쪽'의 '오른'은 '옳다'에서 온 말입니다. 영어에서도 'right hand'의 'right'는 '옳다, 올바르다'라는 뜻인 것처럼요. 반대로 왼손의 '왼'은 '외다'에서 왔습니다. '외다'는 '물건이 좌우가 뒤바뀌어 놓여서 쓰기에 불편하다'는 뜻입니다. 지금은 거의 사용되지 않지만, 오른손은 '바르다'는 뜻의 '바른손'으로 부르거나, 왼손을 '그르다'는 뜻에서 '그른손'이라고 부르기도 했습니다. 왼손을 가리켜 '그쪽 손'으로 에둘러 표현하기도 했답니다. 한편 힌디어로 '다히나 하트' 또는 '다양 하트'는 '오른손'이라는 원래 뜻 외에도 '큰 도움이 되는 사람'을 가리킵니다. 그런가 하면 왼손을 또 다른 말로 '뒤집힌 손'이나 '거꾸로 된 손'이라는 뜻에서 '울따 하트'라고 부르기도 하지요.

왼손에 대한 부정적인 이미지는 왼손 사용에 대한 제재로, 그리고 자연스럽게 왼손잡이에 대한 차별로 이어졌습니다. 통계에 따르면 전 세계 인류의 약 10%, 그러니까 열 명 중 한 명은 왼손잡이라고 합니다. 그러나 우리가 살고 있는 세상은 대부분 오른손잡이를 위해 고안되었고, 그 속에서 왼손잡이는 일상의 아주 사소한 업무를 수행하기 위해서도 고군분투해야 했습니다. 오른손잡이를 위한 세상에서 왼손잡이는 종종 교정의 대상이 되었습니다. 물론 현대에 이르러 전 세계적으로 왼손잡이에 대한 편견이나 왼손잡이를 오른손잡이로 바꾸려는 풍조는 많이 사라졌습니다. 왼손 사용에 대한 편견을 없애려고 왼손잡이에 대한 인식을 개선하려는 노력도 이어지고 있습니다. 그러나 인도 왼손잡이 클럽Indian Left Hander Club을 만든 싼딥 비슈노이Sandeep Vishnoi에 따르면 여전히 많은 왼손잡이가 오른손을 사용하도록 강요받고 있다고 합니다. 라자스탄Rajasthan의 한 학교에서는 왼손 사용이 '교정'되지 않았다는 이유로 한 학생이 퇴학당하는 일이 발생하기도 했답니다.

인도의 왼손잡이들은 어느 쪽 손으로 음식을 먹을까요? 왼손 사용이 훨씬 능숙한 그들에게는 음식을 먹는 일부터가 많은 주의를 요하는 하나의 도전으로 다가왔을 것입니다. 인도의 왼손잡이들은 누구나 식사 시 왼손을 사용하다가 혼난 경험이 한 번씩은 있다고 하는데요. 지금은 왼손으로 음식을 먹어도 예전만큼 따가운 시선을 받지 않는다고 합니다. 물론 손으로 음식을 먹기 불편하거나 서툰 사람들을 위해서 거의 모든 식당이 포크와 나이프 등을 구비하고 있습니다.

인도에는 왼손잡이로 알려진 유명인들이 여러 명 있습니다. 총리부터 기업가, 영화배우, 운동선수까지 사회적으로 성공한 왼손잡이 유명인들은 왼손잡이가 오랜 시간 이어져 온 편견대로 부정하거나 열등

한 특성이 아님을 보여줍니다. 손으로 음식을 먹는 문화도 더러운 것이 아닌 것처럼 왼손 역시 더러운 손이 아니니, 서로 다를 뿐이라는 점을 이해하는 것이 가장 중요하지 않을까요?

왜 쓰레기가 아무 데나 버려져 있나요?

급속한 도시화를 이룬 인도는 오늘날 심각한 쓰레기 문제에 직면해 있습니다. 14억 명에 달하는 인구수를 자랑하는 인도에서 매년 2억 7천 7백만 톤의 쓰레기가 발생하는 것은 그리 놀라운 일이 아닙니다. 전문가들은 2030년까지 쓰레기의 양이 3억 8천 780만 톤에 이를 수 있으며, 2050년까지 지금의 두 배 이상의 양이 될 것으로 추정합니다. 이렇게 발생한 쓰레기 중 일부만이 수집된 후 약 5%가 재활용되고, 18%는 퇴비화되며, 나머지는 모두 매립지에 버려집니다.

델리Delhi 북서부에 있는 발스와Bhalswa 매립지에는 쓰레기가 쌓여 60미터가 넘는 산을 이루고 있습니다. 그러나 발스와가 가장 큰 쓰레기 매립지는 아닙니다. 델리와 웃따르쁘라데시Uttar Pradesh주의 경계에 있는 가지뿌르Ghazipur 매립지에는 이보다 2~3미터는 더 높은 쓰레기 산이 있습니다. 이 매립지는 이미 십수 년 전에 수용 능력을 초과했지만 다른 대안을 찾지 못해 지금도 지프들이 이 산을 기어올라 쓰레기를 버리고 있지요. 인도에는 전국에 걸쳐 3,100개 이상의 쓰레기 매립지가 있습니다. 이들 매립지의 거대한 쓰레기 산이 내뿜는 매연과 메탄 같은 유해가스는 인근 주민들의 생명을 위협하는 동시에 심각한 환경 오염을 초래하고 있습니다.

쓰레기 산은 이러한 매립지에서만 볼 수 있는 것이 아닙니다. 인도의 길거리를 걷다 보면 곳곳에서 작은 규모의 쓰레기 산을 만나게 됩니다. 아무렇게나 버려진 쓰레기들로 이루어진 쓰레기 산을 헤집으며 먹을 것을 찾는 소와 쓸만한 물건을 찾는 빈민가 아이들의 모습은 쉽게 볼 수 있는 흔하디흔한 풍경입니다.

그렇다면 인도의 길거리에는 왜 그렇게 많은 쓰레기가 버려져 있는 걸까요? 아니, 인도인들은 왜 길거리에 쓰레기를 버릴까요? 여러 이유가 있겠지만 그중 하나로 인도 사회에 뿌리 깊게 박힌 자띠^{Jati}라는 개념을 생각해 볼 수도 있습니다. 쓰레기를 치우는 것은 관련 자띠에 속한 사람들이 할 일, 그러니까 내가 아니라 다른 누군가의 일로 보는 사회적 인식이 조금은 남아 있어서가 아닐지 싶습니다. 그러면 쓰레기를 치우는 일은 누가 할까요? 인도에는 전통적으로 청소를 도맡아 하는 자띠가 따로 있습니다. 쭈흐라^{Chuhra}는 대표적인 청소부 자띠입니다. 쭈흐라는 발미끼^{Valmiki}나 방기^{Bhanghi}라는 이름으로도 알려져 있는데요. 그들에게 주어진 일인 청소는 그 일을 하는 사람을 오염시킨다고 여겨졌고, 결과적으로 쭈흐라들은 닿아서는 안 되는 존재라는 낙인이 찍힌 채 일상생활에서 차별을 겪어야만 했습니다.

오늘날 인도의 도시에서는 '꾸레 왈라'라고 불리는 사람들이 쓰레기 수거를 돕습니다. 이것은 '쓰레기'를 뜻하는 단어인 '꾸레^{kūre}(kūrā의 복수형)'에 직업을 뜻하는 '왈라$^{vālā,\ wallah}$'를 붙인 말로, 우리말로 옮기면 '쓰레기꾼' 정도가 되겠습니다. 꾸레 왈라는 일종의 비공식 청소용역입니다. 이들은 각자 맡은 구역에서 소정의 비용을 받고 정해진 시간에 집집이 다니며 쓰레기를 수거하고, 이렇게 수거한 쓰레기를 동네마다 마련된 지정 장소에 모은 뒤 한꺼번에 처리합니다. 약 6백만 명의 꾸

강물에 버려진 쓰레기

레 왈라들은 인도 사회를 유지하는 데에 없어서는 안 되는 일을 하지만 여전히 천대받으며 사회 제도 내에서 보호받지 못하고 있습니다. 그들은 열악한 작업 환경 속에서 각종 부상과 질병의 위험에 늘 노출돼 있지만, 그들의 안전은 무시되곤 합니다. 한 꾸레 왈라는 TV 토크쇼에서 자신들의 삶을 길거리 개와 같은 삶이라 칭하기도 했습니다. 도시를 더럽히는 사람들은 따로 있는데 그 도시를 깨끗하게 만드는 자신들이 더럽다고 손가락질당하는 건 말이 안 되지 않냐는 그의 말은 백번 고개를 끄덕이게 합니다.

한편 인도 길거리에 쓰레기가 넘치는 또 다른 이유는 관리가 제대로 이루어지지 않기 때문일 수도 있습니다. 우리나라만큼 쓰레기 분리배출이 철저하게 지켜지는 나라도 많지 않다고 하지요? 인도에서는 오랫동안 쓰레기 분리배출이 이루어지지 않았습니다. 꾸레 왈라들이 수거한 쓰레기 중에는 재사용이나 재활용이 가능한 것들이 잔뜩 섞여 있었지요. 쓰레기를 배출하는 방법이 따로 정해져 있지 않을뿐더러 길거리에서 마땅한 쓰레기통을 찾기도 어렵기에 길거리는 점점 더 더러워졌습니다.

이에 인도 정부는 2014년 '깨끗한 인도 운동'이라는 전국적인 캠페인을 벌이고 있습니다. 이 캠페인의 주요 목표 중 하나가 바로 폐기물 관리를 체계화하고, '꾸레 왈라'라고 불리는 청소 관련 업무 종사자들의 생활을 개선하는 것입니다. 이를 위해 정부는 폐기물 관리 규정을 새롭게 만들고 쓰레기 분리배출을 시작했습니다. 우리나라와 다른 점이 있다면 쓰레기를 생물 분해성 젖은 쓰레기와 비생물 분해성 마른 쓰레기로 분류한다는 것입니다. 젖은 쓰레기는 퇴비로 활용하고, 마른 쓰레기는 다시 재활용하거나 에너지 생산에 사용하기 위해 별도 처리합니다. 이를 위해 곳곳에 분리배출을 위한 새로운 쓰레기통이 비치되었습니다. 채소나 과일 껍질, 조리된 음식물 찌꺼기, 달걀 껍데기, 닭과 생선 뼈, 과일과 채소, 커피 찌꺼기, 잎, 예배에 사용된 꽃, 잡초 등 젖은 쓰레기는 녹색 쓰레기통에 버리고, 플라스틱, 종이, 금속 등 마른 쓰레기는 깨끗하게 한번 헹군 뒤 파란색 쓰레기통에 버리면 됩니다. 마른 쓰레기는 재활용 전에 유해 폐기물과 전자 폐기물로 다시 분류될 수 있습니다.

폐기물 관리에서 무엇보다 중요한 것은 쓰레기 배출량의 감소입니다. 인도는 중국과 미국에 이어 세계에서 세 번째로 일회용 플라스틱 쓰레기를 많이 배출하는 국가입니다. 인도인들의 일상생활은 일회용 플라스틱과 깊게 얽혀 있지요. 현재 인도 정부는 일회용 플라스틱 금지법을 시행하고 있습니다. 정부의 제재만큼 중요한 것은 생산자와 소비자의 역할이지요. 슈퍼마켓이나 노점상에서 얇은 일회용 비닐봉지가 사라지고 종이봉투나 재사용이 가능한 두꺼운 소재의 가방이 그 자리를 대신하기 시작했습니다. 손님들이 직접 물건을 담아 갈 장바구니를 챙겨 오는 모습도 이제 흔한 풍경이 되었지요. 많은 인도인이 길거리 쓰레기 산을 없애기 위해 일상에서의 실천을 시작으로 노력하고 있습니다. 환경 문제는 국적을 막론하고 모두가 관심을 가지고 해결해 나가야 하는 문제입니다. 우리도 지속 가능한 소비와 생산을 위해 끊임없이 고민해야 할 것입니다.

소똥과 소오줌도 약으로 쓴다고요?

우리나라에는 '개똥도 약에 쓰려면 없다'는 속담이 있습니다. 평소에는 매우 흔하게 보이던 것도 막상 찾으면 없음을 이르는 말이지요. 이 속담에서 개똥을 소똥으로 바꾸어 '소똥도 약에 쓸 때가 있다'고 사용하기도 하는데요. 우리 조상들은 개똥이나 소똥을 실제 약으로 썼을까요? 그보다는 개똥이나 소똥이나 둘 다 하찮고 보잘것없다는 비유겠지요. 그런데 인도에서는 소똥이 조금 다른 대접을 받습니다. 소똥뿐인가요, 소오줌도 마찬가지입니다.

힌두들에게 소가 신성한 동물이라는 점은 너무나 잘 알려져 있습니다. 그들의 생활 깊숙이 소를 숭배하는 문화가 자리 잡고 있습니다. 소 숭배 문화는 신의 숫자만큼 그들을 숭배하는 형태가 복잡하고 다양한 힌두교의 모든 종파가 거의 유일하게 공유하는 부분이기도 합니다. 힌두 신화에 나오는 까마데누^{Kāmadhenu}는 모든 소의 어머니로 묘사되는 여신입니다. 까마데누는 주인이 원하는 것은 무엇이든 가져다주는 기적의 소로, 풍요의 상징이자 대지의 여신의 화신으로 여겨집니다. 그래서 힌두교에서 암소는 모성애를 지닌 어머니 여신으로 숭배되지요.

　소 숭배 문화의 시작은 베다시대로 거슬러 올라갑니다. 당시 인도인들에게 소는 아주 유용한 동물이었습니다. 물론 농경 문화권이라면 어디든 소가 중요했을 텐데 왜 유독 인도인들이 소를 신성하게 여기며, 힌두교에서는 소고기를 먹는 것을 금지하기까지 했을까요? 많은 학자가 이에 대해 역사적이고 문화적인 설명을 제시합니다. 가장 일반적인 이유는 소가 일상 생활에서 지닌 실질적인 중요성에 종교적 가치가 더해져 자연스럽게 신성시되었다는 것입니다.

　소가 지닌 실용적 이점과 중요성을 상징적으로 보여주는 것이 바로 빤짜가뱌pañcagavya, 즉 '소에서 생산된gavya' '다섯 가지pañca'입니다. 빤짜가뱌는 우유, 다히dahi(요거트), 기ghee(정제 버터), 소똥, 소오줌를 가리킵니다. 성스러운 소에게서 나온 이들 다섯 가지 역시 성스러운 것이자 오염된 것을 정화하는 특성이 있다고 여겨져 힌두교 의식에 빠지지 않고 사용됩니다. 힌두교 의식에 사용되는 빤짜가뱌 혼합물은 일반적으로 소똥, 우유, 다히, 기의 비율을 3:3:2:1로 섞은 데에 그만큼의 소오줌을 넣어 만듭니다. 이때 모든 생산물은 자유롭게 방목되어 사육되는 소에게서 얻은 것만 인정된다고 합니다.

　일상에서 자주 보이는 우유, 다히, 기 외에 소똥과 소오줌 역시 그 쓰임새가 무궁무진합니다. 어떤 제약회사에서는 소똥과 소오줌을 사용하여 영양제를 만들었고, 또 어떤 화장품회사에서는 이들을 재료로 빤짜가뱌 화장품을 출시하기도 했습니다. 시골에서는 소오줌을 뿌리거나 소똥을 발라 액운을 막곤 합니다. 어떤 사람들은 소똥을 바르면 피부병을 없앨 수 있고, 또 어떤 사람들은 소오줌을 사용해 암을 치료할 수 있다고 주장합니다. 한때 코로나19 바이러스 역시 소오줌으로 없

연료용 말린 소똥

앨 수 있다는 이야기가 나오기도 했답니다. 그러나 이러한 주장들을 뒷받침할 과학적 근거는 아직 없습니다. 전문가들은 소오줌이 오히려 전염병의 원인이 될 수 있으니 함부로 섭취하지 말 것을 권고하기도 합니다.

 농촌에서 소똥과 소오줌은 좋은 비료와 살충제입니다. 소똥의 경우 요긴한 연료가 되기도 하는데, 소똥을 동그랗고 납작하게 빚어 벽에 붙인 뒤 바싹 말려서 사용합니다. 인도에서는 이렇게 말린 소똥들이 산더미 같이 쌓여 있는 것을 종종 볼 수 있습니다. 최근 한국에서도 소똥의 연료화 기술에 대한 지속적인 연구개발이 이루어지고 있다지요. 소똥을 대체 연료로 사용함으로써 화석연료의 사용이 줄어들고 이산화탄소 배출도 줄이는 효과가 기대된다고 합니다.

 인도 정부는 오래전부터 소를 보호하기 위한 다양한 정책을 시행해 왔습니다. 소 도축 금지가 그 대표적인 예입니다. 사실 인도 헌법의 서문에 인도는 국교가 없는 세속국가임을 분명히 하고 있음에도, 제48조에서는 힌두교에서 신성시하는 소와 송아지를 죽이는 것을 금지하고 있다는 것이 조금 아이러니하게 느껴지기도 합니다. 시간이 흐르고 소 도축 금지는 조금 다른 방향의 결과로 이어집니다. 인도 길거리에는 주인 없이 버려진 채 떠돌아 다니는 소가 정말 많습니다. 너무 말라 갈비뼈가 훤히 드러난 소가 쓰레기장을 뒤져서 배를 채우는 모습을 보다 보면 이 나라에 소 숭배 문화가 정말 있기는 한지 궁금해집니다. 소를 죽이는 것이 금기시되기 때문에 늙거나 병든 소들은 그냥 버려지게 됩니다. 이렇게 버려진 길거리 소의 숫자가 500만 마리를 훌쩍 넘긴다고 합니다. 이들을 위해 가우샬라gaushala라고 하는 소 안식처이자 보호소가 정부 보조금과 기부금으로 운영되고 있습니다.

소는 인도에서 가장 종교적이고 정치적인 동물입니다. 힌두교와 달리 이슬람교에서는 소고기를 먹는 것이 금지되어 있지 않습니다. 그래서 인도에서 소고기를 파는 정육점이나 식당은 무슬림이 운영하는 경우가 많습니다. 소 도축을 둘러싼 문제는 힌두와 무슬림 사이의 종교적 긴장을 고조시키는 위협으로 작용해 왔습니다. 소 보호 운동은 1870년 빤잡에서 씨크Sikh들에 의해 시작되었고, 이후 북인도를 중심으로 빠르게 퍼져나갔으며, 아랴 사마즈Arya Samaj에 의해 국민운동으로 전환되었습니다. 소 보호 운동은 시간이 지나면서 점차 반反 이슬람적 성격을 띠기 시작했으며, 소 도축 금지는 일부 힌두 극우주의자들의 도구로 사용되었습니다. 소 도축을 생업으로 삼은 무슬림을 향해 폭력을 가하는 것을 소를 보호하는 행위라고 포장하는 것입니다. 최근 웃따르쁘라데시의 한 남성이 집에 소고기를 저장해 두고 먹는다는 소문이 퍼져 폭도들에 의해 살해당하는 사건이 일어났습니다. 이와 비슷한 극단적

인도 길거리의 소

인 사례가 계속 일어남에도 모디 정부는 이를 통제하지 않고 방관자의 자세를 취한다는 비판을 받기도 합니다.

    차선도 제대로 구분되어 있지 않은 인도의 도로는 차량과 사람이 뒤섞여 늘 꽉 막혀 있습니다. 그리고 소가 이 사이를 뚫고 유유히 걷습니다. 누군가는 커다란 몸으로 조용히 침착하게 돌아다니는 그 모습이야말로 다르마dharma가 이땅에 현현한 것이라 찬양합니다. 그러나 한 꺼풀 벗겨 내어 그 속을 자세히 들여다보면 유유자적한 걸음 뒤로 날선 긴장 상태가 보이는 것도 같습니다. 소를 보호한다는 명목으로 발생하는 폭력 소식을 접할 때 그 문제는 더욱 분명해집니다. 서로 다른 종교가 동물에 대한 각자의 인식을 존중하는 것이야말로, 여러 신앙이 공존하는 인도 사회의 진정한 이상적인 모습이 아닐까요?

2
인도는 화려하다?

왜 인도 영화에는 노래와 춤이 빠지지 않나요? / 왜 한밤중에 결혼식을 할까요? / 왜 결혼할 때 붉은 칠을 할까요? / 왜 하얀 피부가 미의 기준일까요? / 홀리와 디왈리는 어떤 의미의 축제일까요?

왜 인도 영화에는 노래와 춤이 빠지지 않나요?

배고픔으로 빵 한 조각을 훔친 장발장의 이야기 〈레미제라블Les Misérables〉, 별의 도시에서 만들어가는 꿈을 꾸는 사람들의 이야기 〈라라랜드La La Land〉, 누가 죄인이고 누가 영웅인지를 묻는 안중근 의사의 이야기 〈영웅〉은 모두 뮤지컬 영화입니다. 뮤지컬 영화는 음악과 노래를 통해 이야기와 감정을 전달하는 영화 장르로, 종종 춤과 공연 장면이 포함되어 관객에게 다채로운 즐거움을 제공합니다. 인도 영화는 흔히 알려진 것처럼 전형적인 뮤지컬 영화라고 보기는 어렵습니다. 영화 중간중간 느닷없이 춤과 노래 장면이 등장하지만, 그 외의 부분은 일반 영화와 유사하게 전개기 때문이지요. 뮤지컬 요소가 일부 포함되어 있다고 표현하는 것이 적절할 것입니다. 이로 인해 인도 영화는 '마살라 영화masala film'라는 독특한 장르로 여겨집니다. 오늘날 인도는 명실공히 영화 강국으로 자리매김하고 있습니다. 우리나라가 연평균 200편, 미국이 약 700편, 인도가 1,500편 이상의 영화를 제작하는데, 인도 영화의 상당수는 바로 맛살라 영화입니다.

인도는 자국 영화의 시장점유율이 무려 86% 이상을 차지하고 있습니다. 할리우드 영화도 인도에서는 영 맥을 못 추고 있지요. 인도에서는 왜 할리우드 영화가 크게 흥행을 못 할까요? 할리우드 영화도 저리가라 할 정도로 인도인들을 사로잡는 인도 영화의 매력은 무엇일까요? 인도 영화를 처음 접하면 낯선 분위기에 당황할지도 모릅니다. 영화 한 편에 멜로, 액션, 코미디, 스릴러 등 온갖 장르가 섞여 있을 뿐만 아니라 중요한 장면에 몰입하고 있는데 갑자기 노래가 나옵니다. 때로는 어디선가 사람들이 우르르 쏟아져 나와 다같이 춤을 추기 시작하기도 하지요.

게다가 비현실적인 요소들이 노래와 춤이 등장하는 장면 사이사이를 채우고 있습니다. 주인공은 상상을 초월하는 부富, 고층빌딩에서 뛰어 내려도 다치지 않는 비범한 능력, 일대 백으로 싸워 이기는 힘, 슈퍼컴퓨터를 압도하는 비상한 두뇌를 갖추고 있습니다. 이야기는 언제나 주인공이 승리하는 권선징악 구조로 마무리되지요. 전쟁이 한창일 때에도 어김없이 등장하는 적과 아군을 구분하지 않는 웅장한 군무 장면은 줄거리만 따라가다 보면 뜬금없게 느껴질 수 있지만, 마살라 영화가 만들어 낸 비현실적 세상 속에서 반짝반짝 빛나고 있습니다.

어쩌면 인도인들에게 영화는 단순히 따지고 분석하는 대상이 아니라, 한바탕 웃고 즐기며 스트레스를 푸는 수단일지도 모릅니다. 영화관은 일상에서 벗어나 잠시 속세를 떠날 수 있는 피안彼岸의 공간으로, 그곳에서만큼은 고단한 현실을 잊고 쉬고 싶은 것이지요. 어쩌면 그들은 영화 속 권선징악의 장면이 현실 속에서도 일어나기를 바라며 스스로를 달래고 있을지도 모릅니다. 그리고 영화를 보는 순간만큼은 너와 나의 다름에 대한 구별 없이 아주 멋진 장소에서 함께 어울리고 노래하며 춤추는 것입니다. 그래서일까요? 영화 도중 자리에서 일어나 스크린 속 주인공들과 함께 노래를 부르거나 춤을 추고, 극장이 떠나가도록 큰 소리로 웃고 울며 영화를 즐기는 인도인들도 종종 볼 수 있습니다.

장과 반찬 그리고 밥을 넣어 비벼 먹으면 반찬의 맛들이 뒤섞이며 뻔하면서도 뻔하지 않은 융화된 맛을 주는 비빔밥은 남녀노소 모두가 좋아하는 한국의 대표적인 음식 중의 하나입니다. 장이 없거나 반찬이 없거나 밥이 없는 비빔밥은 상상조차 할 수 없습니다. 아마도 인도인들에게 마살라 영화는 춤, 노래 그리고 배우 중에서 하나라도 빠지면 안 되는 우리의 비빔밥과 같으며, 그 달콤함의 유혹은 바로 마살라가 주는 것 같습니다. ABCD$^{Any\ Body\ Can\ Dance}$, 오늘은 마살라 영화를 한 편 보는 건 어떨까요? 가만히 앉아서 감상하는 대신 인도인들처럼 다양한 방식으로 즐기면서요.

왜 한밤중에 결혼식을 할까요?

결혼은 두 사람이 정식으로 부부가 되는 사회적 제도로, 결혼을 통해서 사회의 최소 단위인 가정이 생깁니다. 주로 집안 어른들의 뜻에 따르던 과거와 달리 오늘날에는 당사자의 의사에 따라 자유롭게 이루어지는 경우가 많습니다. 자식을 가지지 않는 부부도 있고, 혼인신고를 미루는 부부도 있습니다. 그런가 하면 결혼 대신 동거를 선택하거나 비혼非婚을 선언하는 사람들도 늘고 있는 등 결혼에 대한 인식이 많이 바뀌고 있습니다.

결혼식의 형식도 시대에 따라 달라지고 있습니다. 우리의 전통 혼례는 조선시대의 혼례식을 기준으로 하여, 혼사를 의논하는 의혼議婚, 청혼서와 사주를 신붓집으로 보내는 납채納采, 택일단자를 보내는 연길涓吉, 혼수품을 보내는 납폐納幣, 신랑 일행이 신붓집으로 가는 초행醮行, 신랑이 신붓집에 나무 기러기를 바치는 전안奠雁, 신랑과 신부가 맞절을 하는 교배交拜, 서로 술잔을 나누어 마시는 합근合巹, 부부의 첫 밤을 보내는 신방新房, 신부가 가마를 타고 신랑집으로 가는 신행新行, 신부가 시댁 사람들에게 인사하는 폐백幣帛, 신부가 왔음을 고하는 묘현廟見, 그리고 신랑과 신부가 신붓집에 인사를 가는 근친覲親의 절차에 따라 진행되었습니다. 오늘날에는 이 중 많은 부분이 생략되거나 서양식으로 대체되었지요. '스몰 웨딩'이라 하여 하객의 수를 제한하거나 주례를 과감히 생략한 결혼식도 종종 볼 수 있습니다.

인도에서도 결혼은 매우 중요한 의례로, 종교, 지역, 공동체 등에 따라 다양한 형태의 결혼식이 치러집니다. 인도인들에게 결혼식은 일생을 통틀어 가장 중요한 축제이며, 대부분의 인도 가정은 결혼식을 준비하고 치르기 위해 상당한 돈, 시간, 노력을 들입니다. 오늘날 인도의 결혼 산업은 매년 25~30%씩 성장하며 미국에 이어 전 세계 두 번째로 큰 4~500억 달러에 달하는 시장 규모를 자랑합니다. 해가 갈수록 인도인들의 결혼식은 더 성대해지는 것 같습니다. 인도인 상당수가 상황이 허락하는 한 결혼식에 비용을 아끼지 않으려 합니다. 심지어는 평생 모은 재산의 5분의 1을 결혼식에 쓴다는 조사 결과가 나올 정도로 결혼식 자체에 돈을 아끼지 않는 편입니다.

인도의 결혼 시즌은 긴 여름이 끝나고 더위가 한풀 꺾여 아침저녁으로 날씨가 선선해지는 10월부터 시작됩니다. 이 기간에는 결혼 소식이 끊이지 않습니다. 인도의 결혼식에 처음 참석한 사람들은 보통 크게 두 가지에 놀랍니다. 하나는 결혼식 전부터 당일까지 이어지는 의식의 방대함에, 그리고 다른 하나는 결혼식 초대장에 적힌 시간에 놀라곤 합니다. 결혼식이 하루에 끝나는 일은 거의 없으며 보통 사흘 정도 이어집니다. 결혼식 전에는 '약속의 말(vāk)'을 '주는 것(dāna)'을 뜻하는 와

그다나^{vāgdāna}라는 약혼식을 하고, 결혼 날짜와 시간이 명시된 편지인 라그나-빠뜨리$^{lagna-patra}$를 주고받습니다. 결혼식 전에 신부의 가족 구성원이나 친구 중 여성들만 모여 메흔디^{mehndi}를 그립니다. 메흔디는 착색되는 시간이 필요하기 때문에, 보통 하루 전날에 합니다. 신부의 메흔디 색깔이 진하면 진할수록 남편이나 시어머니의 사랑을 받고 결혼 생활이 행복하다고 여겨집니다.

결혼식은 신부의 집이나 집 근처 식장에서 열립니다. 결혼식 당일 해 질 무렵, 신랑이 결혼식이 열리는 장소에 도착하는 행렬을 바라뜨^{bārāt}라고 합니다. 바라뜨는 신랑의 가족, 친지, 친구들이 함께하여 긴 행렬을 이룹니다. 전통적으로 예복을 입은 신랑은 잘 꾸며진 하얀색 암컷 말을 탑니다. 바라뜨의 맨 앞에서는 악단이 신나는 곡을 연주하며 행렬의 흥을 돋웁니다. 시끌벅적하게 결혼식장에 도착한 신랑을 신부의 가족들이 환영해 줍니다. 신부의 어머니가 사위에게 꽃목걸이와 작은 등이 담긴 접시를 건네고 쌀알을 던져 축복합니다.

결혼식장은 깜짝 놀랄 만큼 화려하게 꾸며져 있습니다. 신랑과 신부는 화려한 결혼식 제단 아래 앉아 있습니다. 둘을 축하하러 온 하객들의 의상도 번쩍번쩍합니다. 한국에서는 순백의 웨딩드레스를 입은 신부를 돋보이게 하도록 밝은색 옷은 피하려는 경향이 있어, 남녀 불문하고 어두운색 정장을 많이 입지만, 인도에서는 너무 단정한 검은색 옷이 결혼식과 같이 경사스러운 자리에 어울리지 않는다고 여깁니다. 인도의 결혼식에서 신부는 보통 금색 자수가 새겨진 붉은색 싸리$^{sari, saree}$를 입습니다. 하객들은 신부의 싸리 색과 겹치는 붉은색을 제외하면 아무리 알록달록한 옷을 입어도 상관없습니다. 그리고 인도의 결혼식에서 절대로 빠질 수 없는 핵심 요소가 있으니 바로 춤과 노래입니다. 이

신랑 행렬

미 결혼식에 앞서 가족들이 모여 노래하고 춤추며 다가오는 양가 결합의 기쁨을 만끽하는 쌍기뜨sangeet라는 행사를 합니다.

한참을 즐기다 보면 밤이 깊어지고 사제가 도착한 후 본식이 시작됩니다. 힌두교의 결혼식은 기본적으로 베다Veda에 따른 제식의 형태를 띠며, 사제의 주관으로 진행됩니다. 힌두교의 결혼식에서 빠져서는 안 될 세 가지 의식이 있습니다. 그중 첫 번째는 까냐다나kanyādāna입니다. '처녀(kanyā)'를 '주는 것(dāna)'이라는 뜻의 까냐다나는 신부의 아버지가 딸의 손을 가져와 사위의 손 위에 얹는 의식입니다. 아버지는 사위에게 다르마, 아르타artha, 까마kāma를 추구하며 살면서 절대 딸을 실망하게 하지 말 것을 당부하고, 신랑은 그리하겠다며 거듭 약속합니다. 두 번째는 빠니그라하나pāṇigrahaṇa입니다. '손(pāṇi)'을 '잡는 것(grahaṇa)'이라는 뜻의 빠니그라하나는 의식용 불 앞에서 신랑과 신부가 서로의 손을 붙잡는 의식입니다. 불이 이 상서로운 결합의 증인이 됩니다. 마지막 세 번째는 싸쁘따빠디saptapadī입니다. '일곱(sapta)' 번의 '걸음(padī)'

화려하고 성대한 인도 결혼식

이라는 뜻의 싸쁘따빠디는 신랑과 신부가 불의 주위를 일곱 번 돌며 일곱 가지 결혼 서약을 하는 의식입니다. 어떤 지역에서는 신랑과 신부가 붉은색 숄을 묶은 뒤 함께 걷고, 또 어떤 지역에서는 신랑이 신부의 오른손을 자신의 오른손으로 잡고 걷습니다. 싸쁘따빠디가 끝나면 둘은 정식 부부로 인정을 받고 하객들이 꽃잎을 뿌리며 축하해 주는 것으로 결혼식은 끝이 나는데, 시간은 벌써 자정을 훌쩍 넘긴 새벽이 됩니다.

사실 인도인들이 모두 밤에 결혼식을 하는 것은 아닙니다. 남인도에서는 보통 해가 훤히 떠 있는 시간에 결혼식을 올리지만, 북인도 힌두들의 결혼식이 해가 진 뒤 시작하게 된 데에는 몇 가지 이유가 있다고 합니다. 그중 하나는 반 힌두교 세력과의 충돌을 피하기 위해서라는 것입니다. 특히 외부에서 온 무슬림 세력에게 힌두 전통 문화를 빼앗기지 않기 위해 그들의 눈을 피해 밤에 결혼식을 올리게 되었다는 이야기가 있습니다. 또 다른 이유는 종교적 측면에서 설명되는데, 힌두교에서 달이 고요함을 상징하기에 평온한 결혼 생활을 기원하며 달이 뜨는 밤에 결혼식을 올렸다고 전해집니다.

오늘날 우리나라에서는 복잡한 절차의 전통 혼례 대신 신랑과 신부가 턱시도와 웨딩드레스를 입고 주례 앞에서 혼인 서약을 하는 서양식 결혼식이 일반적입니다. 예식이 끝난 뒤 전통 혼례복으로 갈아입고 식장에 마련된 폐백실로 이동하여 진행하는 폐백에서 전통 혼례의 흔적을 찾을 수 있습니다. 반면 인도에서는 대부분의 결혼식이 여전히 전통적인 방식으로 치러지며, 가족과 가족 간의 맺음을 확인하는 집단적 의례의 성격을 강하게 띱니다. 그러다 보니 가끔은 보여주기식의 사치스러운 행사나 과도한 결혼지참금이 사회적 문제로 이어지기도 하지요. 전통적인 방식을 고수하든 간소화된 새로운 방식을 택하든 두 사람이 만나 하나의 가정을 이루는 결혼이 인륜지대사人倫之大事, 즉 인간이 살아가며 행하는 중요한 일이라는 사실은 변하지 않습니다.

왜 결혼할 때 붉은 칠을 할까요?

우리의 전통 혼례에서 신부는 두 뺨과 이마 한가운데에 붉은색 치장을 하는데, 이를 연지곤지라고 합니다. 연지는 여자가 화장할 때에 입술이나 뺨에 찍은 붉은 빛깔의 염료이며, 곤지는 혼례에서 신부가 단장할 때에 이마 가운데 찍는 붉은 점이라고 하여 일종의 신부 화장을 의미하지만, 일설에 의하면 잡귀는 붉은색을 싫어하기에 신부 주변에 악귀가 꼬이지 않도록 막은 것에서 유래되었다고 합니다. 아무튼 '연지곤지 찍고 시집간다'는 말이 있듯이 연지곤지는 결혼의 상징이었습니다.

우리와는 좀 다른 양식이지만 인도의 힌두 여성들도 결혼식에서

두 눈썹 사이와 가르마에 붉은 치장을 합니다. 눈썹 사이 둥글게 찍은 점은 빈디bindi이고, 가르마를 따라 길게 칠한 것은 씬두르sindoor라고 합니다. 빈디는 결혼식이 아니더라도 장신구로 사용되곤 하지만, 씬두르는 결혼식에서 신랑이 처음으로 신부의 가르마에 칠해줍니다.

연지곤지와 씬두르 모두 결혼식과 관련이 있지만 둘은 몇 가지 차이가 있습니다. 연지곤지는 결혼식이 시작하기 전 준비 단계에서 미리 칠하지만, 씬두르를 칠하는 것은 '씬두르 단Sindoor Daan'이라고 하여 결혼식 절차에 포함됩니다. 결혼 후 신부는 매일 직접 씬두르를 바르게 됩니다. 결혼한 여성이 씬두르를 하지 않는 유일한 경우는 남편이 세상을 떠났을 때입니다. 따라서 씬두르는 결혼한 여성임을 상징하는 중요한 표시로 여겨집니다. 씬두르와 달리 연지곤지는 결혼식 당일에만 그리지요. 그렇다면 우리나라에서는 결혼한 여성과 그렇지 않은 여성을 어떻게 구별했을까요? 바로 머리 모양과 장신구입니다. 전통적으로 우리나라 여성들은 결혼 전에는 땋은 머리를 하다가, 결혼 후에는 머리를 올리고 비녀를 꽂았습니다. 이 쪽머리가 결혼한 여성의 상징이었지요.

남성들도 미혼과 기혼을 구분하는 표시가 있을까요? 힌두의 경우 결혼식 당일에 신부가 신랑에게도 씬두르를 해줍니다. 그렇지만 결혼식 이후 매일 씬두르를 하지는 않습니다. 그러니까 여성들은 기혼자임을 알리는 표시를 하고 다니지만, 남성들은 그렇지 않은 것입니다. 그렇다면 우리나라는 어떠했을까요? 우리나라에서는 여성이 땋았던 머리를 올려 비녀를 꽂듯 남성들도 땋았던 머리를 올려 상투를 틀었습니다. 쪽을 진 여성과 상투를 튼 남성의 머리 모양이 전통 사회에서 혼인 여부를 구별하는 중요한 표시였지요.

빈디는 원래 힌두교에서 종교적인 의미를 가지고 있었습니다. 빈

붉은 색으로 꾸민 인도 신부

디를 찍는 미간은 직관과 영적 통찰을 상징하는 제3의 눈이 있는 자리로 여겨집니다. 제3의 눈이 열리면 더 높은 차원의 깨달음을 얻게 된다고 믿었지요. 따라서 힌두교 전통에서는 이곳을 장식함으로써 집중력을 높이고, 영적인 평온을 얻을 수 있다고 생각했습니다. 결혼식에서는 빈디가 신랑과 신부를 축복하고 보호하며, 가문과 자손의 번영을 기원하는 의미로 사용됩니다. 하지만 오늘날에는 종교적 의미를 넘어서 장신구나 패션의 일환으로 사용되고 있습니다. 특히 반짝이는 큐빅을 재료로 하여 손쉽게 붙였다 떼어낼 수 있는 스티커 형태의 빈디는 시중에서 구하기 쉬워서 인도를 찾는 여행객들 사이에서도 인기가 있습니다.

빈디와 씬두르에 사용되는 붉은색 가루는 꿈꾸마kumkuma인데, 꿈꾸마를 이마에 칠하는 것은 결혼식 때만은 아닙니다. 자신의 집을 방문하고 돌아가는 사람이 자신보다 어른인 경우에는 존경의 의미를 담아, 어린 사람인 경우에는 축복의 의미를 담아 엄지손가락으로 상대방의 이마에 꿈꾸마를 칠하기도 합니다.

이제 우리는 결혼식에 더 이상 연지곤지를 찍지 않고 상투를 틀지는 않지만, 순백의 드레스와 멋진 양복을 통해 현대적인 아름다움을 보여주고 반지를 통해 기혼을 표시하고 있습니다. 인도의 결혼식에서는 여전히 화려한 싸리를 입고, 메흔디로 정교한 문양을 그린 양 팔에 팔

찌를 가득 차고, 얼굴에 빈디와 씬두르를 붉게 칠한 신부를 만나볼 수 있습니다. 결혼식의 방식이 현대적이든 전통적이든 신랑 신부의 아름다움은 변함없이 빛나며, 이 특별한 순간은 가족과 친구들이 함께 축하하는 가운데 영원히 기억에 남는 축제의 장이 될 것입니다.

왜 하얀 피부가 미의 기준일까요?

여러분은 '얼굴이 달덩이 같다'라는 말을 들어본 적 있나요? 이 말이 어떻게 들리나요? 달덩이 같은 얼굴은 둥글고 환하게 생긴 사람의 얼굴을 보름달에 빗댄 표현입니다. 복스럽게 생겼다는 긍정적인 의미로 사용되던 이 표현은 언제부턴가 넙데데하고 큰 얼굴형을 가리키면서 칭찬의 의미에서 크게 벗어난 지 오래입니다. 심지어 의학적으로 달덩이 얼굴은 특정 질병으로 인해 얼굴 주위로 지방이 축적된 증상으로 보기도 합니다. 그런데 인도에서는 얼굴이 달덩이 같다는 말이 칭찬으로 사용됩니다. 누군가의 생김새를 달에 빗대는 것은 정확히 말하자면 얼굴 크기나 모양보다 달빛처럼 환한 얼굴색을 뜻하기 때문이지요. 이렇게 우리와 비슷한 듯 다른 인도인들의 아름다움의 기준은 무엇일까요?

고대 인도의 법전인 『마누법전』에는 여성의 적절한 신체조건이 명시되어 있습니다. 그에 따르면 신체가 완전하고, 이름이 아름답고, 인도 기러기와 코끼리를 닮은 걸음걸이를 한 여성, 털과 머리카락과 이가 가늘고, 부드러운 몸매를 가진 여성이 적절한 결혼 상대자였습니다. 또한 추한 생김새는 그가 전생이나 이번 생에 행한 나쁜 행위들로 인해 사악해진 본성에 따른 결과라고 설명됩니다. 따라서 아름다운 생김새란 단순히 호불호의 문제가 아닌 반드시 지켜야 하는 다르마로 여겨졌습니다.

　　인도 문학에서 수려한 외모와 빛나는 젊음은 아주 오래전부터 남녀를 막론하고 주인공에게 요구되는 필수 조건이었습니다. 여러 문학 이론서에 관련 내용이 상세하게 규정되어 있는데, 『라마야나^{Rāmāyaṇa}』의 여자주인공 씨따^{Sītā}는 커다란 눈을 지닌 눈부신 여성이며, 균형 잡힌 몸매에 허리가 잘록한 보기 좋은 모습입니다. 그녀는 빛나는 치아와 달콤한 입술, 보름달과 같은 얼굴을 가진 여성으로 그녀의 광휘光輝는 사방의 어둠을 사라지게 했다고 그려집니다. 남자 주인공인 라마^{Rāma}의 외모는 어땠을까요? 라마는 두꺼운 어깨에 튼튼한 두 팔이 무릎까지 닿을 만큼 길고, 조개와 같이 아름다운 목과 건장한 턱을 가진 남성입니다. 잘생긴 이마, 적당한 키에 좋은 형태의 몸을 지닌 그의 살결은 매끄럽고 광택이 나며, 달빛보다도 환히 빛나는 그의 얼굴을 모두가 사랑했다고 그려집니다.

　　두 주인공의 외모 묘사에 공통으로 나오는 '달과 같이 환한 얼굴'은 하얀 피부에 대한 인도인들의 선호가 아주 오래전부터 시작되었음을 알려줍니다. 그렇다면 인도인들은 왜 하얀 피부를 선호하게 된 것일까요? 아랴인들이 인도에 들어와 '색깔'이라는 뜻의 바르나 시스템을 만들었을 때, 상층 계급인 사람들은 드라비다인들보다 상대적으로 하얀 피부색을 가진 아랴인들이었습니다. 인종에 따른 유전적인 요인이 아니더라도 인도의 뜨거운 햇볕에 노출된 채로 일해야 하는 하층 카스트들은 햇볕에 그을린 피부를 진정시키고 가꿀 여유가 없으니 피부색이 더 검을 수밖에 없었을 것입니다. 그래서 하얀 피부는 단순히 아름다움의 문제가 아니라 사회적 지위와 연결되었습니다. 이후 아랍인과 페르시아인의 침략과 지배를 통해 피부색에 따른 분열은 더욱 분명해졌고, 서구 열강의 식민주의가 출현하면서 피부색을 바탕으로 한 차별, 이른바 컬러리즘colourism은 공고해졌습니다. '검은 인도인'들의 출입을 금지하는 곳이 늘어나고, 어두운 피부색을 비하하는 말을 듣는 경험이 쌓일수록 하얀 피부는 탐나는 대상으로 자리를 잡게 되었습니다.

 독립 후 70여 년이 지났지만 하얀 피부에 대한 선호는 인도 사회에 여전히 남아 있습니다. 인도의 결혼정보회사 광고를 보면 결혼 상대의 조건으로 남녀를 막론하고 하얀 피부가 빠지지 않습니다. 상대에게 보낼 사진에서 피부색을 보정하는 것은 너무나 자연스러운 일이지요. 그래서 그 효과 여부를 불문하고 어머니가 딸에게, 또는 친구들끼리 피부를 하얗게 만들어 주는 민간요법을 공유합니다. 인도 화장품 업계 부동의 1위는 피부를 하얗고 잡티 없이 고른 색으로 만들어 주는 기능성 화장품입니다. 어느 조사에 따르면 인도에서 코카콜라의 판매량을 피부 미백 크림의 판매량이 앞질렀을 정도라니 더 말할 것도 없지요. 7~80년대에 방영된 피부 미백 크림 광고는 소비자들에게 하얀 피부를 가지면 더 많이 사랑받고 사회적으로 인정 받을 수 있다는 메시지를 분명하게 전달합니다. 심지어는 크림을 바른 여성 모델의 피부색이 너무 하얘져서 서양인으로 착각했다는 내용의 광고도 있었지요. 하얀 피부에 대한 열망은 여성뿐 아니라 남성도 마찬가지였습니다. 남성용 화장품 광고에도 어두운 피부를 밝게 만들어 준다는 문구가 달리기 시작했고, 그 제품은 큰 인기를 끌었습니다.

 컬러리즘은 외부 집단으로부터의 차별만 있는 것이 아닙니다. 같은 집단 내에서도 더 밝은 피부를 가진 구성원들을 선호하는 현상 역시 충분히 노골적인 차별의 한 형태라고 볼 수 있습니다. 인도 사회에서 '피부색이 어둡다'는 '더럽다', '가난하다', '학력이 낮다' 등 종종 부정적인 의미로 사용되곤 합니다. 그래서일까요? 끄리슈나^{Kṛṣṇa} 신은 그 이름부터 '어둡다'라는 뜻이지만, 그림이나 조각상에서 그는 하얀색에 가까운 창백한 푸른색으로 표현됩니다. 가네샤^{Gaṇeśa} 신은 어떻고요. 인도에는 하얀 코끼리가 살지 않음에도 불구하고, 코끼리 얼굴을 한 그는 보통 아주 연한 분홍색으로 표현됩니다.

오늘날 인도인들은 피부색과 관련한 잘못된 인식을 바로잡고자 여러 노력을 하고 있습니다. #UnfairAndLovely, #MelaninMagic, #FlexingMyComplexion와 같은 해시태그 운동 참여가 그 예이지요. 그들은 이와 같은 움직임을 통해 공동체 내에서 피부색을 바탕으로 한 차별의 문제점에 대한 담론을 형성하고, 밝은 피부색이 어두운 피부색보다 더 아름답다는 오래된 믿음을 해체하려고 노력하고 있습니다. 그 결과 인도의 몇몇 화장품 회사들은 대중의 반발을 염두에 두고 자사 제품에서 '살결이 흰(white, fair)', '밝은(bright)' 등의 표현을 삭제했습니다.

하얀 피부색에 대한 선호는 비단 인도에 국한된 현상은 아닙니다. 스마트폰의 사진 편집 어플을 사용해 본 적이 있나요? 클릭 몇 번으로 피부색을 얼마든지 더 하얗게 바꿀 수 있지요. 그러나 스마트폰을 끄는 순간 편집을 통해 바꾼 사진 속 내 모습이 진짜 내가 아니라는 것을 곧 깨닫게 될 것입니다. 그렇기에 중요한 건 현실에 있는 내 있는 그대로 모습의 아름다움을 발견하는 것이겠지요. 인도에는 다양한 인종이 살고 있습니다. 피부색은 물론이고, 얼굴형, 눈 크기, 코 모양, 머릿결 등이 다 다르지요. 그들 모두 다양한 모습 그대로 아름답습니다. 그리고 그 다양한 아름다움이야말로 인도를 더 인도답게 만드는 것은 아닐까요?

홀리와 디왈리는 어떤 의미의 축제일까요?

우리나라 3대 명절로는 음력으로 각각 1월 1일인 설날, 5월 5일인 단오 그리고 8월 15일인 한가위가 있습니다. 설날은 새로운 한 해가 시작되는 첫날을 기념하는 날로 조상께 차례를 지내고 성묘도 하며 온 가족이 함께 모여 덕담을 나누고 떡국 등의 음식을 먹는 날입니다. 단오는 무더운 여름이 오기 전에 모내기를 끝내고 풍년을 기원하는 날로 그네뛰기나 씨름을 하고, 창포 삶은 물에 머리를 감거나 나쁜 기운을 몰아내기 위해 수리취떡이나 화채를 먹는 날이지만 오늘날에는 공휴일도 아니며 한식과 정월 대보름과 같은 명절의 의미는 많이 흐려졌습니다. 그리고 추석은 설날과 더불어 민족 최대의 명절로, '한가위'라고도 불립니다. 이때 온 가족이 모여 햅쌀로 만든 송편과 신선한 과일로 차례를 지내고, 강강술래, 줄다리기, 씨름, 달맞이 등의 다양한 놀이를 즐깁니다.

그러나 오늘날 우리는 설날이나 추석과 같은 명절을 축제라고 부르기 주저하게 됩니다. 이제 우리의 명절은 특별한 시간을 기념하고 함께 즐기는 의식이나 기념 행사보다는 가족 단위의 모임이나 여가 활동으로 변모했기 때문입니다. 물론 강릉 단오제는 유네스코가 지정한 무형유산으로 우리나라의 대표적인 전통축제의 명맥을 이어오고 있지만, 온 국민이 함께 즐기는 축제는 아닌 것 같습니다. 물론 최근에는 보령 머드 축제, 산천어 축제, 진주 벚꽃 축제 등 놀이와 참여 중심의 지역 특색을 살린 새로운 축제들이 등장하고 있습니다. 하지만 전통과 현대, 그리고 가족과 집단의 가치가 함께 변해가는 이 시점에서, 과거의 소중한 전통을 지키면서도 새롭게 창조해 나가는 일은 더욱 어려워진 것 같습니다.

이와 달리 인도에는 축제라고 불릴 만한 명절들이 많이 있습니다. 그 중에서도 홀리Holi와 디왈리Diwali는 인도를 대표하는 축제이자 명절입니다. 홀리는 색의 축제이며 디왈리는 빛의 축제입니다. 홀리는 팔구나 뿌르니마Phalguna Purnima 즉, 힌두력의 마지막 열두 번째 달인 팔구나Phalguna(2-3월 경)의 보름달이 뜨는 날에 해당합니다. 보름달이 뜨는 날은 힌두교에서 매우 상서롭게 여겨집니다. 특히 팔구나 뿌르니마는 힌두력의 새해 첫날이 시작되는 날로, 이날 열리는 홀리 축제는 겨울이 지나가고 봄이 왔음을 축하하는 새봄맞이 축제라 할 수 있습니다. 홀리는 본래 아랴인들의 축제였지만 지금은 인도 전역을 화려한 색으로 물들이는 대표적인 축제가 되었습니다.

홀리 축제는 화합의 축제라고도 합니다. 다양한 인종, 종교, 카스트, 언어, 문화 집단으로 구성된 인도에서 이 모든 것을 초월하여 함께 어울리는 날이기 때문입니다. 서로 카스트나 종교가 달라도, 나이 차이가 있다 해도 이날만큼은 인도인들 누구나 서로에게 색색의 가루를 뿌리며 즐기곤 합니다. 뿐만 아니라 홀리는 그간의 잘못을 용서하고 갈등을 끝내는 날이기도 합니다. 새로운 계절과 함께 해묵은 감정을 털어내고 새로운 관계를 만들어 가는 것이지요.

그런데 홀리 축제를 즐길 수 있는 '누구나'에 포함되지 못하던 사람들도 있었습니다. 바로 과부들입니다. 남편을 먼저 보낸 여자는 불길하다고 여기던 인식 때문에 과부들은 오랫동안 이 축제를 함께 즐길 수 없었습니다. 2012년에 인도 국립 법률 서비스국National Legal Services Authority에서는 공익소송을 제기하면서 과부들도 축제를 즐길 권한을 인정받았고, 2013년부터 과부들을 위한 홀리 축제가 기획되었습니다. 이로써 홀리는 명실상부한 '통합과 화합'의 축제가 된 것입니다.

홀리 물감을 뒤집어 쓰고 춤을 추는 히마찰 사람들

눈부신 색채의 향연이라고 불리는 홀리 축제이지만 한편으로는 색소의 위험성이 거론되기도 합니다. 전통적으로 홀리 축제에서는 천연 색소를 사용하여 다양한 색깔의 물을 만들어서 뿌렸지만, 지금은 비용적으로 저렴하고 구하기 쉬운 화학 색소가 많이 사용되기 때문입니다. 더군다나 축제의 열기에 사로잡혀 온 몸에 색색의 가루나 물감으로 뒤집어 쓰는 일이 비일비재하여 자칫 눈과 코를 통해 몸속으로 들어간 색소가 인체에 치명적인 영향을 끼칠 수 있습니다. 축제 전후로 사고 소식도 심심찮게 들려오니, 안전에 유의하며 즐기는 것이 가장 좋겠지요.

홀리가 색의 축제라면 디왈리는 빛의 축제입니다. 디왈리의 또 다른 이름은 '빛줄기(dipa+āvali)'라는 뜻의 싼스끄리뜨어인 '디빠왈리 Deepavali'입니다. 디왈리는 어둠을 몰아낸 빛을 상징하는 축제입니다. 이 축제는 지역에 따라 여러 힌두 신, 여신과 연결되는데, 라바나를 물

디왈리 축제 넷째 날 소똥으로 고바르단 산을 만드는 모습

리치고 세상을 다르마로 가득 채운 라마, 번영과 행운을 가져다주는 락슈미^{Lakṣmī} 여신, 장애물을 없애주는 가네샤 신 등이 대표적입니다. 힌두력으로 까르띠까^{Kārtika}(10~11월)의 가장 어두운 밤을 전후로 약 닷새 동안 열립니다.

    닷새의 축제 중 첫째 날은 단떼라스^{Dhanteras}로 부$_富$를 뜻하는 '단dhan'에서 유래한 이름입니다. 이날에는 디야^{diya}라는 등불을 밝히고, 문앞에는 쌀가루, 꽃잎, 색모래로 다채로운 문양의 랑골리^{rangoli}를 그려 복을 주러 오는 락슈미 여신을 맞이할 준비를 합니다. 둘째 날은 나락 짜뚜르다시$^{Narak\ Chaturdasi}$입니다. '작은 디왈리$^{Choti\ Diwali}$'라고도 불리는 이 날, 정해진 절차에 따라 예배를 드리면 '나락^{narak}', 즉 지옥으로부터 자유로워진다고 여겨집니다. 축제에 빠질 수 없는 달콤한 미타이^{mithai}를 구매하는 것도 이날이지요. 셋째 날이 바로 축제의 절정이자 디왈리 당일입니다. 까르띠까의 가장 어두운 밤, 집집마다 반짝이는 조명과 등불로 장식되고, 폭죽이 내는 빛이 거리를 가득 채웁니다. 그리고 사람들은 가장 깨끗하고 좋은 옷을 입고 치장한 뒤 락슈미 여신이나 깔리^{Kali} 여신에게 예배를 올립니다. 넷째 날은 까르띠까 달의 어두운 보름이 끝나고 밝은 보름이 시작되는 첫날입니다. 지역에 따라 비슈누^{Vishnu; Viṣṇu} 신이 발리를 무찔렀다 하여 발리쁘라띠빠다^{Balipratipada}, 또는 비슈누 신이 고바르단^{Govardhan} 산을 들어올려 홍수로부터 세상을 구한 날을 기념하기 위한 고바르단 뿌자^{Govardhan Puja} 등으로 불리지요. 마지막 날은 '형제의 날'이라는 뜻에서 바이 두즈^{Bhai Duj}라고 합니다. 이날 가족이 모두 모여 유대를 다지며 닷새 간의 축제가 마무리됩니다.

인도 최대의 축제인 디왈리는 인도뿐 아니라 세계 곳곳의 인도인들에 의해 다양한 형태로 기념됩니다. 최근 라마의 탄생지인 아요댜^{Ayodhya}에서는 '빛의 축제'라는 뜻의 '디뽀뜨사브^{Deepotsav}'라는 이름으로 디왈리 축제를 열고 있습니다. 아요댜를 흐르는 싸라유^{Sarayu}강 강둑에 조성된 일련의 가뜨^{ghat}는 '라마의 계단'이라는 뜻에서 '람 끼 빼디^{Ram ki Paidi}'라고도 불리는데, 이곳이 바로 디뽀뜨사브가 열리는 중심지입니다. 싸라유강 근처를 중심으로 웃따르쁘라데시주 전체에 매년 수십수백만 개의 등불이 밝혀진다고 하니 얼마나 장관일지 상상하기도 어렵습니다. 그뿐만 아니라 수백만 대의 드론을 동원하여 라마의 이야기를 하늘에 투사하는 쇼를 펼치기도 합니다.

디왈리 축제는 보통 10월 중순에서 11월 중순 사이에 열립니다. 한 해 농사를 끝내고 익은 곡식을 거두어들이는 이 시기는 다른 어떤 때보다 풍요로운 시기입니다. 디왈리 역시 우리나라의 추석과 마찬가지로 추수에 대해 감사하며 사랑하는 가족들과 함께 시간을 보내는 의미에서 시작되었습니다. 그리고 이 풍요로움이 계속되기를 기원하며 예배를 올리지요. 그중에는 락슈미 여신이 우리 집에만 더 많이 축복을 내려주기를 바라는 마음에 경쟁하듯 더 많은 등불을 밝히고 더 많은 폭죽을 터뜨리는 사람들이 있다고 합니다. 그렇다 보니 디왈리 축제가 끝나면 환경 문제가 대두되곤 합니다. 축제 기간 동안 띄워 보낸 등불로 인해 더러워진 강물이나 신나게 터뜨린 폭죽으로 인한 잿빛 하늘이 더 이상 간과할 수준이 아니기 때문입니다.

　이처럼 이제 인도의 대표적인 두 축제인 홀리와 디왈리는 화학 색소로 인한 피해를 걱정해야 하고, 미세 먼지와 오염을 걱정해야 하는 '오염의 축제'라는 표현도 등장하고 있습니다. 화합과 어울림의 색의 축제인 홀리와 풍요에 감사하며 서로에게 나눠주며 신들께 기도를 올리는 빛의 축제인 디왈리는 비록 오염이라는 후유증을 낳기도 하지만, 그럼에도 불구하고 인도의 축제는 부러울 따름입니다. 왜냐하면, 가족뿐만 아니라 이웃사촌 그리고 지역 사회 모두가 그간의 스트레스와 갈등을 잊고 함께 어울리며 하나가 될 수 있는 그런 시간이 잠시라도 존재하기 때문입니다. 같은 시간과 같은 공간 속에서 함께 어울릴 수 있는 그런 모습이 다시는 오지 못할 추억처럼 그립습니다.

3
인도는 복잡하고 어지럽다?

인도에는 얼마나 많은 신이 있을까요? / 인구 1위국이 인도라고요? / 언어가 몇 개나 될까요? / 왜 인도 영어는 알아듣기 힘들까요? / 왜 그렇게 경적을 울려 댈까요? / 인도는 더운 나라일까요? / 왜 입버릇처럼 'No Problem'이라고 할까요?

인도에는 얼마나 많은 신이 있을까요?

여러분은 우리나라의 신을 얼마나 많이 알고 있나요? 한반도에는 우리 민족 고유의 토속 신앙과 함께 불교, 도교 등에서 영향을 받은 여러 신들이 있습니다. 아이를 갖기를 원하는 부부는 아기를 점지하는 삼신할미를, 바다의 풍파를 이겨내기를 원하는 뱃사람은 용왕신을, 사후 심판을 앞두고 용서를 비는 죄인은 염라대왕을, 초현실적 충족을 바라는 자는 신통력과 초인간적인 괴력을 가진 도깨비를, 무병장수와 길흉화복, 기우를 바라는 자는 신들을 주관하는 옥황상제를 찾았다지요. 오늘날에는 이들 토착 신이 옛날이야기나 신화의 한 부분이 되어 일상생활에서 거의 찾지 않는 낯선 존재라 할 수 있겠습니다. 요즈음 무당은 신령을 섬기고 길흉을 점치고 굿 의례를 주관하며 신의 대리자를 자처할 뿐이고, 사람들은 무속신을 신화의 한 이야기로 간주할 뿐 자신의 종교와 연결시키지는 않습니다.

한편 인도는 명실상부 종교의 나라입니다. 인도 헌법의 서문에는 인도가 세속 국가임이 명시되어 있지만 종교는 인도 문화의 중요한 부분을 차지하고 있습니다. 인도는 세계의 주요 종교 중 힌두교, 불교, 자이나교, 씨크교의 발생지이기도 합니다. 인도 헌법은 종교의 자유에 대한 권리를 기본권으로 인정하고 있으며, 인도에는 다양한 종교가 공존합니다. 인구조사에 따르면 인도인 79.8%가 힌두교, 14.2%가 이슬람교, 2.3%가 기독교, 1.7%가 씨크교, 0.7%가 불교, 0.4%가 자이나교를 믿습니다. 이외에 조로아스터교, 유대교 신도들도 있습니다. 2011년 인도 인구조사 Census of India에서 종교를 밝히지 않은 사람은 0.24%에 불과했으니, 인도인 거의 모두가 종교를 가지고 있는 셈입니다.

인도는 일상 속에서 다양한 신을 만날 수 있습니다. 모든 동네에 사원이 하나 이상 있다고 해도 과언이 아닙니다. 골목 어귀마다 신상을 모신 공간이 조성되어 있어, 사람들이 아침저녁으로 그곳을 찾아 예배를 올리거나, 오가는 길에 가볍게 기도합니다. 학교 교실에는 학문을 관장하는 여신의 초상화가 걸려 있기도 하고, 상점 판매대에는 부와 재물을 관장하는 신상이 놓여 있습니다. 신과 관련된 아이템으로 운전대를 장식하지 않은 택시나 오토릭샤를 찾는 것이 더 어려울 것입니다

이렇게 일상에서 마주치는 신들을 헤아리다 보면 문득 궁금해집니다. 도대체 인도에는 얼마나 많은 신이 있는 걸까요? 대표적인 다신교인 힌두교에는 무려 3억 3천만 명의 신이 있다고 말해집니다. 물론 3억 3천만 명의 신이 따로따로 존재하는 개념은 아닙니다. 한 명의 신이 여러 이름, 모습, 속성으로 존재하기에 이 숫자가 가능한 것이지요. 이러한 복수성을 잘 나타내는 것이 '싸하스라나마 sahasranāma'라는 찬양의 노래입니다. '천 개(sahasra)'의 '이름(nāma)'이라는 뜻의 이 찬양은 신이 지닌 천 개의 이름, 속성 또는 별칭을 암송하는 것으로 매우 신성하게 여겨집니다.

이와 관련된 또 다른 중요한 개념이 바로 '아바따라 avatāra'입니다. 아바따라는 '경계를 넘다'라는 뜻의 싼스끄리뜨어 어간 √tṛ 앞에 '아래로'라는 뜻의 접두사(ava)가 붙어 만들어진 단어로, 천상의 신이 지상으로 경계를 넘어 내려오는 것을 뜻합니다. 아바따라는 '아바타'와 같은

말입니다. 아바타는 보통 나를 대신하는 온라인상의 캐릭터, 즉 가상세계에 존재하는 또 하나의 나를 가리키는 게임이나 IT 용어로 잘 알려져 있습니다. 본체는 따로 존재하고, 거기에서 갈라져 나온 분신이라는 개념이지요. 2009년 개봉하여 공전의 흥행을 기록하고, 2022년 속편이 나온 제임스 카메론 감독의 영화 〈아바타^{Avatar}〉의 제목도 바로 아바따라에서 따온 말입니다.

 아바따라의 개념은 특히 우주의 유지와 보호를 관장하는 비슈누 신과 밀접한 관련이 있습니다. 『바가바드 기따$^{Bhagavad\text{-}Gītā}$』에 따르면 이 세상이 어지러울 때마다 질서의 회복을 위해 비슈누 신은 아바따라의 형태를 취하여 나타납니다. 비슈누 신에게는 모두 열 개의 아바따라가 있으며, 이를 다샤바따라^{daśāvatāra}라고 부르지요. 첫 번째는 맛쓰야^{Matsya}입니다. 거대한 물고기인 맛쓰야는 최초의 인간인 마누^{Manu}를 대홍수에서 구해냈다고 전해집니다. 두 번째는 꾸르마^{Kūrma}로, 우유 바다를 휘젓는 전설에서 세계를 떠받치고 있는 거북이로 등장합니다. 세 번째는 바라하^{Varaha}입니다. 바라하는 멧돼지로 묘사되며, 우주의 바다에 뛰어 들어 그 안에 갇혀 있던 세계를 건져냈다고 합니다. 네 번째는 나라씽하^{Narasimha}입니다. 나라 씽하는 세 개의 눈을 가진 사자로 묘사되는데, 비슈누파에서는 파괴의 신으로 숭배됩니다. 다섯 번째는 바마나^{Vāmana}입니다. 난쟁이 모습을 한 바마나가 아수라^{Asura}의 왕 발리^{Bali}에게 세 걸음만큼의 땅을 요구했고, 왕의 동의를 얻자 집채만큼 커져서 세 걸음만으로 존재하는 모든 것과 그 너머를 포괄하여 세계를 구해냈다고 전해집니다. 여섯 번째는 빠라슈라마^{Parashurama}입니다. 이 이름은 '도끼를 든 라마'라는 뜻인데요. 이 도끼를 사용하여 권력을 남용하는 왕들을 무찌른 뒤 우주의 균형을 바로잡았다고 합니다. 일곱 번째

비슈누의 다샤바따라. 왼쪽에서부터 맛쓰야, 꾸르마, 바라하, 나라씽하, 바마나, 빠라슈라마, 라마, 발라라마, 붓다, 깔끼

는 『라마야나』의 주인공인 라마입니다. 라마는 라바나를 죽이고 세상을 다르마로 가득 채웠습니다. 여덟 번째와 아홉 번째는 분파와 지역에 따라 조금씩 차이가 있습니다. 여덟 번째 아바따라는 끄리슈나 또는 발라라마Balarāma로 여겨집니다. 끄리슈나는 인도에서 가장 널리 숭배되고 있는 신입니다. 일곱 번째 아바따라인 라마가 『라마야나』의 주인공이라면, 끄리슈나는 또 다른 대서사시인 『마하바라따Mahābhārata』에 등장하는 인물입니다. 발라라마는 끄리슈나의 형제로, 원래 이름은 라마였지만 큰 힘을 지녔기에 '힘센 라마'라는 뜻에서 발라라마로 불립니다. 아홉 번째 아바따라로는 붓다Buddha, 끄리슈나, 비토바Vithoba, 자간나타Jagannatha가 언급됩니다. 정말 놀라운 사실이 아닌가요? 붓다는 불교의 창시자이나 힌두교에서는 비슈누 신의 아홉 번째 아바따라로 간주되곤 합니다. 인도 내에서 힌두교가 지배적인 위치에 오르고, 불교가

쇠퇴하기 시작함과 거의 동시에 이러한 움직임이 시작되었다고 합니다. 불교의 교세를 확실하게 꺾기 위한 힌두교의 노력이었을 것으로 보입니다. 이와 비슷하게 몇몇 사람들은 예수 역시 비슈누 신의 아바따라 중 하나라고 주장하기도 합니다. 마지막으로 열 번째인 아바따라는 깔끼Kalki입니다. 깔끼는 깔리 유가의 마지막에 나타나 이 우주를 해체하고 새로운 우주로 인도할 것이라고 전해집니다. 비슈누 신의 마지막 아바따라인 깔끼는 아직 이 세상에 나타나지 않았습니다. 그가 나타나는 날이 세상의 종말일 것이라고 합니다.

인도인 가정에는 예배를 드리는 용도의 뿌자가르puja ghar가 마련되어 있습니다. 뿌자가르는 방 하나를 따로 차지하기도 하고, 수납장 하나를 꽉 채우기도 하며, 선반 위에 작게 만들어져 있기도 합니다. 뿌자가르는 필수적인 공간이기 때문에 실내장식에 관심이 있는 사람들은

힌두교 신과 씨크교 창시자가 함께 있는 인도 가정집의 뿌자가르

자신의 감각을 마음껏 뽐내어 꾸밉니다. 재미난 점은 이 뿌자가르에 한 명의 신만 모시는 경우는 거의 없다는 사실입니다. 사진 속 뿌자가르에 씨크교의 창시자 구루 나낙Guru Nanak과 힌두교의 가네샤 신이 함께 놓여 있는 것처럼, 종파는 물론 종교의 경계를 아예 넘어 여러 신을 한 공간에 모시는 것도 흔히 볼 수 있습니다.

인도가 16세기 초부터 19세기 중반까지 무갈 제국Mughal Empire의 지배를 받고, 이어 영국의 식민 지배를 받는 동안에도, 힌두교가 이슬람교나 기독교로 대체되는 일은 일어나지 않았습니다. 생각해 보면 놀라운 일입니다. 유일신을 믿는 종교들이 인도에서는 유독 힘을 쓰지 못하고 소수로 남아 있습니다. 붓다도 예수도 힌두교의 신으로 품고, 뿌자가르의 한쪽에 자리를 기꺼이 내주듯이 현실 세계의 인도에서도 모든 종교가 차별 없이 공존할 수 있는 날이 오기를 기대합니다.

인구 1위국이 인도라고요?

대한민국은 저출산과 인구 고령화 사회로 변화하면서, 노동 인구의 감소, 그에 따른 소비 감소 등의 경제 성장 제약, 고령 계층에 대한 사회보장 체계 및 안정망 취약, 지방 인구 및 대학 소멸, 연금 고갈, 주거 안정 불균형 등 국가적 위기에 직면하고 있습니다. 특히 높은 주거비용 및 교육열, 여성 일자리 및 육아 노동에 대한 불평등, 결혼 기피, 사회적 시스템 부족 등으로 인해 우리나라는 출산과 육아가 매우 힘든 나라로 세계에서 가장 심각한 저출산 국가입니다. 이러한 상황이 계속 지속된다면 현재 5,155만 명의 인구(2023년)는 2070년에는 1949년 우리나라 전체 인구였던 2,010만 명이 줄어들게 된 3,150만 명이 될 것입니다. 게다가 인구 2명 중 1명은 65세 이상인 노인으로 OECD 회원국 중에서 노령인구 부양비율이 100이 넘는 유일한 국가가 될 거라고 합니다.

한편 2023년 7월 유엔United Nations이 내놓은 '세계인구전망 보고서'에 따르면 인도는 중국을 넘어 인구 1위의 국가가 되었습니다. 중국의 경우 1970년대 후반부터 시행된 한 자녀 정책이 2013년에 폐지되었음에도 주거비, 교육비, 육아 및 생활 비용 상승과 여성 및 MZ 세대의 인식 변화로 인해 2020년에는 1950년 이후 처음으로 출생 인구가 1,000만 명 아래로 떨어졌습니다. 반면, 인도에서는 2023년에도 약 2,700만 명이 태어났지요.

인도는 '아대륙'이라고 불릴 정도로 땅덩어리가 큰 나라이니만큼 인구도 많은 것이 당연하다고 생각할 수 있지만, 면적 순위로는 러시아, 캐나다, 미국, 중국, 브라질, 호주에 이어 7위입니다. 영국에 의해 실시된 1881년 인구조사에 따르면 당시 인구는 약 2억 5,300만 명이었고, 독립 이후 1951년 인구조사에서는 약 3억 6,100만 명이 기록되었습니다. 이후 인도의 인구는 꾸준히 증가하여 2001년에는 10억 2,800만 명, 2011년에는 12억 1,000만 명에 달했습니다. 비공식 집계에 따르면 2023년 추정 인구는 14억 2,500만 명에 이른다고 하니, 인도의 인구 증가 속도는 이미 우리의 상상을 훌쩍 뛰어넘고 있습니다.

인도의 인구가 많은 이유는 여러 가지가 있지만, 그중에서도 문화적 배경이 출생률을 높이는 데 중요한 역할을 했습니다. 중국을 포함한 한자 문화권과 인도를 포함한 힌두 문화권에 속하는 나라들에서는 예로부터 자식을 많이 낳은 사람에게 '복福'이 많다고 했습니다. 그래서 다복多福이라는 말에는 자식이 많은 것도 포함된답니다.

그런데 우리나라와 인도 모두 식민지배에서 벗어난 이후 '경제 발전'과 '경제 개발'이 국가의 주요 목표가 되면서 많은 인구는 성장의 걸림돌처럼 여겨지기 시작했습니다. 굶주림을 해결하기 위해 식량 생산을 늘려야 했습니다. 아무리 식량 생산이 늘어나도 인구가 훨씬 더 증가하면 굶주림을 해결할 수 없습니다. 그래서 우리나라의 경우 '새마을 운동'의 목표가 '쌀 생산 늘리기'와 '산아제한'이었습니다. 품종을 개발해서 같은 면적의 논에서 더 많은 벼를 수확하는 한편으로 아이를 적게 낳는 운동을 전개했습니다. 1950년 한국 전쟁 이후 '베이비 붐' 시대가 되어 다섯 명 이상의 자식들이 있는 집이 많았습니다. 그 무렵 산아제한 정책의 일환으로 "둘만 낳아 잘 기르자!"라는 표어가 등장한 데 이어, "잘 기른 딸 하나 열 아들 안 부럽다."는 표어도 나왔습니다. 하지만 그런 과거가 언제 있었는지 의문이 들 정도로, 오늘날 우리나라의 합계 출산율은 세계에서 가장 낮은 수준으로 인구 감소를 걱정해야 하는 상황에 이르렀습니다.

주식인 밀 생산량을 늘리면서 인구를 줄이려는 정책을 시행한 결과, 식량 생산은 증가했으나 인구는 크게 감소하지 않았습니다. 인도 정부 역시 산아제한 정책을 도입했지만, 그 효과가 성공적이었다고 평가하기는 어렵습니다. 무엇보다 일부 대도시를 제외한 지역에서는 피임에 대한 개념이 제대로 확산되지 않았습니다. 1970년대 인디라 간디Indira Gandhi 총리와 아들 싼자이 간디Sanjay Gandhi를 중심으로 강력한 불임 정책이 추진되었는데, 정부는 관리들을 파견하여 불임 시술 대상자를 집집마다 조사하고, 지역별로 불임 시술 할당량을 설정했습니다. 이 과정에서 할당량을 채우기 위해 결혼하지 않은 남녀까지도 강제로 불임 시술을 받게 하는 사례가 발생하며 큰 논란이 일었습니다. 인도의 산아제한 정책이 인권을 침해한다는 비판이 국내외에서 거세게 제기되었고, 성교육이나 의료 서비스 등 근본적인 문제 해결에 소홀하면서 단지 불임 시술만을 강조하는 정부의 접근은 많은 반발을 불러일으켰습니다. 결국 인디라 간디가 총리직에서 물러난 1977년, 이 정책은 공식적으로 종료되었습니다.

인도의 전통 규범에서는 대가족을 선호하며, 자식이 많을수록 가문의 힘이 커진다고 믿었습니다. 특히 아들을 낳아 대를 잇는 것이 중요한 의무로 여겨졌고, 가부장적 인식이 강했습니다. 남성의 권위 의식과 종교적 신념이 결합되어 여성이 피임을 자발적으로 결정하기 어려운 사회적 분위기도 인구 증가에 영향을 미쳤습니다. 최근 산업 구조의 변화로 농업의 비중은 줄어들었지만, 여전히 농업은 중요한 경제활동으로 남아 있습니다. 인도 전체 면적의 60% 이상을 차지하는 농촌 지역에서는 자식을 농업 노동력으로 활용하고, 수입 증대와 노후 보장의 수단으로 여기기 때문에 높은 출산율이 지속되고 있습니다.

 세계의 많은 지역과 마찬가지로 인도의 인구 증가는 최근 수십 년 동안 모든 지역에서 현저하게 둔화되고 있습니다. 대도시를 중심으로 여성의 교육 수준이 향상되면서 결혼 연령이 늦춰지고 출산을 미루는 경향이 나타나고 있습니다. 또한, 전통적인 가치관의 변화로 인해 작은 규모의 가족을 선호하는 사람들이 늘어나고 있습니다. 피임에 대한 인식이 개선되고 보건 및 의료 서비스가 향상됨에 따라 자녀 계획이 더 수월해진 것도 중요한 요인입니다. 이러한 변화들은 인도의 인구 구조에 긍정적인 영향을 미치고 있으며, 인구 증가율도 적정한 수준으로 유지될 것으로 전망됩니다. 전 세계 인구의 1/6을 차지하는 인구 대국인 인도의 특징 중 하나는 10대와 20대의 젊은 인구 비율이 높다는 점입니다. 지금도 끊임없이 아기 울음소리가 울려 퍼지는 인도는 지구에서 가장 젊고 인적 자원이 풍부한 나라입니다.

언어는 몇 개나 될까요?

2004년 제정된 국어기본법에는 한국어는 대한민국의 국어이자 공용어이고, 한글은 국어를 표기하는 우리의 고유 문자임을 명문화하였습니다. 한국어는 약 8천만여 명이 사용하며, 전 세계 언어 중 모국어 사용자 수에 따른 순위가 14위인 언어입니다. 우리나라는 단일 언어 사회이다 보니 당연히 학교, 공공기관, 기업 등 모든 생활에서 한국어를 쓰겠지요. 물론 우리나라에는 현대 한국어와 사뭇 다른 제주어도 있습니다. 제주어는 지리적 특수성으로 인해 독자적으로 발달했는데, 유네스코가 소멸 위기 4단계인 '매우 심각한 위기에 처한 언어'로 분류할 정도로 사용빈도가 줄어들었습니다.

인도에는 제주어처럼 위기 언어로 지정된 언어 또는 방언들이 192개(2022년 기준)가 있습니다. 이처럼 많은 언어 또는 방언들이 소멸의 단계에 있다면, 인도에는 도대체 몇 개의 언어가 있을까요? 1921년 인도 인구조사에 따르면 188개의 언어와 49개의 방언이, 1991년 자료에 의하면 114개의 언어와 216개의 방언(모어)이, 2001년 자료에 의하면 122개의 언어와 234개의 방언(모어)이 그리고 가장 최근의 자료인 2011년에서는 121개의 언어(사용자 수가 적어도 10,000명 이상인 언어)와 19,569개의 모어(방언)가 있다고 합니다. 그렇다면 모어는 무엇이고, 방언은 무엇이며, 시대별로 조사 결과가 왜 이렇게 차이가 날까요? 한 언어가 지역 및 사회적 특성에 따라 발음, 어휘 또는 일부 문법 등이 조금 다른 형태로 다양하게 쓰이는 것을 방언이라고 합니다. 그래서 방언은 표준어와 대립되는 개념일 수도 있으며, 언어와 방언 간의 구분은 어쩌면 사회학적 특성뿐만 아니라 정치적 요인 즉, 우세 및 표준 등의 개념에 따라 나뉘는 것입니다.

인도에서 방언은 어머니의 언어인 모어일 수도 있습니다. 모어란 태어나서 가장 처음 접하는 언어로, 일반적으로 집에서 사용하는 언어를 일컫지만, 인도에서는 집, 혈족, 공동체나 마을 등에서 사용하는 말을 가리킵니다. 따라서 인도에서 모어는 자신들만의 정체성을 구현하는 말, 즉 지역적이고 사회적인 특성을 나타내는 방언일 수도 있습니다. 물론 이 모어에는 영어나 페르시아어 등 외래어도 포함되어 있습니다. 정리하자면 오늘날 인도에는 백여 개가 넘는 언어가 있고, 이 언어들과 유사한 수천여 개의 방언들이 있다고 표현해야 옳습니다. 그래서 192개의 위기 언어는 실제로 개별적인 언어일 수도 있지만, 대부분이 어떤 언어와 유사한 방언들입니다. 여하튼 인도에는 다른 나라보다는 언어가 많은 것은 분명합니다. 그렇다면 왜 그렇게 많은 언어가 있고 그들은 어떻게 서로 소통할 수 있을까요?

인도 연방정부의 공용어는 힌디어와 영어이며, 주州마다 언어 상황에 맞추어 다른 공용어와 부공용어를 지정할 수 있습니다. 그리고 연방정부의 공용어와는 별개로 인도 헌법에는 힌디어를 포함한 인도아대륙의 주요 토착어 22개가 지정어scheduled language로 명시되어 있습니다. 비록 지정어 선정의 기준이 명문화되어 있지는 않지만, 사용자 수, 지역의 지배적 언어, 사회적 가치, 정치적 요인, 문학적 전통 등을 고려하여 그 편입 여부를 결정하는 것 같습니다. 따라서 '인도의 공용어는 22개이다.'는 잘못된 정보로, '인도의 공용어는 힌디어와 영어이며, 영어를 제외하고 힌디어를 포함한 22개의 지정어가 있다.'라고 말해야 합니다.

인도 전체 인구의 약 95% 정도가 적어도 이 22개 지정어 중에 하나를 사용하고 있으며, 나머지는 지정어에 속하지 않는 99개의 비지정어non-scheduled language 중의 하나 또는 19,569개의 모어(방언) 중의 하나를 사용하고 있습니다. 다시 말해서 2011년 인구조사에 의하면 인도에는 22개의 지정어와 99개의 비지정어 등 총 121개의 언어가 있으며, 지정어와 비지정어에 속하지는 않지만, 이 언어들과 유사한 약 2만여 개의 방언(모어)이 있는 것입니다.

인도의 언어는 크게 4가지 어족 즉, 인도-유럽어족Indo-European

languages의 인도-아랴어군Indo-Aryan languages, 드라비다어족Dravidian languages, 중국티베트어족Sino-Tibetan languages의 티베트-버마어파Tibeto-Burman languages, 그리고 오스트로아시아어족Austroasiatic languages에 속합니다. 어족 간의 언어들은 서로 이질적 특성이 있습니다. 다시 말해서 영어와 한국어가 다른 언어이듯이, 어족 간의 언어들은 완전히 다릅니다. 물론 같은 어족에 속한 언어 간에는 언어학적 유사성이 있어, 어느 정도 의사소통이 가능할 수도 있지만, 문법과 어휘가 달라서 소통이 어려울 수도 있습니다. 게다가 같은 어족에 속한 언어라도 서로 다른 문자를 사용하고 있어, 인도에서 언어를 구분하고 정의하는 것은 쉬운 일이 아닙니다.

인도아대륙에 4가지의 어족이 있다는 것은 서로 다른 인종들이 있다는 것이기도 합니다. 지금과 다르게 교통통신이 발달하지 않았던 수천 수만 년 전에 그 넓은 지역에서 저마다 다른 특성을 갖고 지금까지 이어져 오고 있다면, 분명 언어를 포함한 그들의 문화는 서로 달라질 수밖에 없었을 것입니다. 물론 패권에 의한 억압과 강요, 또는 동조로 인해 한 문화가 쇠퇴하거나 동화될 수도 있지만, 인도는 관용과 다름에 대한 인정을 바탕으로 그리고 지리적 특성으로 인해 다양하게 발달하였던 것 같습니다.

인도에서는 비단 언어뿐만 아니라 문자도 다양하게 발달하였습니다. 자신들만의 고유한 문자 또는 언어가 없는 나라가 이 세상에는 얼마나 많습니까? 그러나 아시아 국가에는 한글을 비롯한 수많은 문자가 있습니다. 한글은 실로 자랑스러운 문화유산이 아닐 수 없습니다. 그런데 이 아름다운 문화유산이 인도에는 무려 12개나 있습니다. 이들은 아랍-페르시아 문자를 변형한 우르두 문자와 메이떼이어에 사용되는 메이떼

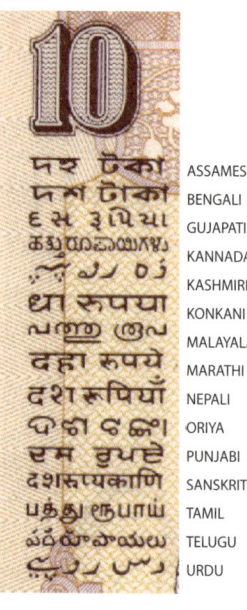

인도 지폐 뒷면에 표시된 인도어
(15개)

이 문자를 제외하고는 모두 브라흐미계 문자에 속합니다. 일부 학자들은 20세기 이후에 새롭게 만들어졌거나 사라진 문자를 포함하면 인도에는 총 25개의 문자가 있다고 합니다. 그러나 오늘날 기준으로 인도에서 지역마다 일상생활 속에서 광범위하게 사용되는 문자는 영어의 로마자를 제외한 12개로 보는 것이 적절할 것입니다. 따라서 22개의 지정어에 속한 언어들은 자신만의 고유한 문자를 갖고 있거나 인접 언어의 문자를 차용했다고 할 수 있지요.

이처럼 인도는 다양한 언어와 문자를 사용하는 다언어·다문자 사회입니다. 그래서 인도는 국가 차원에서 제일 많이 사용하는 언어인 힌디어를 공용어로 지정하여, 정체성 확보 및 소통의 효율을 높이고자 하였습니다. 2011년 인구 조사 결과에 따르면 힌디어 사용자 비율은 전체 인구의 43.63%에 달하며, 이를 이해할 수 있는 범위까지 포함하면 전체 인구의 과반을 훌쩍 넘습니다. 또한, 힌디어는 2001년에서 2011년 사이 25%의 성장률을 기록하며 거의 1억 명에 가까운 새로운 사용자를 확보했습니다. 이는 주요 10개 인도어 중에서 사용자 비율이 증가한 유일한 언어로, 힌디어는 명실상부한 인도 제1의 언어라고 할 수 있습니다. 힌디어의 독보적인 성장은 인구통계학적, 정치적, 사회적 요인 등 여러 가지에 기인합니다. 그러나 이러한 현상은 인도의 다원적인 특성을 저해할 수 있으며, 다른 언어를 사용하는 인도인들에게 힌디어를 강제하는 것은 소통의 장애와 불편을 초래할 수 있습니다. 따라서 힌디어와 함께 영국 지배 시기에 자연스럽게 받아들인 영어를 연방정부의 또 다른 공용어로 지정한 것은 어쩔 수 없는 선택이었습니다.

인도인들은 모두 이중언어 구사자라는 말이 있을 정도로 인도 사회는 다언어로 구성되어 있습니다. 집에서 엄마와 대화할 때 사용하는 언어, 학교에서 공부할 때 사용하는 언어, 관공서에서 행정 업무를 처리할 때 사용하는 언어가 모두 다를 수 있다는 점, 한번 상상해 본 적 있나요? 어쩌면 이러한 언어의 다양성이야말로 인도의 대표적인 정체성을 형성하는 중요한 요소일 것입니다. 표준화 또는 통일화를 통한 효율보다는 비록 느리지만 다름과 다양을 인정하는 사회, 문법 위주의 언어 학습이 아니라 표현 위주의 습득을 권하는 사회, 틀리면 안 되는 것이 아니라 틀릴 수도 있다고 생각하는 사회가 인도가 아닌가 싶습니다.

왜 인도 영어는 알아듣기 힘들까요?

단어를 원래의 의미와 다르게 사용하거나, 발음이 부정확하거나, 어색하게 표현하는 일종의 한국식 영어를 흔히 '콩글리시Konglish'라고 부릅니다. 핸드폰, 콘센트, 핸들, 백미러, 아이쇼핑 등 우리는 일상생활 속에서 자주 콩글리시 단어를 사용하고 있습니다. 이처럼 부정확한 외래어 사용이 무조건 나쁘다고 할 수는 없습니다. 외래어가 한국어로 흡수되면서 발음과 의미가 변형되어, 이제는 한국인에게 고유한 의미를 지니게 되었으니, 콩글리시는 단순히 잘못된 영어 사용이 아니라 한국어의 유연성을 보여주는 언어적 자산이라고 할 수 있겠지요.

그런데 이러한 한국식 영어 표현과는 달리, 고치기 어려운 콩글리시 중 하나는 바로 우리식 발음입니다. 한국어의 음운 체계와 영어의 음운 체계는 상당히 다르기 때문에, 영어 단어를 발음할 때 한국어 화자의 특징이 자연스럽게 드러나게 됩니다. 예를 들어, 영어의 한 음절 단어 'straight'는 한국어에서는 소리를 연결하지 않고 끊어서 발음하게 되며, 이로 인해 다섯 음절 단어가 됩니다. 이런 발음 방식은 한국인들끼리 이해하는 데 아무 문제가 없지만, 영어가 모어인 사람들에게는 매우 어색하게 들릴 수 있습니다. 또한 영어는 [l]과 [r], [b]와 [v], [p]와 [f] 간 서로 다르게 발음하지만, 우리 한국어는 영어처럼 구별하는 서로 다른 자음 문자가 없어 동일하게 발음합니다. 그러나 영어로 해당 음을 구별해서 발음하지 않으면, 우리의 영어 발음은 그들에게는 매우 낯설게 느껴질 수밖에 없습니다.

이처럼 서로 다른 음운 체계 때문에 발음이 어려운 것은 비단 우리나라만의 문제는 아닙니다. 영어를 공용어로 사용하는 인도도 마찬가지입니다. 특히 우리나라 사람들에게 인도식 영어는 상당히 낯설게 들릴 수 있습니다. 미국식 영어에 익숙한 우리는 인도인들의 독특한 발음과 억양을 생소하게 느끼곤 하지요. 그런데 영어는 가장 영향력 있는 국제어로, 전 세계에서 다양한 발음으로 사용되며, 지역에 따라 고유한 영어 발음이 형성되어 있습니다. 미국, 영국, 캐나다, 호주 등과 같이 영어를 모어로 사용하며 규범을 제공하는 형태의 첫 번째 그룹 inner circle에 속한 영어가 있고, 인도, 필리핀, 싱가포르 등과 같이 비록 모어는 아니지만 영어를 공용어로 사용하는 개별적 형태의 두 번째 그룹 outer circle에 속한 영어가 있으며, 마지막으로 한국, 일본, 중국과 같이 모어도 공용어도 아니지만 교육 등의 형태로써 세 번째 그룹expanding circle에 속한 영어가 있습니다. 그러나 인도 영어Indian English는 비록 미국 영어와 같이 규범적 영어는 아니지만, 단일 국가로는 미국 다음으로 전 세계에서 가장 많은 사람 즉, 인도 인구의 약 10.6%인 1억 5천만 명이 사용하고 있는 영어로 개별적 형태의 영어 중에서는 가장 영향력이 큽니다. 그래서 중동과 동남아 등 많은 주변 국가들에서 인도로 영어를 배우러 오가기도 합니다.

인도에서 영어는 영국 지배 시기에 영국 문화 보급, 선교, 효율적인 지배 등을 위한 도구로 도입되었습니다. 이후 영어는 주로 엘리트층이 사용하는 언어로 자리잡아 헤게모니적 권위를 지니게 되었습니다. 세계화의 흐름에 발맞춰 영어가 교육, 비즈니스, 정부 행정 등 여러 분야에서 중요한 역할을 하게 되었으며, 오늘날 인도 사회의 다양한 계층에서도 영어를 사용하는 비율이 증가하고 있습니다. 영어는 인도 전역에 널리 보급되면서 토착화 과정을 거치게 되었고, 여러 지역어의 영향을 받아 인도식 영어로 자리 잡게 되었습니다.

인도 영어는 어떤 지역어의 영향을 받았는지에 따라 힝글리시Hinglish(힌디어+영어), 땅글리시Tanglish(타밀어+영어), 방글리시Banglish(벵골어+영어) 등으로 구분될 수 있으며, 서로 조금씩 다른 특징을 지니고 있습니다. 인도 영어는 음운 간섭, 어휘 선택 간섭, 문법에 의한 문형 간섭, 그리고 잘못된 관용 표현 사용 등에서 미국 영어와 차이를 보입니다. 그 중에서도 발화에서 드러나는 발음의 차이가 가장 두드러집니다. 인도 영어는 여러 지역어의 음운적 특징을 반영하여 독특한 발음을 형성합니다. 그 중에서도 경음화, 즉 된소리로 강하게 발음하는 경향이 특히 눈에 띄며, 이는 인도 영어를 더욱 특징짓는 요소로 작용합니다.

많은 사람들이 대표적인 힌디어 인사말을 '나마스테'로 알고 있지만, 사실 원어에 근접한 발음은 '나마스떼'입니다. 힌디어에는 된소리와 거센소리의 구분이 분명합니다. 예를 들어, 영어 단어에 사용된 [k], [ch/c], [t], [p]를 보고, 우리는 [ㅋ], [ㅊ], [ㅌ], [ㅍ]라고 적거나 발음하겠지만, 인도인들은 [ㄲ], [ㅉ], [ㄸ], [ㅃ]에 해당하는 문자로 적거나 발음합니다. 힌디어에 [ㅋ], [ㅊ], [ㅌ], [ㅍ]에 해당하는 문자가 없어서일까요? 아닙니다. 인도인들은 외래어의 해당 발음은 발음의 위치 및 표기법에 따라 거센소리보다는 된소리에 해당하는 문자로 적는 것을 선호합니다. 이는 마치 우리가 영어의 [d], [t] 발음을 한국어의 [ㄷ], [ㅌ]으로 옮겨 적고 읽는 습관과 같습니다. 엄밀히 분석하면 영어의 [d], [t]는 한국어의 [ㄷ], [ㅌ]과 발음 방식은 같지만, 발음의 위치는 다소 다릅니다. 영어에서 [d], [t]는 한국어의 [ㄷ], [ㅌ]과는 달리 윗니에 부딪히지 않도록 발음합니다. 종종 영어권 국가에서 오래 살던 사람들이 한국어를 할 때 부자연스럽게 혀를 꼬아서 발음한다는 오해를 받기도 하는데, 이는 그들이 한국어의 [ㄷ], [ㅌ]이 영어의 [d], [t]처럼 윗니에 닿지 않는다고 생각하기 때문입니다.

한편 인도인들은 영어의 [d], [t]는 윗니에 닿지 않는 것을 알고 있습니다. 다만 그 위치가 영어와 똑같지는 않고, 오히려 윗니보다 훨씬 더 안쪽에서 발음하는 반전음^{retroflex} 자리 즉, 입천장 쪽으로 혀를 더 둥글게 말아 올려 소리내는 음으로 인식합니다. 다시 말해, 인도인들은 영어를 발음할 때 된소리로 강하게 그리고 혀를 더 말아 윗니가 아닌 입천장에 가까운 곳에서 발음하려는 경향이 있습니다.

그렇다 보니 같은 영어 단어라도 인도인이 발음하면 낯설게 들릴 수밖에 없습니다. 어떤 한국인들은 인도식 영어 발음이 익숙하지 않고 알아듣기 어렵다는 이유로 그들이 영어를 잘 못한다고 생각합니다. 반대로, 인도인들 입장에서는 한국인의 영어 발음이 오히려 불분명하거나 어색하게 들릴지도 모릅니다. 사실 누구의 영어 발음이 더 나은지 논하는 것은 무의미합니다. 영어를 외국어로 배우는 사람들은 누구나 자신의 모어에서 영향을 받게 마련이니까요. 언어란 본래 의사소통의 수단이라는 점을 생각해 보면, 발음이나 표현의 사소한 차이보다 더 중요한 것은 서로의 의도를 명확히 전달하고, 또 이해하려는 태도일 것입니다.

왜 그렇게 경적을 울려 댈까요?

우리나라 도로교통법에 따르면 횡단보도 앞에서 일시 정지한 차량이나 길을 걷는 보행자에게 경적을 울리는 등 과도한 경적 사용은 난폭운전으로 간주되어 처벌받게 됩니다. 경적을 울려야 하는 상황은 운전자가 좌우를 살필 수 없는 교차로, 도로의 모퉁이 지점, 경사로나 굴곡이 많은 산중 도로나 사각 지역에서 자신의 위치를 알릴 수 없는 경우 등입니다. 물론 졸음운전을 하는 차를 목격하는 등 사고 발생의 위험을 알리기 위해 경적을 울리는 것은 허용되지만, 앞차를 재촉하거나 성급하게 행동하도록 하기 위해 경적을 울리는 것은 적절하지 않습니다.

그렇다 보니 인도에 도착한 한국인들은 공항을 빠져나온 순간부터 여기저기서 날아오는 경적 소리에 깜짝깜짝 놀라곤 합니다. 처음에는 당황하여 혹시 자신도 모르는 사이 사고가 일어날 뻔한 것인가 주변을 살피겠지만, 왜 경적이 울렸는지 그 이유를 도저히 찾지 못할 것입니다. 그리고 이내 자신이 타고 있는 차량의 운전자를 포함하여 다들

질세라 경적을 앞다투어 울리는 장면을 보게 됩니다.

차선이 나뉘어 있긴 한지 확인이 어려울 정도로 많은 차량이 뒤엉켜 있는 꽉 막힌 도로, 그 도로에 갇힌 차들이 저마다 경적을 울리고 있습니다. 자신이 더 열심히 경적을 울리면 이 교통 체증이 해소될 거라고 믿기라도 하는 듯이 경적 소리는 점점 더 요란해집니다. 이는 인도의 대도시에서 너무나도 흔히 볼 수 있는 장면입니다.

운전자들이 다들 왜 그렇게 경적을 울려 대는지 인도인들에게 물어보면 정답을 말할 수 있는 사람은 없을 것입니다. 자신이 습관적으로 경적을 울리고 있다는 사실도 인지하지 못하는 운전자들이 대다수일 뿐더러, 경쟁적으로 울려 대는 경적 소리로 시끌벅적한 도로가 인도인들에게는 자연스러운 풍경이기 때문입니다. 한때 우스갯소리처럼 차량 경적 소리, 개가 짖는 소리, 노키아 휴대전화 벨 소리가 인도를 대표하는 세 가지 소리로 꼽혔을만큼 인도는 경적으로 인한 소음으로 몸살을 앓고 있는 것도 사실입니다.

2020년 뭄바이^{Mumbai} 경찰은 소음 공해를 줄이기 위해 기발한 실험을 하나 합니다. 신호에 걸려 서 있는 차량이 조급한 마음에 경적을 울리면 파란불로 바뀌는 데 걸리는 시간이 늘어나 결과적으로 더 오래 기다리게 됩니다. 뭄바이 경찰은 소음 측정기를 신호등 기둥에 설치했고, 소음 수준이 85데시벨 이상이 되면 신호가 재설정되어 빨간불이 길게 유지되게끔 설정했습니다. 뭄바이의 신호등은 파란불이 켜지기까지 남은 시간을 숫자로 보여주는데, 경적 소리가 시끄러워지면 이 숫자가 늘어나게 됩니다. '경적을 더 울리고 더 기다리세요$^{honk\ more\ wait\ more}$'라고 불리는 이 실험은 뭄바이의 주요 교차로 몇 군데에서 매일 십오 분 동안 이루어졌고, 실험 영상은 뭄바이 경찰의 SNS에 올라와 전 세계로 퍼졌습니다. 영상은 기다려도 상관없다면 언제든지 편하게 경적을 울리라는 메시지를 전하며 마무리됩니다. 그리고 델리의 한 전봇대에는 '개도 이유 없이 짖지 않는다'며 무분별하게 경적을 울리는 행위를 비판하는 문구가 적혀 있는 등 나름대로의 교통문화 개선을 위한 인식 변화와 자각도 있지만, 글쎄요, 당장은 효과를 볼 수 없어 보입니다.

인도의 경적 문화가 혼잡한 도로 상황 속에서 사이드미러가 본연의 역할을 하지 못하는 데서 생겨났다고 말하는 사람도 있습니다. 크고 작은 사륜차, 삼륜차, 이륜차는 물론이고, 소, 말, 코끼리까지 뒤엉켜 이동하는 혼잡한 인도의 도로 위에서 안전을 위해 '내가 지금 지나간다'고 알리는 신호로서 경적을 울린다는 것이지요. 인도인들은 경적을 울림으로써 어떻게든 충돌 위험을 줄일 수 있다고 믿는 것도 같습니다. 그래서인지 인도의 도로 위에서 마주치는 버스, 트럭 등 대형 차량 뒤에는 어

"경적을 울려 달라"고 써있는 스쿨버스

김없이 'Blow Horn', 'Horn Please' 등 경적을 울려 달라는 메시지가 적혀 있습니다. 이 간곡한 요청은 알록달록한 문양으로 장식되어 있습니다. 그리고 운전석 앞쪽에 자리잡고 있는 여러 신神의 그림과 조각상이 아마도 운전자의 무사 안전 운행을 지켜줄 것이라 믿는 것이겠지요.

인도인들에게 경적은 소음이 아닌 소리이며 습관화된 신호처럼 느껴질지도 모릅니다. 그 공간에 있다 보면, 어느덧 모든 운전자는 오케스트라의 구성원이 되어 합이 맞지 않는 음악을 연주하고, 자기주장이 강한 연주자들은 더 강하게 데시벨을 높이게 됩니다. 그리고 이 순간 경쟁적인 오늘의 일상에서 경적을 통해 자신이 주인공이 되어 스트레스를 풀고 있을지도 모릅니다. 윤회의 굴레 속에서 각자가 자신의 다르마를 지키며 해탈에 이르듯이, 소음이 뒤엉킨 실타래 속에서도 공공 장소를 개인의 공간만큼 소중히 여기는 작은 인식의 변화가 '나'만이 아닌 '우리 모두'를 생각하는 마음으로 이어지지 않을까요?

인도는 더운 나라일까요?

여러분은 어느 계절을 가장 좋아하나요? 북반구 중위도에 있는 우리나라는 냉온대 기후 지역으로 계절의 변화가 뚜렷합니다. 그래서 봄, 여름, 가을, 겨울 사계절의 매력을 즐길 수 있지요. 최근에는 극심한 폭염과 한파 때문인지 봄과 가을이 짧아지고 여름과 겨울은 길어졌다고 느끼는 사람들이 많은데요. 기상청 통계 자료에 따르면 실제로는 그렇지 않다고 합니다. 그러나 지구 온난화가 아닌 열대화 시대가 열렸다고 할 만큼 심각한 기후 위기 상황으로 전 세계가 이상기온 현상에 시달리고 있는 것을 보면 사라진 것 같다는 말은 농담에 그치지 않을지도 모릅니다.

우리나라를 비롯한 많은 나라가 일 년을 사계절로 구분하는 반면 인도는 전통적으로 일 년을 여섯 개의 계절로 구분합니다. 계절은 인도어로 '리뚜^{rtu}'라고 하는데, 이는 '정해진 시간'을 뜻하는 싼스끄리뜨어로 특히 제사나 예배를 지내기 적절한 때를 가리키는 말이었습니다. 베다시대부터 인도인들은 이 여섯 계절에 맞추어 종교적 행사와 축제 등을 치르고 삶을 꾸려 왔습니다. 이는 태양의 움직임에 따라 한 해를 스물넷으로 나누어 계절을 구분한 우리나라의 '절기'와도 비슷합니다. '절기'라는 말에도 '한 해 가운데 어떤 일을 하기 좋은 시기나 때'라는 의미가 있습니다. 우리 조상님들은 자연의 변화를 알려주는 이십사절기에 맞춰 농사를 지었고, 계절에 따라 관습적으로 반복되는 생활양식은 세시풍속歲時風俗의 형태로 오늘날까지 전승되었습니다.

인도의 여섯 계절은 봄^{vasanta}, 여름 또는 뜨거운 계절^{grīṣma}, 우기 또는 몬순^{varṣā}, 가을^{śarat}, 초겨울 또는 차가운 계절^{hemanta}, 그리고 마지막으로 겨울 또는 늦겨울^{śiśira}입니다. 이는 기온, 일조량, 강수량, 바람 등을 기반으로 계절을 구분하는 기후학적 방법이기도 하지요. 일반적으로 봄은 2월 중순부터 4월 중순까지, 여름은 4월 중순부터 6월 중순까지, 우기는 6월 중순부터 8월 중순까지, 가을은 8월 중순부터 10월 중순까지, 초겨울은 10월 중순부터 12월 중순까지, 겨울은 12월 중순부터 2월 중순까지에 해당합니다.

그리고 인도는 워낙 큰 나라이기 때문에, 지역에 따라 각 계절에 해당하는 기간이나 날씨가 조금씩 다릅니다. 북부 인도의 기후는 대부분 여섯 계절의 변화를 따르지만, 적도 근처에 자리한 남부 인도에서는 계절의 변화가 덜 뚜렷하게 나타나는데, 따밀나두$^{Tamil\ Nadu}$에서는 전통적으로 일 년을 늦은 서리가 내리는 계절pinpani(2월 중순~4월 중순), 덜 여문 더위의 계절ilavēnil(4월 중순~6월 중순), 무르익은 더위의 계절 또는 뜨거운 계절mutirvēnil(6월 중순~8월 중순), 우기 또는 몬순kār(8월 중순~10월 중순), 차가운 계절kūtir(10월 중순~12월 중순), 이른 서리가 내리는 계절munpani(12월 중순~2월 중순)로 구분합니다.

    남부 인도에도 차가운 계절, 즉 겨울이 있으나 평균 기온은 25°C 전후로 그리 춥지 않은 따뜻한 날씨가 이어집니다. 반면 북부 인도의 겨울은 짧지만 만만치 않습니다. 델리의 경우 겨울은 1월에 절정에 이릅니다. 평균 기온은 14°C 정도로 우리나라의 봄가을과 비슷하지만, 실제 체감 온도는 더 낮습니다. 어느 해인가 기온이 10°C까지 떨어졌을 때 길에서 생활하던 노숙자들이 밤사이 추위에 못 이겨 목숨을 잃는 일도 있었습니다. 우리나라의 동장군처럼 혹독하고 매서운 추위는 아니지만, 델리의 겨울 날씨를 한마디로 말하면 자기도 모르는 사이 뼛속으로 냉기가 스며들어 속에서부터 느껴지는 추위입니다. 거기에 짙은 안개와 아지랑이가 한몫 더하지요. 게다가 건물 대부분이 긴 여름을 무사히 나는 데 중점을 두고 지어지다 보니 겨울에는 방 안에 있는데도 입김이 나오는 경험도 할 수 있습니다. 그래서 사람들은 겨울이면 실내에 있는 것보다 밖으로 나가서 따뜻한 햇볕을 쬐는 것을 선호하지요. 한편 여름은 뜨겁고 강렬합니다. 인도 최북단 고산 지역을 제외하고는 긴 여름이 기다리고 있지요. 가장 뜨거운 계절은 몬순 전에 찾아옵니다. 북부 인도의 여름은 평균 기온이 40°C이며, 때때로 폭염으로 인해 50°C까지 기온이 오르기도 합니다. 이 온도에 사람이 살 수 있나 싶지만 건조하기에 우리나라의 찌는 듯한 무더위와는 조금 다르며, 그늘에서는 그나마 견딜 만합니다.

그렇다 보니 사람들은 흔히 인도를 그저 더운 나라라고만 생각합니다. 그렇지만 인도는 다양한 지형으로 구성되어 있는 만큼 세계에서 가장 다양한 기후를 보여주는 나라 중 하나입니다. 다양한 기후는 인도인들의 삶의 모습을 다양하게 만들었습니다. 인도 대부분 지역은 아열대에 속하지만, 최북단 고산 지역은 산악 툰드라 기후, 북서부 지역은 건조한 사막 기후, 남부 지역은 열대 우림 기후 등을 보입니다. 북부의 히말라야산맥과 북서부의 타르사막은 인도 전체의 기후적 특성에 커다란 영향을 끼칩니다. 히말라야산맥은 세계의 지붕이라고 불리는 지구에서 가장 높고 거대한 산맥입니다. '히말라야'는 연중 '눈^{hima}이 있는 장소^{ālaya}'라는 뜻에서 붙여진 이름이지요. 히말라야산맥은 얼어붙은 티베트 고원과 중앙아시아로부터 차가운 공기가 인도로 넘어오는 것을 막습니다. 이로 인해 인도는 한겨울에도 영하의 날씨로 내려가지 않으며 같은 위도에 자리한 다른 나라에 비해 따뜻한 기온을 유지합니다. 반면에 여름에는 인도 지역을 더 더워지게 만드는 주범이기도 하지요.

　인도 대륙 남쪽의 인도양은 적도와 가깝습니다. 해마다 여름이 되면 남회귀선에서 불어오는 바람은 적도를 지나면서 그 힘을 서서히 키워 커다란 비구름을 만들어냅니다. 이렇게 고온다습한 열대 계절풍인 몬순으로 바뀐 바람은 인도에 도착하여 북서부 사막 지역을 제외한 인도 전역에 많은 비를 내립니다. 몬순은 인구의 절반이 농업에 종사하는 인도에서 아주 중요한 역할을 합니다. 이 시기에 내리는 비는 연평균 강수량의 80%에 달하며, 농작물의 생육에 직접적인 영향을 끼칩니다. 만약 충분한 비가 오지 않는다면 농사에 지장이 생기지요. 게다가 인도 농지 중 관개시설을 갖춘 곳은 얼마 되지 않으며, 대부분 이 시기에 내리는 비에 의존하고 있습니다. 몬순으로 내리는 비는 농업용수뿐 아니라 생활용수 확보에도 도움을 주지요. 인도양으로부터 북상한 몬순은 최북단의 히말라야산맥에 부딪히면서 더는 북쪽으로 넘어가지 못하고 근처에 멈춰 큰비를 뿌리게 됩니다. 인도 동북부의 아삼 지역은 세계적인 차茶 산지로 유명한데, 우리나라의 10배나 되는 연평균 강수량과 비가 그치고 이어지는 선선한 기후가 차 재배에 적합하다고 합니다. 몬순이 끝나면 북부 인도에는 맑고 선선한 가을 날씨가 찾아오지만, 남부 인도에는 후기 몬순이라 불리는 북동 몬순이 한 차례 더 기다리고 있습니다.

북부 인도에는 해마다 몬순이 시작되기 전 서쪽으로부터 열풍이 불어옵니다. 뜨겁고 건조한 이 바람은 루lu라고 부르며, 강하고 먼지가 많은 돌풍입니다. 50°C에 육박하는 높은 온도로 인해 이 열풍에 노출되면 치명적인 열사병에 걸릴 수 있습니다. 인도인들은 열풍이 불어오는 시기에 가능한 한 외출을 삼가고 실내에 머무르려고 합니다. 한편 남부 인도에는 몬순이 시작되기 전 3월에서 4월 사이에 한 차례 비가 내리는데, 이를 망고 소나기mango shower라고 부릅니다. 이 비가 망고를 잘 익게 도와주기 때문에 이러한 이름이 붙었다고 합니다.

그러나 인도도 최근 지구 열대화 현상으로 극한의 폭염을 경험하고 있거나 예기치 않은 대홍수와 가뭄으로 인해 농산물 가격의 폭등과 삶의 질 저하로 몸서리 치고 있어, 여섯 개의 리뚜 구분이 무색할 따름입니다. 특히 이러한 기상이변에 따른 피해는 빈부 격차에 따라 더 심하게 발생하는데, 빈곤층이 많은 인도에서는 사회적 재난이 아닐 수 없습니다. 잠시 쉬고 싶을 뿐인데, 기댈 곳도 없는 사람들에게 기후변화는 재앙일 수밖에 없습니다. 그런 그들에게 가장 피하고 싶은 계절은 언제일까요?

왜 입버릇처럼 'No Problem'이라고 할까요?

'조만간 밥 한번 먹자.', 이 표현에 대해 어떻게 생각하시나요? 인사치레로 그냥 내뱉는 것일 수도 있고, 지금은 바빠서 그런데 조만간 다시 만나 식사하자는 미안함에 대한 표현일 수도 있고, 상대에게 시간을 내어 달라며 유대감을 형성하자는 얘기일 수도 있는 등 상황 및 의도에 따라 다양하게 해석됨을 우리는 알고 있습니다. 그러나 외국인들은 이 말을 정말로 곧이곧대로 믿기 때문에 기약 없는 연락을 기다리게 되다가 심지어는 신뢰에 금이 가거나 관계마저 불편해지는 경우가 생긴다고 합니다. 이처럼 외국인들은 물건을 사러 오지 않으면서도 '나중에 올게요.', 정확한 시간과 집 주소를 주지도 않으면서도 '우리 집에 놀러 오세요.' 등 한국 사회의 빈말 문화에 적지 않게 당황한다고 합니다.

영어 인사말인 'How are you?'의 자동적인 대답은 'Fine, thank you and you?'입니다. 그런데 우리식으로 '힘드네요.', '바빠 죽겠어요.', '그냥 그래요.', '뭐 별일은 없습니다.' 등으로 편하게 대답하면, 외국인들은 당황하고, 그 분위기도 다소 심각해질지도 모릅니다. 다시 말해서 형식적이며 의례적으로 물어본 그들의 인사말에는 의례적이며 긍정적으로 대답해야지, 우리식으로 해석하고 대답하면 오해가 생길 수도 있습니다.

이처럼 각 나라에는 빈말 또는 의례적인 표현들이 있습니다. 인도도 '어떻게 지내세요?'라고 묻는 표현엔 의례적으로 '잘 지냅니다.'라고 하는 것이 바람직합니다. 또한 한국어와 마찬가지로 '덕분에 잘 지내고 있습니다.'라는 상대에게 꽤 예의를 갖춘 표현도 있습니다. 이처럼 상대를 안심시켜주는 의례적인 표현으로는 'no problem'도 있습니다. '전혀 문제가 안 돼요.', '걱정하지 마세요.' 등으로 직역할 수 있는 '노 쁘라블렘'은 인도를 경험한 사람이라면 수십 번 듣고 살았을 것입니다. '이러한 문제가 있는데, 해결 가능한가요?', '내일까지는 반드시 해주셔야 합니다.', '믿어도 되지요?'라고 물어보면, 주저 없이 '노 쁘라블렘'이라고 대답하는 인도 사회, 불안한 마음에 여러 차례 거듭 물어봐도 그들의 대답은 어떠한 상황 속에서도 한결같이 '노 쁘라블렘'입니다.

 진짜로 인도인들이 건네주는 '노 쁘라블렘'에는 문제가 없는 것일까요? 정말로 문제없이, 일이 해결되기는 할까요? 심지어는 상대의 실수로 발생한 문제여서 당연히 해결되는 것이어야 함에도 문제없이 해결될 수 있을까요? 인도 사회에서 '노 쁘라블렘'은 '무슨 말씀인지 알겠네요.', '그렇군요, 걱정 많으시겠어요.' 등 상대방의 말에 정중하게 공감하는 표현인 것 같습니다. 다시 말해서 말 한마디에 천 냥 빚을 갚을 정도로 말에 무게와 신뢰가 있다고 믿는 우리로서는 그 말에 대한 신뢰감이 무너질 수밖에 없습니다. 예방을 통한 미래를 위한 준비인가 아니면 발생하지도 않은 일에 대한 걱정인가, 정신없이 달려가는 서두름에 익숙한 것인가 아니면 물 흘러가는 느긋함에 익숙한 것인가, 걱정이라도 하는 것이 맞지 않는가 아니면 걱정한다고 해결되는가? 아마도 '노 쁘라블렘'의 해석은 문제 및 상황에 대한 서로 다른 인식으로 인해 발생하는 문화적 차이일 수도 있습니다.

 그러나 최근 인도 사회에서도 '노 쁘라블렘'에 문제가 있다고 보고, 의례적인 빈말 대신에 솔직하게 표현하는 경우가 있습니다. 하지만 아직 인도 사회는 말 보다는 글을 신뢰하는 것 같습니다. 말은 사라지지만, 글은 남는다고 생각합니다. 그래서 인도에서는 사소한 것까지 기록하고 문서화하는 과정이 필요하다고 합니다. 지금은 거의 사라졌지만, 한때는 지참금도 문서를 통해 합의하였다고 합니다.

힌디어로 숫자 9는 '노/노우'입니다. 따라서 '노 쁘라블렘'은 '9 problem'일 수도 있습니다. 어쩌면 이 빈말은 이미 문제는 차고 넘칠 것이니, 지나치게 걱정하기보다는 마음을 비우고 조금은 의연하게 받아들이라는 위로와 조언을 담고 있는 것일지도 모릅니다.

4
인도는 신비롭다?

인도인은 누구나 채식주의자인가요? / 냄새나고 풀풀 날리는 쌀일수록 고급이라고요? / 탈리가 무엇인가요? / 왜 공휴일에는 술을 팔지 않을까요? / 인도인은 무엇을 위해 살까요? / 인생이 네 단계로 나뉜다고요? / 왜 죽으면 화장을 할까요? / 말세는 언제부터 시작된 걸까요?

인도인은 누구나 채식주의자인가요?

음식 문화는 기후나 지형과 같은 자연환경에 따라 서로 다른 특징을 띠고 발달하기 마련이나, 채식은 자연환경적인 특색보다는 생활양식이나 종교, 신념, 가치관 등에 따라 다르게 나타납니다. 우리나라의 경우 과거에는 곡물로 만든 밥을 주식으로 하고 여러 식물성 재료를 부식으로 하는 채식 위주 식단이 주를 이루다가 축산업과 어업의 발달 및 소득 수준의 증가 등으로 인해 육류 섭취가 일상화되었지요. 최근에는 우리나라에서도 윤리적, 경제적, 환경적 문제에 관한 관심과 개인의 건강이나 미용을 목적으로 육류 소비를 줄이고 채식을 선택하는 사람이 늘어나고 있습니다. 이러한 추세는 전 세계적으로 마찬가지입니다. 2009년 덴마크에서 열린 기후변화협약 당사국 회의에서 영국의 뮤지션 폴 매카트니Paul McCartney는 '고기 없는 월요일Meat Free Monday' 캠페인을 제안하기도 했습니다. 이것은 인간의 건강과 지구의 건강을 위해 일주일에 한 번이라도 고기를 먹지 않는 것을 장려하는 국제적인 캠페인인데요. 간헐적 채식은 누구나 일상에서 쉽게 시도할 수 있다는 점에서 인기를 끌고 있습니다. 현대 사회에서 채식은 하나의 생활양식으로 자리 잡았다고 할 수 있겠지요.

    인도는 전 세계에서 채식이 가장 발달한 나라 중 하나입니다. 인도의 채식주의는 인도인의 생활 전반에 깊은 영향을 끼치는 종교와 깊은 연관성이 있습니다. 인도에서는 종교에 따라 먹어도 되는 음식과 먹지 말아야 하는 음식이 엄격히 구분되어 있는데, 힌두교에서는 소고기를 그리고 이슬람교에서는 돼지고기를 금지하고 있으며, 자이나교는 채식주의로 잘 알려져 있습니다. 최근 조사에 따르면 인도 내 자이나교도의 92%가 채식을 한다고 합니다. 비폭력의 원칙에 기초한 자이나교 채식주의는 유제품은 먹지만 작은 곤충과 미생물을 해치거나 식물이 뿌리째 뽑혀 죽는 것을 막기 위해 뿌리채소를 먹지 않습니다. 와인, 고기, 버터, 꿀, 무화과 등도 먹어서는 안 됩니다. 엄격한 채식주의 식단을 따르는 자이나교도들은 여과되지 않은 물도 마시지 않는다고 합니다. 그런가 하면 똑같이 인도에서 생겨난 종교이지만 씨크교는 채식을 선호함에도 비채식을 선택할 수 있다는 것이 중론입니다. 그러나 고기를 먹더라도 '자뜨까jhaṭkā'라고 하여 고통을 최소화하기 위해 단칼에 죽인 동물의 고기만이 허용된다고 합니다.

인도 농산물 및 가공식품 수출개발청Agricultural & Processed Food Products Export Evelopment Authority; APEDA의 조사 결과에 따르면 2021-22년 기준 전체 인구 중 채식주의자 비율이 29%, 비채식주의자 비율이 71%인데, 채식-비채식은 지역마다 다르게 나타납니다. 인도 등기소Registrar General of India; RGI가 발표한 2018년 조사 결과에 따르면 채식주의자 비율이 가장 높은 주는 라자스탄(74.9%), 하리야나Hariyana(69.25%), 빤잡Punjab(66.75%), 구자라뜨Gujarat(60.95%) 순이었던 반면에 오디샤Odisha(2.65%), 따밀나두(2.35%), 안드라쁘라데시Andhra Pradesh(1.75%), 빠슈찜방갈West Bengal(1.4%), 뗄랑가나Telangana(1.3%) 등의 지역에서는 채식주의자의 비율이 3%를 넘지 않는 것으로 나타났습니다. 그리고 인도에서는 비채식을 하더라도, 유연하게 채식-비채식을 조정하는 인도인들도 많이 있습니다. 예를 들어 일주일에 몇 번 또는 특정 요일에는 스스로 정한 규칙에 따라 고기를 먹지 않습니다.

인도의 육류 소비율은 세계에서 가장 낮다고 알려져 있습니다. 물론 종교적·문화적 측면에서의 부정적인 낙인을 우려한 인도인들이 솔직하게 답변하지 않는 경우가 비일비재하므로 실제보다 낮은 수치가 도출되곤 한다는 분석도 있습니다. 카스트 및 경제적 수준에 따른 육류 소비 현황을 살펴보았을 때 소위 상층 카스트는 경제 수준이 높을수록 육류 섭취가 감소하는 반면, 하층 카스트의 경우 이와 반대되는 양상을 보이는 점도 생각할 거리를 던져줍니다. 종교마다 여러 규제가 있지만, 인도인들도 고기를 먹습니다. 어떤 전문가는 인도인은 '고기도 먹는 채식주의자'라고 설명하기도 합니다. 당장 누군가 한국에 있는 인도 식당의 인기 메뉴가 무어냐고 물어온다면 탄두리 치킨과 버터 치킨 등 비채식 메뉴부터 떠올릴 수 있기 때문입니다. 전체 인구의 약 80%가 힌두이고, 약 15%가 무슬림인 인도에서 가장 쉽게 먹을 수 있는 고기는 역시 닭고기와 양(또는 염소)고기입니다. 인도에서는 닭고기와 양(또는 염소)고기를 사용한 다양한 조리법이 발달했습니다. 특히 공장식으로 대량 사육되는 닭이 늘어남에 따라 육류 소비도 증가세를 보이고 있습니다. 그렇다고 인도에서 소고기를 먹을 방법이 없는 것은 아닙니다. 흔하지는 않아도 소고기를 파는 식당들이 있습니다. 그러나 대부분이 물소(버팔로)를 도축한 고기이다 보니 우리가 생각하는 한우와는 맛도 질감도 다르기는 합니다. 물소고기는 인도의 수출 효자 상품이기도 합니다. 2021-22년 기준으로 인도는 세계 4위의 소고기 수출국이었는데, 한때는 시장점유율 20%를 차지하며 세계 1위를 기록하기도 했습니다. 이때 수출된 소고기가 바로 물소고기입니다.

VEGETARIAN

NON VEGETARIAN

인도의 채식-비채식 라벨

　이처럼 인도가 완전한 채식주의 국가는 아니지만, 채식주의자가 살기 좋은 나라로 손꼽히는 것은 분명합니다. 인도는 채식주의를 장려하는 강한 문화적 또는 종교적 전통을 가지고 있습니다. 인도에는 채식 식당이 많고 채식주의자를 위한 다양한 선택지가 존재합니다. 그뿐만 아니라 인도는 정부 차원에서 식품 표시법을 엄격하게 적용하고 있습니다. 인도 마트에 진열된 식품의 포장지를 유심히 살펴보시면 무언가 표시되어 있음을 발견하실 수 있습니다. 인도 식당의 메뉴판에도 메뉴마다 옆에 같은 표시가 되어 있는데, 이는 채식-비채식을 알려주는 라벨입니다. 인도에서 판매되는 포장 식품이나 치약 등에는 필수적으로 채식-비채식 라벨이 부착되어야 합니다. 이는 2006년 식품 안전 및 표준(포장 및 표시)법Food Safety and Standards (Packaging and Labelling) Act of 2006에 따라 효력이 발생했고, 2011년 법제화되어 의무가 되었습니다Food Safety and Standards (Packaging and Labelling) Regulation. 이에 따라 채식 음식에는 녹색 동그라미를, 비채식 음식에는 적갈색 동그라미를 표시하여 사람들이 식별할 수 있게 했습니다. 2021년부터 FSSAI인도 식품 안전 및 표준 당국는 적록색맹인 사람들의 편의를 위해 비채식 기호를 동그라미에서 세모로 바꾸었습니다.

　한편 우리나라에는 채식-비채식을 구별하는 관련 규정이 마련되어 있지 않습니다. 그렇다 보니 엄격한 채식주의를 실천하는 사람들은 스스로 요리에 사용된 양념 하나하나 꼼꼼하게 살펴봐야 하지요. 아직 우리나라에서 채식주의자로 사는 것은 그리 쉽지 않은 것 같습니다. 최근에는 육류와 오신채五辛菜(마늘, 파, 부추, 달래, 아위)를 사용하지 않은 사찰음식을 응용한 이른바 K-채식 음식이 세계인의 입맛을 사로잡고 있다고 합니다. 친환경과 건강에 대한 관심이 높아지면서 동물성 식품 대신 콩, 쌀, 감자 등으로 만든 대체육 시장도 크게 성장할 것으로 전망 되는데요. 개개인의 서로 다른 식습관을 존중하면서 환경에도 도움이 되는 보다 나은 음식문화가 자리잡기를 기대해 봅니다.

냄새나고 풀풀 날리는 쌀일수록 고급이라고요?

인도에 거주하거나 인도를 여행하는 한국인들이 그리워하는 음식 중 하나가 바로 윤기가 흐르는 쌀밥일 것입니다. 물론 인도에도 쌀밥이 있습니다. 대표적인 메뉴로는 볶음밥의 일종인 비르야니^{Biryani}가 있습니다. 만약 향신료가 들어가지 않은 맨밥을 먹고 싶으면 어지간한 식당 메뉴에는 다 있는 스팀 라이스^{steamed rice}를 시키면 됩니다. 그렇지만 쌀밥이 나오고 첫술을 뜨는 순간 한국인 중 열에 아홉은 익숙하지 않은 식감과 냄새에 당황하게 됩니다.

    가늘고 긴 모양에 찰기가 없어 후하고 불면 날아갈 것 같이 가벼우면서 짙은 향기가 나는 이 쌀은 바로 바스마띠^{Basmati}입니다. 바스마띠는 인도와 파키스탄을 중심으로 재배되는 품종입니다. 전 세계 바스마띠 생산량의 70%를 인도가, 나머지 30%를 파키스탄이 차지하고 있습니다. 인도 내에서는 빤잡, 하리야나, 히마짤쁘라데시^{Himachal Pradesh}, 델리, 웃따라칸드^{Uttarakhand}, 서부 웃따르쁘라

인도의 바스마띠 쌀

데시, 까슈미르Kashmir 등의 지역에서 바스마띠가 생산되고 있습니다. '바스마띠'라는 이름은 '향기bās'가 '나는 것matī'이라는 뜻입니다. 이름에서부터 이 쌀이 가진 특징이 무엇인지 분명하게 드러납니다. 바스마띠는 빤단 잎과 비슷한 특유의 향을 가지고 있으며, 다른 품종에 비해 12배나 강하다고 합니다. 한국인들이 갓 지은 쌀밥에서 기대하는 구수한 향기와는 조금 차이가 있습니다만, 이 자연적인 향은 바스마띠의 생명이라고도 할 수 있습니다. 그래서 인도에서는 밥을 짓기 전 약 30분간 쌀을 물에 담궈 둠으로써 조리 과정에서 향이 사라지지 않도록 하는 팁도 있습니다. 인도인들은 향기만큼이나 바스마띠의 길이도 매우 중요하게 여깁니다. 조리하기 전 생쌀의 길이가 6.61mm(0.260인치), 폭이 2mm(0.079인치) 이상인 경우에만 바스마띠로 불릴 자격이 있습니다. 그래서 인도의 바스마띠 광고는 모두 향이 강하고, 길이가 길고, 풀풀 날린다는 점을 강조합니다.

    쌀밥을 먹지 않으면 어쩐지 식사를 제대로 한 것 같지 않다고 느끼는 한국인들과 달리 인도인의 밥상에서 쌀밥이 필수 요소는 아닙니다. 대신 인도에는 다양한 종류의 빵이 있습니다. 인도의 빵은 향신료가 잔뜩 들어가는 커리와 잘 어울립니다. 인도인들이 밥 대신 주식으로 먹는 가장 흔한 빵은 로띠나 짜빠띠로, 납작한 모양의 효모가 들어가지 않은 빵입니다. 빵은 인도인들의 주식이기 때문에 '로띠'라는 단어는 끼니로 먹는 음식을 통틀어 가리키기도 하며, 그 뜻이 확장되어 여러 관용 표현에서 '생계'라는 뜻으로 사용되기도 합니다. 예를 들어 '로띠 까마나rotī kamānā(빵을 벌다)'라는 표현은 '생계를 꾸리다', '로띠 꼬 로나rotī ko ronā(빵 달라고 울다)'는 '굶어 죽다'를 뜻합니다.

    인도의 빵은 주로 따와tava/tawa라고 불리는 편평한 팬이나 딴두르

tandoor라고 하는 화덕에 굽습니다. 빵 반죽에는 아따ātā나 매다maidā라는 밀가루가 사용됩니다. 아따는 단단한 굳은 밀로 만들어 끈기가 많습니다. 그래서 로띠, 짜빠띠, 난, 빠라타paratha 등 식사 때 먹는 빵의 재료가 됩니다. 반면에 매다는 연한 무른 밀로 만들어 끈기가 적다 보니 뿌리puri나 루찌luchi 등 튀김 빵에 적합합니다. 인도인의 밥상에 올라오는 빵들은 모두 밀가루로 만들어진 것은 아닙니다. 인도의 북부와 서부가 밀 문화권이라면 남부와 동부는 쌀 문화권에 해당합니다. 특히 남인도에서는 밀가루 대신 쌀가루를 사용하여 빵을 만드는데, 도사dosa, 압빰appam, 웃따빰uttapam, 이들리idli 등이 남인도에서 즐겨 먹는 빵입니다.

탈리가 무엇일까요?

한국의 전통적 밥상은 흰 쌀밥과 그에 어울리는 반찬과 국을 곁들인 반상차림으로, 반찬의 가짓수에 따라 3첩에서 12첩까지 있습니다. 격식을 갖추어 밥상 하나를 차리도록 만든 한 벌의 그릇을 반상 또는 반상기라고 하며, 일반적으로 반상은 사각, 팔각, 십이각 등의 모양으로 되어 있으며, 밥과 반찬, 숟가락과 젓가락이 반상에 함께 놓입니다. 그리고 서양 정찬처럼 격식을 갖춰 다양한 메인 요리 및 후식과 함께 순서대로 차려내는 큰 상차림을 한정식이라고 합니다. 백반白飯은 한자 그대로 '흰 밥'을 뜻하지만, 일반적으로 쌀밥에 몇 가지 나물이나 김치류, 국이나 찌개류, 구이류 등 소박한 한 끼 식사를 뜻하며, 식당에서 파는 가정에서 먹을 법한 백반을 가정식 백반 또는 백반 정식이라고 합니다. 이처럼 우리는 쌀밥을 기본으로 국과 몇 가지 반찬을 곁들여 먹습니다.

북인도 탈리(좌)와 남인도 탈리(우)

　　인도에서도 한국의 반상차림이나 백반처럼 소박한 전통 음식 세트가 있는데, 이를 탈리^{thali}라고 합니다. 탈리는 넓은 금속 쟁반을 가리키지만, 그 쟁반에 다양한 커리와 빵 또는 쌀밥을 곁들인 인도의 전통 음식입니다. 일반적으로 빵이나 밥이 쟁반 가운데 놓이고, 각종 커리와 소스가 까또리^{katori}라는 작은 그릇에 담겨 쟁반의 가장자리에 둥글게 놓입니다. 탈리는 채식과 비채식을 고를 수 있는데, 비채식 탈리에는 고기 요리가 포함됩니다. 넓은 쟁반에 여러 종류의 음식이 한꺼번에 담겨 나오는 모습은 밥, 국, 반찬 몇 종으로 구성된 한국의 백반 차림을 떠올리게 합니다. 쟁반에 차려지는 음식의 배치에는 나름의 규칙이 있습니다. 이와 같은 규칙은 베다시대 문헌에서도 찾아볼 수 있으며, 그것이 오늘날 탈리의 가장 오래된 기록이라고 합니다.

　　인도는 지역에 따라 기후의 차이로 재배되는 작물이 다르다 보니 식문화도 다양하게 발달했는데, 지역별 다양한 식문화를 한눈에 알 수 있는 것이 바로 탈리로, 각 지역에서 가장 특화된 요리의 종합 세트라고 할 수 있습니다. 라자스탄의 라자스타니 탈리$^{Rajasthani\ thali}$에는 콩 커리^{dal}, 거친 밀가루로 만든 둥근 빵^{baati}, 달콤하게 튀긴 경단^{choorma}의 조합인 달 바띠 쭈르마$^{dal\ baati\ choorma}$가 빠지지 않습니다. 깐나디가 오다

Kannadiga Oota라고도 불리는 까르나따까 탈리Karnataka thali에는 수수로 만든 졸라다 로띠jolada roti가 나옵니다. 구자라뜨의 까티아와르Kathiawar 지역에서 먹는 까티아와디 탈리Kathiawadi thali에는 사프란과 다히로 만든 달콤한 후식인 께사르 슈리칸드kesar shrikhand가 포함됩니다. 까슈미리 탈리Kashmiri thali에는 감자를 천천히 익혀 만든 커리인 담 알루dum aloo라는 전통 요리가 들어갑니다. 바다를 끼고 있는 고아Goa의 고안 탈리Goan thali는 해산물과 생선 요리가 단골입니다. 벵갈리 탈리Bengali thali도 생선을 빼놓고 말할 수 없습니다. 여기에 빵 대신 쌀이 나온다는 특징이 더해집니다. 한편 께랄라 탈리Kerala thali에는 코코넛을 활용한 다양한 요리가 담깁니다. 식기에서도 차이가 보이는데, 남인도에서는 바나나잎이 금속 쟁반을 대신합니다. 두껍고 빳빳한 바나나잎은 음식을 담기에 적합하여, 식당에 따라 금속 쟁반 위에 크기를 맞춰 자른 바나나잎을 깔아주는 곳도 있습니다.

　탈리는 단맛, 짠맛, 쓴맛, 신맛, 떫은맛, 매운맛의 서로 다른 여섯 가지 맛을 한 번에 즐기기 위해 만들어진 것이라 말해집니다. 그렇지만 탈리가 인도의 대표적인 식문화 중 하나로 자리 잡은 데에는 1인 상차림이라는 점이 무엇보다 중요하게 작용했을 것입니다. 정淨과 부정不淨이라는 이원화된 상징 체계 속에서 인도인들은 생활 속 오염을 막기 위해 늘 조심합니다. 그래서 인도인들은 식사를 할 때 다른 사람들과 불필요한 접촉을 피하려고 공용 그릇에 차린 음식을 개인 그릇에 덜어 먹습니다. 손으로 식사를 하더라도 음식을 덜 때는 반드시 국자나 숟가락 같은 식기를 사용합니다. 그렇다 보니 한 사람 앞에 쟁반 하나로 차려져 나오는 탈리 문화가 발달할 수밖에 없었을 것입니다.

　식판 사용이 아니고서야 우리는 국과 반찬을 제외하고는 공동의 그릇에 담긴 반찬을 각자의 그릇에 덜지 않고 그냥 함께 즐겨 먹습니다. 심지어는 각자의 숟가락으로 찌개를 공유하기도 합니다. 이러한 모습에 인도인들은 적지 않게 당황합니다. 물론 우리도 인도인들이 손을 사용하여 식사하는 모습에 놀라지요. 나라마다 고유의 식문화가 있기에 옳고 그름을 논할 수는 없습니다. 시대와 환경 그리고 인식의 변화에 따라 바뀌고는 있지만 우리의 밥상에는 함께 밥을 먹는 사람을 이어주는 정情이, 인도인들의 밥상에는 오염되지 않고 깨끗한 정淨이 있는 것은 아닐까요?

왜 공휴일에는 술을 팔지 않을까요?

한국 야구장의 묘미 중의 하나는 바로 경기를 관람하면서 즐기는 치맥입니다. 내가 응원하는 팀이 득점하는 순간 시원하게 마시는 맥주, 상상만 해도 시원합니다. 경기장을 직접 찾지 않더라도 경기 중계 영상을 보면서 한잔하는 즐거움도 있지요. 특히 월드컵이나 올림픽 등 우리나라 대표 팀의 경기가 있는 날에는 술집에 사람들이 꽉 차는 것은 물론 시원한 맥주를 마시며 경기를 응원하는 모습에 익숙해져 있습니다.

우리의 야구나 축구에 대한 열광, 그 이상으로 인도인들은 크리켓을 사랑합니다. 인도가 크리켓 경기에서 파키스탄과 맞붙게 될 때는 마치 한일전과 같은 긴장감이 조성되며, 승리는 온 국민을 흥분의 도가니에 몰아넣습니다. 아무래도 이 열기를 식히기 위한 차가운 맥주 한잔이 절실한데, 하필 '드라이데이dry day'라 아쉽게도 빈 잔만 들어야 하네요. '드라이데이'는 정부 차원에서 특정한 날에 상점, 술집, 클럽 및 기타 시설에서 주류 판매를 금지하는 날입니다. 다만 주류의 판매만 금지되기 때문에 전날 미리 술을 사 두었다가 개인 공간에서 즐기는 것은 가능하기에, 맥주 등 술은 집에서만 마실 수 있지, 식당이나 술집에서는 불가능합니다. '드라이데이'라는 단어는 1926년 빤잡의 소비세법에서 처음 언급되었다고 합니다. 인도에서는 공화국의 날(1월 26일), 독립기념일(8월 15일), 마하뜨마 간디의 탄생일인 간디 자얀띠Gandhi Jayanti(10월 2일)와 같은 주요 공휴일이나 기념일, 종교적 축제를 기리기 위한 날을 드라이데이로 지정하고 있으며, 이날은 상점이나 식당에서 술을 살 수 없습니다. 때로는 사회 질서를 유지하기 위한 수단으로 드라이데이가 지정되는데, 선거일이 대표적인 예시입니다. 지방의회 선거의 경우 투표 종료 48시간 전부터 개표가 끝날 때까지, 지방 자치 단체 선거의 경우 투표일, 투표 전날 및 개표일이 드라이데이로 선포됩니다. 한번은 특별한 날이 아닌 것 같은데도 식당에서 술을 팔지 않아 물어보니 근처 대학교의 학생회 선거일이라 금지되었다고 합니다.

인도는 28개 주states 8개 연방직할지union territories로 구성된 연방제 국가입니다. 인도 헌법 제7별항the Seventh Schedule은 연방과 주 의회 사이의 권한과 기능의 분배를 다루고 있는데, 술과 관련된 조항은 주 입법 대상 목록state lists에 속해 있습니다. 지역마다 문화와 전통, 심지어 휴일까지 다르므로 드라이데이와 관련하여 각자의 정책이 적용됩니다. 이를테면 안다만 니꼬바르 제도Andaman and Nicobar Islands의 경우 매월 7일과 둘째 넷째 주 화요일에 술을 살 수 없고, 께랄라Kerala에서는 일반적으로 매월 1일이 월급날이기에 드라이데이로 지켜집니다. 한편 빠슈찜방갈의 5성급 호텔, 클럽 및 리조트에는 드라이데이가 적용되지 않습니다. 개인적인 소비도 대부분 가능하지만, 식당이나 상점 등 공개적인 장소에서는 판매를 금지합니다.

드라이데이뿐 아니라 법적 음주 나이나 주류 판매 및 소비 관련 법도 주마다 다릅니다. 우선 주 차원에서 술을 사고파는 것을 금지한 곳이 있습니다. 비하르Bihar, 구자라뜨, 나갈랜드Nagaland, 그리고 미조람Mizoram에서는 전면적으로, 마니뿌르Manipur의 경우 일부 지역에서 주류 판매 및 소비가 금지되어 있습니다. 몇 살부터 술을 마실 수 있는지 역시 주에 따라 18세에서 25세까지 다르게 지정되어 있고, 일부 지역에서는 술의 종류에 따라 그 나이가 달라지기도 합니다. 고아, 하리야나, 히마짤쁘라데시, 뿌듯쩨리Puducherry, Pondicherry, 씩낌Sikkim 등의 지역에서 법정 음주 나이는 18세지만 델리에서는 25세입니다. 까르나따까Karnataka의 경우 최소 음주 나이를 1965년 소비세법에서는 18세로, 1967년 소비세 자격 규칙에서는 21세로 각각 규정하고 있어 혼란이 있기도 했습니다.

일반 식료품점이나 편의점에서 손쉽게 술을 살 수 있는 한국과 달리 인도의 대부분 지역에서는 허가를 받은 주류 전문 상점에서만 술을 구할 수 있습니다. 한국에서는 현재 전통주에 한해 온라인 주류 판매가 허용되지만, 인도의 경우 전면 금지되어 있습니다. 께랄라나 따밀나두 등 일부 지역에서는 주 정부가 주류 소매를 관리하고, 개인이 주류 상점을 소유하는 것은 금지합니다. 일부 관광 지역에서는 해변이나 하우스 보트에서 관광객을 대상으로 술을 판매하는 것을 허용하는 특별법이 적용되고 있습니다.

2008년 제네바에서 열린 세계보건총회World Health Assembly에서 인도의 보건가족복지부 장관인 안부마니 라마도스Anbumani Ramadoss가 세계 금주의 날World No Alcohol Day을 제안하여, 10월 2일은 금주의 날로 지

인도의 주류 판매점

정되었습니다. 10월 2일은 간디 자얀띠, 즉 마하뜨마 간디가 태어난 날입니다. 그는, "술과 마약의 악惡은 말라리아 등으로 인한 악보다 훨씬 더 나쁘다. 후자는 몸에 해를 입힐 뿐이지만 전자는 몸과 영혼 모두를 무너뜨리기 때문이다."라고 강하게 주장한 바 있습니다. 드라이데이 역시 그의 뜻을 존중하며 간디 자얀띠에 처음 행해졌다고 합니다.

사실 인도는 헌법에서부터 음주 금지가 권고된 나라입니다. 인도 헌법 제47조에도 국가는 건강에 해로운 음주 및 약물 금지를 위해 노력해야 한다고 명시되어 있습니다. 그리고 이를 바탕으로 지역마다 자세한 정책과 법률이 만들어져 시행되고 있습니다. 그러나 다양한 법적인 제약에도 불구하고 인도에서 술은 여전히 골칫거리입니다. 특히 빈민과 노동자일수록 고된 일상을 술로 달래다가 중독되어 버리곤 합니다. 정식으로 허가된 술을 살 여력이 없는 사람들이 값싼 유독성 밀주를 대신 구해서 마시다가 죽는 일도 허다하게 일어납니다. 2009년에는 구자라뜨에서 107명, 2011년에는 빠슈찜방갈에서 172명, 2019년에는 아쌈^Assam에서 150여 명이 밀주를 마시고 사망했습니다. 2020년에는 코로나로 술을 구하지 못하자 손 소독제를 마시고 죽는 일도 있었습니다. 판매되거나 소비해서는 안 되는 유독성 밀주는 가난과 중독을 악용한 돈벌이에 환장한 이들이 만든 축배도 빈 잔도 아닌 죽음의 도가니로 모는 독배인 것 같습니다.

인도인은 무엇을 위해 살까요?

과거 우리는 유교의 가르침에 따라 '입신양명立身揚名', 즉 '출세하여 이름을 떨쳐 부모님께 효도한다'는 삶의 목표가 있었습니다. 물론 현대의 관점에서 보면 출세 지향적으로 비추어질 수도 있으나, 한때는 그랬다고 합니다.

인도인은 어떠한 삶을 살기를 원했을까요? 고대 인도인들도 삶의 목표라는 길잡이가 필요했던 것 같습니다. 힌두교는 전통적으로 '뿌루샤르타^puruṣārtha'라 하여 인생을 살아가면서 추구해야 하는 네 가지 가치를 규정하고 있습니다. '뿌루샤르타'를 우리말로 옮기면 '인간^puruṣa'의 '목표, 목적^artha'입니다. 이들은 각각 다르마, 아르타, 까마, 목샤^mokṣa 입니다.

첫 번째 가치인 다르마는 인도인들의 가치 세계를 떠받쳐 온 원리로 우리말로 번역하기는 조금 까다로운 개념입니다. 쌍스끄리뜨어 단어인 다르마는 '머무르다', '유지되다', '지속되다', 혹은 '잡다', '견디다', '지탱하다', '지니다', '받들다'라는 뜻의 싼스끄리뜨어 어근 √dhṛ에서 파생되었습니다. 어근의 뜻에 따라 해석해 보면 다르마는 '그것에 의해 세상이 유지되게 하는 것', 다시 말해 '세상을 유지시키는 것'이 됩니다. 이 추상적 관념은 문맥에 따라 법, 종교, 관습, 원칙, 규정, 규범, 자연법칙, 보편적 진리, 정의, 도덕, 미덕, 선행, 덕행, 공덕, 도리, 의무, 본성, 속성 등 폭넓게 번역됩니다.

다르마는 종교마다 다양하게 해석됩니다. 다르마의 뿌리인 베다에서 말하는 다르마는 '하면 안 되는 행위를 안 하는 것', 즉 '마랴다maryādā를 지키는 것'입니다. 마랴다는 '죽다'라는 의미의 싼스끄리뜨 어근 √mṛ로부터 파생된 단어로 '넘어가면 죽음이 기다리고 있는 한계', '넘어서는 안 되는 경계'를 뜻합니다. 이후 베다에 대한 해설서인 브라흐마나Brāhmaṇa 문헌에서는 진리 그 자체로 설파되고, 우빠니샤드Upaniṣad 문헌에 이르러서는 인간 삶에서의 행위규범 전반을 가리키는 개념으로 자리 잡게 되었습니다. 행위규범은 해야 할 것과 하지 말아야 할 것으로 나뉩니다. 그렇다면 해야 할 것이란 무엇을 가리킬까요? 무조건 착하고 바른 행동일까요? 『바가바드 기따』에는 좋은 덕목으로 가득한 다른 사람의 다르마paradharma를 따르는 것보다 조금 모자라더라도 자신에게 주어진 다르마svadharma를 행하는 것이 낫다고 되어 있습니다. 이것은 각자에게 주어진 본분과 임무를 행하는 것이 무엇보다 중요하다는 것인데요. 인도인들은 우주와 사회의 질서란 그 구성요소들이 각자의 위치에서 자신에게 할당된 역할을 따를 때 비로소 유지되고, 본분에 어긋나는 행위를 함으로써 무너진다고 생각했습니다. 이렇게 우주와 사회를 유지시키는 궁극적인 원리가 바로 다르마입니다.

두 번째 가치인 아르타는 '부富', '재물'을, 세 번째 가치인 까마는 '쾌락', '욕망'을 각각 가리킵니다. 아르타는 생계를 위한 활동으로 삶의 직접적인 수단입니다. 기실 인도와 종교는 떼려야 뗄 수 없는 관계입니다. 많은 사람이 인도인이라고 하면 갠지스강의 강물에 몸을 담근 채 기도를 하거나 헐벗은 차림을 하고 수행을 하는 등의 영적이고 성스러운 모습을 종종 떠올리지요. 그러다 보니 세계적 기업에서 활약하는 인도 출신 경영자 이야기를 들을 때에는 깜짝 놀라기도 합니다. 인도인과 부자의 이미지가 서로 어울리지 않는다고 생각하면서요. 그러나 그것은 커다란 오해입니다. 힌두교에서는 아르타의 적절한 추구로 재정적 안정과 경제적 번영을 이루는 것도 삶의 중요한 목표라고 강조합니다. 까마도 마찬가지입니다. 까마는 관능적 쾌락이나 성욕에서 더 나아가 모든 종류의 갈망, 욕구, 바람, 열망 등을 의미하는 것입니다. 이 역시 다른 가치를 훼손하지 않고도 추구할 수 있는 건강한 목표로 여겨지지요. 아르타와 까마는 인도인들이 마냥 전세와 내세를 가늠하며 영적인 삶을 추구하는 것이 아니라 현실의 삶에 단단히 발을 딛고 살았음을 보여줍니다.

마지막 네 번째 가치인 목샤는 바로 '해탈'입니다. 목샤는 '풀어주다', '놓아주다', '자유롭게 하다', '해방시키다'라는 뜻을 가진 싼스끄리뜨어 어근 √muc에서 파생된 단어로, 얽매임에서 벗어나는 것입니다. 힌두교뿐 아니라 불교, 자이나교, 씨크교 등에서 목샤는 죽음과 재생의 굴레에서 완전히 해방되는 것을 가리킵니다. 불교에서는 번뇌의 얽매임에서 벗어나 미혹의 괴로움이 없는 경지에 도달하는 것이라 설명하지요. 인도인들에게 죽음은 끝이 아니라 또 다른 생의 시작이었습니다. 그리고 새로운 생은 지난 생에서 몸과 입과 마음으로 짓는 업業, 즉 까

꼬나락(Konarak)에 위치한 태양 사원의 다르마짜끄라(dharmachakra, 다르마의 바퀴)

르마karma에 따라 결정이 되지요. 우리는 개똥밭에 굴러도 이승이 좋다고 하지만, 인도인들에게 번뇌로 가득한 이 세상에 다시 태어나는 것은 괴로움입니다. 따라서 궁극적인 목표는 태어나고 죽는 것이 계속 반복되는 윤회에서 벗어나는 것이라 할 수 있습니다.

정리하자면 앞의 세 가지 가치, 즉 다르마, 아르타, 까마의 추구를 통해 궁극적으로 목샤를 이루는 것입니다. 다르마, 아르타, 까마라는 세 가지 가치는 각각 도덕적, 경제적, 정서적 가치입니다. 여러분은 이 세 가지 가치 중 무엇이 가장 중요하다고 생각하나요? 다르마, 아르타, 까마 중 나름의 우선순위가 있었던 것으로 보입니다. 여러 고대 법전에 다르마와 나머지 두 가치가 충돌하는 경우 다르마를 선택해야 한다고 명시되어 있습니다. 다르마는 이 세상이 조화와 질서를 유지하기 위해 모든 존재가 받아들여야 합니다. 만약 아르타와 까마를 좇는 과정에서 다르마가 무시된다면 사회적 혼란을 초래할 것이라고 경고됩니다. 『까마수뜨라*Kāmasūtra*』에도 아르타는 까마보다, 다르마는 아르타보다 선행되어야 한다고 적혀 있습니다. 그렇지만 『아르타샤스뜨라*Arthaśāstra*』의 저자는 아르타야 말로 다른 두 가치, 다르마와 까마의 기초가 된다고 주장하기도 했습니다. 개인과 사회의 경제적 안정이 전제되지 않는다면 다르마와 까마를 지키는 것도 어려워지기 때문입니다. 따지고 보면 세 가지 가치는 모두 긴밀하게 연결되어 있습니다. 삶의 어느 한 측면만을 과하게 추구하고, 나머지 측면을 무시하는 것은 결국 삶 전반에 나쁜 영향을 끼치게 됩니다. 목샤라는 궁극적인 목표를 향해가는 삶의 긴 여정 속에서 도덕을 지키고, 부를 쌓고, 즐거움을 누리는 것을 멈추지 말아야 하겠습니다.

오늘날 우리는 각자가 믿는 종교 또는 가치관과 믿음에 따라 다양한 삶의 목표를 세우려고 합니다. 최근에는 '욜로YOLO: You Only Live Once'라 하여 인생은 한 번뿐이니 미래와 타인을 위해 희생하지 않고 후회 없이 이 순간을 즐기며 행복을 추구하려는 사람도 있습니다. 이와는 반대로 경제적 자립과 조기 은퇴를 위해 젊었을 때 불필요한 지출을 줄이며 가능한 저축과 투자를 많이 하여 훗날 가치 있고 풍요로운 삶을 누리자는 파이어FIRE: Financial Independence, Retire Early도 있습니다. 욜로족은 미래보다는 현재의 행복을, 파이족은 현재보다는 미래의 행복을 위한다는 측면에서 서로 달라 보이지만, 모두 한 번뿐인 인생을 각자가 원하는 삶에 맞게 최선을 다해서 행복을 누리자는 관점에서는 비슷해 보입니다. 아마도 행복한 삶을 바라는 마음은 모든 사람의 바람일지도 모릅니다.

삶의 목표를 세우는 것은 그것을 이루는 것만큼 쉽지 않습니다. 그렇지만 구체적으로 세워진 목표는 삶이라는 망망대해 한가운데에서 여러분에게 믿음직한 길잡이가 되어 줄 것입니다. 여러분의 삶의 목표는 무엇인가요? 거창하지 않더라도 아주 작은 목표부터 하나씩 추구해 보는 것은 어떨까요?

인생이 네 단계로 나뉜다고요?

어떤 일을 하기에 알맞는 나이가 있다고 합니다. 학교에 다닐 나이, 직장에 다닐 나이, 결혼하고 아이를 낳을 나이 등 암묵적으로 통용되는 사회적 기준이 있습니다. 공자의 논어 중 위정편에는 나이를 지칭하는 말로, 15세는 '학문에 뜻을 둔다'하여 지학志學이라 하였고, 30세는 '가치관을 바로 세운다'하여 이립而立, 40세는 '세상 욕심에 미혹되지 않는다'하여 불혹不惑, 50세는 '세상에 이치를 깨닫는다'하여 지천명知天命, 60세는 '말을 들을 때 옳고 그름을 바로 판단하게 된다'하여 이순耳順, 그리고 70세는 '내키는 대로 살아도 법도에 어긋남이 없다'하여 고희古稀라 하였습니다. 우리에겐 어쩌면 나이에 맞춰서 해야 할 일이 정해져 있는 셈이다 보니, 바로 이 '나이대별 퀘스트'를 제때 깨지 못하면 어쩌나 하는 부담감이 있습니다. 특히 혼자가 아니라 더불어 사는 경쟁 사회에서는 더욱 그렇게 느껴질지도 모릅니다. 그러나 한편 인생의 단계는 살아가는 데 있어서 작은 지침이 될 수도 있습니다.

이처럼 '이 나이에는 이런 걸 해야 한다'는 사회적 통념은 고대 인도 사회에서도 존재했습니다. 고대 인도인들, 더 정확히 말하자면 힌두, 그중에서도 브라흐마나Brāhmaṇa, Brahmin 남성들의 인생은 네 개의 단계로 짜여 있었습니다. 인생의 각 단계를 가리켜 '아슈라마āśrama'라고 합니다. 아슈라마는 '(힘들게) 일하다', '애쓰다'라는 뜻의 싼스끄리뜨어 어간 √śram에서 파생된 말로, 인간이 주어진 목표를 향해 노력하는 단계임을 뜻합니다. 이 네 개의 아슈라마는 각각 학습기, 가정생활기, 은둔기 그리고 유랑기입니다. 여러 고대 문헌에 각 단계에서 무엇을 해야 하는지 상세하게 규정되어 있었고, 인도인, 그중에서도 브라흐마나 남성들은 이를 따라야 했습니다.

학습기는 싼스끄리뜨어로 '브라흐마짜랴Brahmacarya'라고 합니다. 브라흐만Brahman을 따르는, 또는 브라흐만의 길을 가는 단계라는 뜻이지요. 이 단계에서는 스승의 곁에 머무르며, 규정에 맞게 주어진 계율을 따르고 베다를 학습해야 합니다. 인생의 첫 단계에 해당하며, 세속적인 욕망은 억제하고 오로지 학습에만 전념하는 시기입니다. 힌두들은 태어나 죽을 때까지 대략 16개에서 많게는 40개의 의례samskāra를 거치는데, 학습기의 시작과 함께 우빠나야나Upanāyanam라는 입문 의례가 치러집니다. 우빠나야나는 스승이 제자를 받아들여 학업이 시작되고, 인생의 새로운 단계에 입문하는 것을 의미합니다. 우빠나야나는 브라흐마나 남성에게 있어서 특히 가장 중요한 의례입니다. 이 의례를 거침으로써 브라흐마나로서의 권리와 책임을 보장받기 때문입니다. 우빠나야나에서 가장 중요한 부분은 성스러운 실yajñopavīta의 수여입니다. 아홉 가닥씩 꼬은 세 개의 면사를 다시 꼬아 길게 만들어 한쪽 어깨에서 빙 둘러 매듭을 짓는데, 이 실은 브라흐마나의 상징으로 여겨집니다. 시간이 흘러 성실하게 베다의 학습을 마친 자는 스승의 허락을 받은 뒤 싸마바르따나Samāvartana라는 졸업 의례를 치릅니다. 싸마바르따나는 일종의 목욕재계입니다. 중요한 일을 앞두고 부정不淨을 타지 않도록 깨끗이 목욕하고 몸가짐을 가다듬는 것은 우리나라에서도 마찬가지이지요? 싸마바르따나에 행하는 목욕을 통해 그는 '지식으로 목욕을 한 자', '학문의 망망대해를 건너온 자'가 됩니다.

이렇게 집으로 돌아온 자는 길한 특징을 갖춘 같은 신분의 여성을 아내로 맞음으로써 인생의 다음 단계인 가정생활기를 시작하게 됩니다. 가정생활기는 싼스끄리뜨어로 '그리하스타^{Grhastha}'라고 하며, 가정^{grha}에 머무르는^{stha} 것을 뜻합니다. 가정생활기에서 가장 중요한 것은 가문의 대를 이을 아들을 낳아 부양하는 것입니다. 싼스끄리뜨어로 아들을 '뿌뜨라^{putra}'라고 하는데, 오래된 금언金言에 따르면 아들이 아버지를 '뿌뜨^{put}'라는 이름의 나락으로부터 구해내기 때문에 뿌뜨라라고 불린다고 합니다. 아들의 존재가 얼마나 중요했는지 알 수 있는 대목이지요. 가정생활기에 들어선 자는 가족 중심의 생활은 물론 그 가족이 속한 사회생활을 영위하는 의무를 집니다. 이 단계는 다른 단계를 유지할 재산을 축적하는 시기이기에 사회적 관점에서 보았을 때 일생 중 가장 중요한 단계로 여겨지기도 했습니다. 나머지 세 단계와는 달리 육체적, 감정적, 물질적 애착이 존재하는 유일한 단계이기도 하지요.

다음 단계는 은둔기입니다. 은둔기는 싼스끄리뜨어로 '바나쁘라스타^{Vānaprastha}'라고 하며, 숲^{vāna}으로 떠나는^{prastha} 시기임을 뜻합니다. 가정생활자가 주름과 흰머리를 보고, 아들의 아들을 보게 되면, 모든 재산을 모두 포기하고 마을을 떠나 숲으로 향합니다. 그리고 그곳에서 적절한 절차에 따라 모든 감각기관을 제어한 채 절제된 삶을 살아갑니다. 앞서 살펴본 인간의 네 가지 목표 중 가정생활기에는 아르타와 까마를 중시했다면, 은둔기에는 그보다는 목샤에 더 중점을 두기 시작합니다. 은둔기는 가정생활자가 나이가 들면서 자신이 지고 있던 책임을 다음 세대에게 넘기고 속세의 삶에서 물러나는 전환적인 단계입니다.

숲으로 떠난다는 이름과는 달리 실제로는 마을 공동체에 머무르면서 일종의 자문 역할을 맡은 경우도 많았다고 합니다.

인생의 마지막 단계는 유랑기입니다. 유랑기는 싼스끄리뜨어로 '싼냐사Saṃnyāsa'라고 하며, 함께sam 내려 놓는nyāsa 것, 모든 것을 내려놓는 것을 뜻합니다. 이 단계에 있는 사람은 집착들을 버리고 떠돌아다닙니다. 여러 고대 인도 문헌은 유랑기에 접어든 자는 인간의 목표 네 가지 중 아르타와 까마를 완전히 포기하고 다르마의 도움을 받아 목샤에 헌신해야 한다고 설명합니다. 가정생활기와 은둔기가 권고되긴 하지만 필수적이지는 않았습니다. 학습기를 마친 자는 원한다면 중간 단계를 건너뛰고 바로 은둔기나 유랑기에 들어갈 수 있습니다. 그리고 세속적인 추구를 포기한 채 영적인 추구에 일생을 바칠 수 있지요. 오늘날에도 많은 인도인이 물질적인 소유물이나 감정적인 애착을 버리고 이곳저곳을 떠돌아다니며 단순한 삶을 살아가고 있습니다.

세상이 빠르게 바뀌고 있다지만 여전히 우리 사회에서는 나이에 대한 인식이 심각한 스트레스 요인으로 작용하고 있습니다. 각 나이대에 해야 할 일이 존재하고 그것을 따르지 않으면 큰일이라도 날 것 같은 분위기가 조성되곤 합니다. 새로운 일에 도전하려다가도, 너무 늦은 것은 아닐까 하는 걱정이 발목을 붙잡기도 합니다. 그렇다면 인생의 네 단계가 권고되었던 고대 인도인들은 어땠을까요? 아슈라마의 목표는 어디까지나 개인의 성취와 발전이었습니다. 오늘날 몇몇 문헌에서는 각 아슈라마에 해당하는 나이대를 계산하여 제시하기도 하지만, 초기 문헌에서는 단계별 적절한 나이는 물론 네 단계의 순서도 따로 언급하지 않고 있습니다. 자신이 가고 있는 지금 이 단계의 목표를 살피지도 못하고 무작정 달리기보다는 매 순간 최선을 다해 사는 것이 중요합니다. 나답게 살면, 인생에 있어서 가장 아름다운 시기는 지금, 이 순간으로 나이는 중요해 보이지 않는 것 같습니다. 그렇다고 나잇값을 못 하면 안 되겠지요.

왜 죽으면 화장을 할까요?

우리나라의 전통적인 유교 장례는 일반적으로 3일 혹은 5일 동안 치렀습니다. 장례는 영혼을 부르는 복復, 고인을 깨끗하게 닦고 수의를 입히는 습襲, 시신을 베로 묶고 옷으로 싸서 관에 넣는 소렴小斂과 대렴大斂, 상복을 입는 성복成服, 고인을 상여에 옮기고 장지로 가는 발인發靷, 묘지에 모시는 안장安葬 등의 절차를 거쳐 끝납니다. 요즈음에는 장례 절차가 간소화되었고 매장 대신 화장하여 납골納骨하는 추세로 바뀌고 있습니다.

힌두교 장례는 '마지막antya 제식işti'을 뜻하는 '안떼 슈띠antyeşti'라고 하는데, 힌두들이 태어나 죽을 때까지 치르는 의례 중 마지막입니다. 힌두교 장례는 모든 생명체의 미시적 우주는 거시적 우주의 반영이라는 전제를 중심으로 치러집니다. 지역, 종파, 카스트, 성별, 나이 등의 조건에 따라 세부 절차에 조금씩 차이가 있지만, 일반적으로 고인의 집에서 치르는 의식, 화장 의식, 화장 후 의식 세 부분으로 나눌 수 있습니다. 전통적으로 고인의 시신은 화장터로 옮겨질 때까지 집에 모셔 둡니다. 화장 의식은 사망한 뒤 거의 바로 치르거나, 그것이 불가능할 경우 다음날 치릅니다. 사망 후 화장까지 보통 하루가 채 걸리지 않기에 시신에 별도의 방부 처리는 불필요합니다.

고인의 가족 중 가장 가까운 사람이 우유, 다히, 기, 꿀을 섞어 시신을 깨끗하게 닦아냅니다. 이 과정은 영혼을 브라흐마Brahma에게 보내는 데 있어 가장 중요하다고 여겨집니다. 시신 주위로 작은 기름 등을 밝혀 두며, 시신을 닦는 동안 주위에 있는 사람들 모두 끊임없이 만뜨라mantra를 암송해야 합니다. 장례 만뜨라는 고인이 영원히 평온한 상태에 도달하는 것을 도우며, 장례식 동안 의식을 주관하는 사제나 고인의 가족, 조문객들에 의해 계속해서 암송됩니다. 대표적인 장례 만뜨라에는 '옴 나마하 시바야(시바Siva, Shiva 신에게 인사 올립니다)'나 '옴 나마하 나라야나야(비슈누 신에게 인사 올립니다)'가 있습니다. 시신을 깨끗이 한 뒤 머리에 방향유芳香油를 바르고, 시신의 두 손바닥을 맞붙인 형태로 고정하고 다리를 모아 엄지발가락끼리 묶습니다. 시신을 감싸는 수의壽衣로는 남성의 경우 하얀 천이 사용됩니다. 여성의 경우 남편이 없으면 하얀 천이, 남편이 살아 있으면 붉은 천이 각각 사용됩니다.

그리고 시신은 화장터로 옮겨지는데, 일반적으로 화장터는 강 근처에 위치합니다. 전통적으로 화장 의식에는 남성들만 참석하고 여성들은 집에 남아 있었지만, 오늘날에는 여성들도 참석할 수 있습니다. 화장터에 도착하면 상주는 시신을 장작더미에 올려놓습니다. 이때 발끝이 남쪽을 향하게 두는데, 남쪽은 죽음을 관장하는 야마Yama 신 즉, 염라대왕이 있는 방향입니다. 한국에서는 망자가 저승에 편히 갈 수 있도록 상여에 꽂아 주는 노잣돈이라는 개념이 있듯이, 힌두교 장례식에서는 고인의 다음 생이 풍요롭기를 기원하는 의미에서 시신의 입에 참깨나 쌀을 넣어주거나 돈을 올려두기도 합니다. 시체와 장작더미에 기름 뿌린 다음 줄을 세 개 긋는데, 각 줄은 죽음을 관장하는 야마 신, 시간을 관장하는 깔라kala 신, 그리고 죽은 자를 뜻합니다. 불을 붙이기 전 흙으로 만든 항아리에 물을 넣어 시신의 몸에 빙빙 돌린 뒤 머리 근처에서 깨뜨립니다. 화장이 진행되는 동안 상주는 화장터를 지키면서 시신의 두개골이 파열되는지를 살피고, 파열되지 않았으면 대나무 부지깽이로 쳐서 깹니다. 갇혀 있던 혼을 풀어주기 위한 행위입니다.

화장이 끝나고도 몇 가지 의식이 이어집니다. 재는 가까운 친척에 의해 신성한 물이나 고인에게 의미 있는 중요한 장소에 뿌려집니다. 바라나시Varanasi, 하리드와르Haridwar, 쁘라야그라즈Prayagraj, 라메스와람Rameswaram 등 특별히 신성하다고 여겨지는 장소에 가서 재를 뿌리는데, 이는 고인의 영혼이 천국으로 가기를 바라기 때문입니다. 예전에는 신에게 신선한 제물을 바치기도 했습니다. 전 세계적으로 장례식에는 검은 옷을 입는 경우가 많습니다. 우리나라의 경우 예전에는 흰색 상복을 입었으나 지금은 대체로 검은색 상복을 입습니다. 그러나 힌두교 장례식에서 검은색은 오히려 부적절하게 여겨지고 하얀 옷을 입는 것이 보통입니다. 화장 의식 자체는 한 시간이 채 걸리지 않습니다. 화장 의식에 참여한 사람들은 오염을 막고자 될 수 있는 대로 빨리 몸을 씻습니다. 장례를 치르고 11~13일째 되는 날 가족들은 고인의 영혼이 좋은 곳으로 가기를 바라며 마지막 의례를 치릅니다. 이를 통해 영혼은 나쁜 기운을 띠는 쁘레따preta(귀신)에서 좋은 기운을 띠는 삐뜨르pitṛ(조상)가 된다고 여겨집니다. 그리고 한국의 제사처럼 인도에서도 매년 조상을 위한 슈랏다śrāddha 의식이 치러집니다.

힌두교에서 죽음은 육체에 한한 것으로, 영혼은 죽지 않고 다시 태어납니다. 그렇다면 새로운 생은 어떻게 결정되는 걸까요? 환생의 결과는 전생에 쌓은 업業에 달려 있다고 여기는데, 이것이 바로 까르마입니다. 까르마는 싼스끄리뜨어로 '행위'를 뜻합니다. 이번 생에 행한 모든 행위는 좋은 결과로든 나쁜 결과로든 다음 생으로 이어지게 되는 것입니다. 그래서 힌두들은 생을 반복할 때마다 좋은 업을 쌓아 신에게 가까이 다가가려고 노력합니다. 그렇게 더 나은 다음 생으로 나아가다가 언젠가 윤회의 고리가 완전히 끊어져 해탈할 수 있기를 바랍니다. 어떻게 보면 죽음이란 해탈을 얻기 위해 반드시 거쳐야 하는 관문이라 할 수 있습니다. 그러나 살다 보면 어쩔 수 없이 나쁜 업이 쌓일 수밖에 없기에, 이 나쁜 업을 없애려는 노력을 하게됩니다.

그래서 많은 인도인이 갠지스강을 찾습니다. 성스러운 갠지스강에서 화장 의식을 치르면 고인의 나쁜 업이 정화되어 더 나은 다음 생으로 나아가거나, 아니면 윤회의 고리를 끊고 해탈을 할 수 있다고 믿습니다. 죽음이 임박했을 때 갠지스강의 강물로 입을 축여 주는 것도 좋은 정화 방법입니다. 갑작스러운 죽음으로 이를 행하지 못했다면 사망 후에라도 될 수 있는대로 빨리 행해야 합니다. 이런 사람들을 위해 사제들이 강물을 보유하고 있다가 팔기도 합니다. 해외에 거주하는 힌두들처럼 직접 갠지스강을 찾는 것이 어려운 사람들을 위해 화장된 재만 인도로 가져와서 갠지스강에 뿌려주는 회사들도 생겨났습니다. 평생의 소원이 갠지스강에서 화장하는 것이기 때문에 갠지스강이 흐르는 바라나시를 찾아와 죽음을 기다리는 사람들이 많이 있습니다. 바라나시에는 갠지스강을 따라 마니까르니까 가뜨Manikarnika Ghat라는 이름의 아주 유명한 화장터가 있습니다.

바라나시를 여행하다 보면 이런 이야기를 한 번쯤 들을 수 있습니다. "내가 바라나시에 가서 갠지스강에서 보트를 타고 있는데, 타다만 팔다리가 떠내려오는 걸 봤어." 이것은 도시 괴담이 아닙니다. 죽음을 앞두고 바라나시까지 어찌어찌 찾아왔지만, 장례 비용을 감당하기가 어려운 사람도 많습니다. 그런 경우에는 합동 화장 의식을 치르기도 합니다. 그런데도 화장용 장작이나 기름을 충분히 구하지 못한 경우 아직 다 타지 못한 시신이 재와 함께 강물로 떠내려 보내집니다. 죽음은 가난한 자나 부유한 자를 구별하지 않고 찾아옵니다. 죽음을 대하는 마음이라고 가난한 자와 부유한 자 간에 차이가 있을까요? 가난하더라도, 아니 이번 생이 힘들었던 만큼 더 나은 다음 생을 누구보다 간절히 바랄 것입니다.

　죽음은 인간의 영원한 화두입니다. 종교와 철학은 죽음에 대한 사유를 바탕으로 발달했습니다. 인간은 누구나 언젠가는 죽습니다. 인간에게 죽음은 피할 수 없는 두려움의 대상이었고, 죽음 이후에 무엇이 기다리고 있을지는 탐구의 대상이었습니다. 힌두교를 비롯하여 불교, 자이나교, 씨크교에서는 육신은 없어지지만, 영혼은 그대로 남아 다음 생으로 간다고 믿습니다. 영혼이 떠난 육신은 그저 빈 껍데기에 불과합니다. 아무런 의미가 없기에 고이 보존할 필요도 없으며, 오히려 육신을 붙들면 영혼이 다음 생으로 나아가는 데 미련을 가지게 할 뿐인 것

바라나시 갠지스강의 화장터, 마니까르니까 가뜨

4 인도는 신비롭다? | 113

이지요. 그렇기에 육신을 빠르게 없애는 것이 영혼을 자유롭게 풀어주고 새로운 생으로 나아가게 돕는 길이라고 생각합니다. 그렇다면 우리가 육신에 대해 가지는 미련과 애착은 도대체 어디에서 비롯된 것일까요? 육체의 소멸이 영혼의 해방이라면, 우리는 어떻게 고인과의 이별을 온전히 받아들이고, 그 과정에서 남겨진 슬픔을 어떻게 이해하고 치유할 수 있을까요? 이러한 질문들은 우리의 존재와 삶에 대한 깊은 성찰을 요구합니다.

말세는 언제부터 시작된 걸까요?

"말세다, 말세." 이 말을 해 보거나 들어본 적이 있나요? 반인륜적이고 흉악한 범죄 소식을 듣거나 어지러운 세태를 마주할 때, 아니면 새로운 세대의 다소 이해가 가지 않는 풍조를 바라보면서 우리는 "말세다, 말세."하고 혀를 쯧쯧 찹니다. '말세末世'는 '세상世의 끝末'이라는 뜻의 한자어입니다. 관용적으로 정치, 도덕, 풍속 따위가 아주 쇠퇴하여 끝판이 다 된 세상을 가리키는 이 말은 본디 종교적으로 사용되었습니다. 기독교에서 말세는 예수 그리스도의 승천에서부터 재림에 이르기까지의 세상을 말하고, 이슬람교에서는 말세에 심판의 날$^{Yawm\ al\text{-}Qiyamah}$이 도래할 것이라며 종말론을 설명합니다. 한편 불교에서는 부처님이 입멸한 뒤의 시대를 정법定法, 상법像法 그리고 말법末法의 삼시로 나누는데, 부처님 입멸 후 500~1,000년 동안을 정법시대, 그 후 1,000년을 상법시대 그리고 그 다음에 이어지는 만년萬年 동안을 말법시대라 하는데, 세상이 혼탁해져 정치와 도덕이나 풍속이 타락하고 정의가 사라진

시대		시작(~ 끝)	기간(년)
제1기	끄리따 유가	3,891,102 BCE	1,728,000 (4,800)
제2기	뜨레따 유가	2,163,102 BCE	1,296,000 (3,600)
제3기	드와빠라 유가	867,102 BCE	864,000 (2,400)
제4기	깔리 유가	3102 BCE ~ 428,899 CE	432,000 (1,200)

시대로 말세를 가리킵니다. 참고로 이 말법시대가 지나면 부처님의 가르침마저 들을 수 없는 법멸法滅의 시대가 이어진다고 합니다.

    힌두교에서 말세는 '깔리 유가kali yuga'라는 이름으로도 불립니다. 힌두교 세계관에 따르면 우주는 끊임없이 생성과 소멸을 반복하며 순환합니다. 우주의 순환은 네 개의 단계에 거쳐 이루어집니다. 각 단계는 '시대, 시기'라는 뜻의 '유가yuga'라고 하며, 네 개의 단계는 순서대로 '끄리따 유가krta yuga', '뜨레따 유가reta yuga', '드와빠라 유가dvāpara yuga', 그리고 '깔리 유가'입니다. 이 네 개의 유가를 합친 1주기를 커다란 시대라는 뜻에서 '마하 유가mahā yuga'라고 합니다. 그런데 인간들의 1 마하 유가는 신들의 세상에서는 1 유가에 해당합니다. 그리고 1,000 마하 유가는 1 깔빠kalpa라고 하는데, 깔빠는 우리나라 말로 음역하여 '겁劫'이라고 합니다. 겁은 헤아릴 수 없을 정도의 긴 시간을 가리키는 불교 용어로 많이 쓰이지만, 우리 일상에서도 '영겁의 시간'이라는 말로 많이 사용됩니다. 천지가 한 번 개벽한 뒤부터 다음 개벽할 때까지의 겁이 영원히 계속되는 영겁은 무시무종의 영원한 시간을 가리키는 말입니다. 다시 말해서 영겁은 시간의 시작과 끝, 우주가 한 번 태어났다가 사라질 만큼의 긴 시간을 가리킵니다. 영원에 가까운 1 깔빠라는 시간은 신들에게도 동일한 시간일까요? 그렇지 않습니다. 이 우주의 창조와 파괴는 브라흐마가 주관합니다. 창조주 브라흐마에게 있어서 1 깔빠는 한 개의 낮에 불과합니다. 그리고 한 개의 밤도 1 깔빠입니다. 다시 말해 두 번의 깔빠가 지나야 브라흐마의 하루도 마무리되는 것입니다. 이렇게 브라흐마의 하루가 지나면 기존의 우주는 해체됩니다. 그리고 브라흐마는 또 다른 우주의 탄생을 준비합니다.

지금, 이 순간은 브라흐마의 하루 중 언제쯤일까요? 인도인들은 우리가 사는 현재가 깔리 유가, 즉 말세라고 말합니다. 그렇다면 이 깔리 유가는 어떤 시대일까요? 인도인들이 생각하는 말세를 설명하기 위해서는 '다르마'라는 개념을 가져올 필요가 있습니다. 다르마는 인간 삶에서의 행위규범, 즉 인간이 해야 하는 일, 해도 되는 일을 가리킵니다. 온전한 다르마는 일반적으로 네 발 달린 것으로 형상화됩니다. 우리는 인도인들이 신성시하는 소로 상상을 해 보겠습니다. 우주의 첫 번째 시기인 끄리따 유가에 소의 형상을 한 다르마는 네 발로 우뚝 서 있으며, 다르마를 완전히 갖춘 축복의 시대입니다. 그런데 시간이 지나면서 인간들은 악해집니다. 도둑질을 하고 거짓말을 함에 따라 다르마가 조금씩 망가지기 시작합니다. 우주의 뜨레따 유가와 드와빠라 유가가 지나가면서 다르마의 발은 하나씩 사라집니다. 그리고 마지막 깔리 유가에 이르러서는 다르마는 한 발로 위태롭게 서 있게 됩니다. 우리가 사는 지금은 다르마가 한 발만 남은 시대라는 말입니다.

그렇다면 과연 이 말세는 언제 시작되었을까요? 천 년 전? 이천 년 전? 인도의 2대 서사시 중 하나인 『마하바라따』는 그 답을 정확하게 제시하고 있습니다. 『마하바라따』는 사촌지간인 빤다바^{Pāṇḍava}족과 까우라바^{Kaurava}족 사이에 왕국과 왕위 계승권을 둘러싼 18일간의 전쟁이 일어나고, 빤다바족이 승리를 거둔다는 이야기를 다룬 인도의 대서사시입니다. 빤다바 다섯 형제가 맞서 싸워야 하는 까우라바 진영은 형제들의 무예 스승이자 무패의 전사인 드로나Droṇa가 이끌고 있었는데, 격전의 장에서 빤다바 진영은 무장한 드로나를 당해내지 못하고 수세에 몰립니다.

이때 끄리슈나는 제대로 된 방법으로는 드로나를 절대로 이길 수 없다는 판단 아래 수를 씁니다. 그는 코끼리에게 드로나의 아들인 아슈밧타마Aśvatthāmā의 이름을 붙이고 그 코끼리를 죽인 뒤 빤다바 형제 중 둘째인 비마Bhīma에게 "아슈밧타마가 죽었다"라고 외치게 합니다. 이 외침은 아슈밧타마라는 이름을 가진 코끼리

코끼리 아슈밧타마의 죽음과 유디슈티라의 거짓말

의 죽음을 가리킨 것이지만, 이를 들은 드로나는 아들이 죽은 것으로 받아들이게 됩니다. 빤다바 다섯 형제 중 장남인 유디슈티라Yudhiṣṭhira는 다르마를 수호한다는 의미에서 '다르마의 왕dharmarāja'이라고 불렸습니다. 그래서 드로나는 유디슈티라에게 다시 한번 물어봅니다. 그리고 유디슈티라 역시 아슈밧타마가 죽었다고 인정합니다. 다르마의 왕인 유디슈티라의 말이 거짓일 리가 없기에 드로나는 그 말을 믿었습니다. 아들의 죽음에 충격을 받은 드로나는 이내 공격 태세를 풀었고, 무장하지 않은 채 죽음을 맞습니다.

"아슈밧타마가 죽었다"라는 외침은 반쯤은 진실일지도 모르지만, 다르마에 적합한 행위가 아니었습니다. 그래서 다르마를 수호해야 하는 유디슈티라가 반쪽짜리 진실, 또는 반쪽짜리 거짓을 입에 담은 그 순간 다르마의 한쪽 발이 부서져 버리게 되고, 마침내 깔리 유가, 즉 말세가 시작되었다고 합니다. 이후 전쟁은 빤다바 형제들의 승리로 끝나게 되며, 유디슈티라는 왕국의 왕이 되었습니다. 전쟁에서 승리한 유디슈티라와 형제들은 다르마가 한발로 겨우 서 있는 깔리 유가의 세상에서 행복했을까요? 그 답은 어쩌면 말세를 살아가는 우리가 알고 있을지도 모르겠습니다.

5
인도 사회는 평등/불평등하다?

카스트가 지금도 있나요? / '좋은 이름'이 뭘까요? / 힌디어에도 반말과 존댓말의 구분이 있을까요? / 헌법에 규정된 할당제는 무엇인가요? / 여성도 사회 활동을 하나요? / 여성 할당제란 무엇일까요? / 왜 여성들은 전통의상을 선호할까요? / 왜 무슬림 여성은 얼굴을 가리나요?

카스트가 지금도 있나요?

신분은 혈통이나 가문, 직업, 재산, 권력 등에 근거하여 개인에게 부여된 지위나 자격을 가리키며, 신분에 근거하여 사회적 처우를 받는 계급 구조 체계를 신분제도라고 합니다. 신분제는 역사적으로 근대 이전까지는 동서를 막론하고 세습적으로 귀천과 상하의 구별이 있었습니다. 일반적으로 지배층은 지배를 영속화하기 위해 세속적이거나 종교적인 의례에 따라 지배의 당위성을 만들었으며, 피지배층은 지배의 존엄성을 받들며 스스로 존귀하지 않은 것으로 여겼습니다. 고조선도 지배층과 피지배층 그리고 노예 신분도 있었으며, 신라는 골품제도를 통해 지배층도 혈통의 존비에 따라 특권과 제약을 규정하였고 양인 신분을 통해 노동과 조세, 역을 부과하였습니다. 고려시대도 시기에 따라 차이는 있지만 대체로 지배층, 서민층 그리고 천민층으로 신분이 구분되었습니다. 그리고 조선시대는 양반, 중인, 상민, 천민 등의 양천제라는 신분제가 엄격하여 신분이 세습되고 다른 신분끼리는 결혼도 할 수 없었습니다.

인도의 신분제는 카스트로 알려져 있습니다. 그런데 이 이름은 서양 세력이 인도에 들어온 이후 생긴 것입니다. 포르투갈인들이 인도의 계급제를 보고 자신들의 혈족 체계와 유사하다고 여겨 '카스타casta'로 불렀고, 영국이 들어온 뒤에는 영어식 명칭인 카스트가 굳어졌습니다.

이러한 계급제는 언제 생겼을까요? 대부분의 나라가 그러했듯이 고대 인도사회에는 지배계층과 피지배계층이 나뉘어 있었습니다. 인도는 사제 계층인 브라흐마나와 왕족이자 전사 계층인 끄샤뜨리야 Kṣatriya가 지배계층으로 자리 잡으면서, 농업이나 상업에 종사하는 계층인 바이샤vaiśya와 하위 계층인 슈드라śūdra가 피지배계층이 되었습니다.

인더스 문명이 몰락할 무렵 아랴인이 인도로 이주하기 시작했습니다. 인도 땅에 살고 있던 토착 인종들과 전쟁하며, 점차 영토를 넓혔습니다. 이렇게 아랴 인종이 점령한 지역에서는 아랴인들은 지배계층, 패배한 토착 인종들은 피지배계층이 되었을지도 모르고, 이러한 시기에 카스트 제도의 원형이 생겨났다고 일반적으로 보고 있습니다.

그런데 새로운 인종이 기존 인종을 정복한 다른 지역에서는 카스트 제도가 생기지 않았답니다. 그렇다면 인도에만 카스트 제도가 생긴 이유는 무엇일까요? 이에 대한 학술적 견해는 매우 다양합니다. 어떤 제도가 만들어졌을 때, 그 제도로 가장 혜택을 입는 사람들이 그 제도를 만들었다고 생각하게 될 것입니다. 유럽의 학자들이 인도에 와서 카스트 제도를 연구하면서, 카스트 제도에서 가장 위에 있는 브라흐마나 계층이 주도적으로 카스트 제도를 만들었다는 생각을 한 것도 그러한 이유입니다. 그런데 한편에서는 아랴인이 인도로 이주했고, 그들 중 가장 높은 지위에 있던 사람들이 카스트 제도를 만들고 최상층의 브라흐마나가 되었다면, 아랴인들이 이주한 다른 지역에서는 왜 그런 제도가 생겨나지 않았는지에 대한 의문을 제기합니다. 왜냐하면 인도에 아랴인들이 이주할 당시 아라비아 반도와 유럽에도 아랴인들이 이주하여 지배하였기 때문입니다. 그러니 이주하여 지배자가 된 아랴인들이 주도적으로 카스트 제도를 창안해냈다면 아랍이나 유럽에도 그와 유사한 제도가 발생했어야 한다는 것입니다.

그래서 인도만의 특별한 이유를 찾기 위해 역사를 거슬러 살펴보니 메소포타미아 문명, 이집트 문명, 황하 문명 등의 유적지에서는 발견되지 않은 독특한 양상을 인더스 문명 유적지에서 찾게 되었습니다. 인더스 문명 유적지는 다른 문명 유적지와 달리 '청정함'을 추구한 유적이 많이 남아 있습니다. 대형 목욕탕, 하수구, 많은 우물 등이 그러한 유적에 해당합니다. 이러한 유적들은 위생적인 청결을 추구한 것이라기보다는 뭔가 다른 의미의 청정함을 지키려 했다고 생각하게 합니다. 그러니 아랴인들이 이주하고 토착 인종을 정복하면서 혼혈이 생기는 경우 다른 지역과는 달리 인도에서는 훨씬 더 강한 반발 혹은 배타성을 보였을 수 있다는 생각이 들게 됩니다. 철저히 아랴인과 피가 섞이는 것을 거부했던 토착인들의 모습을 보고, 아랴인들이 지배자가 되었을 때 그러한 배타적 성향의 제도를 만들어 냈다고 생각하는 것입니다.

물론 처음에 이러한 제도가 발생할 때는 후대에 보이는 것과 같은 철저한 구별이 있었던 것으로는 생각되지 않습니다. 세월이 흐르면서 아랴인의 피를 지닌 후손, 토착인과 피가 섞인 혼혈의 정도에 따른 구분이 심해졌을 것입니다. 그리고는 최상층에 있는 사람들은 실제이든 상상의 이미지이든 순수한 아랴인의 피를 지녔다고 주장하면서 브라흐마나로 자리를 잡게 됩니다. 그 아래에는 국가를 경영하고 영토를 넓히는 역할을 맡은 정치적 지배계층이 끄샤뜨리야가 되었으며, 농업과 상업 등 생산을 담당하는 사람들은 바이샤로, 상층 계층에 예속되거나, 노예나 다름없던 사람들은 슈드라로 구분하게 된 것입니다. 이후 4개의 카스트라는 큰 범주 아래, 직업을 세습하고 서로 결혼할 수 있는 커뮤니티 '자띠'가 형성됩니다. 각각의 카스트 안에 수많은 자띠가 있고,

자띠 역시 카스트처럼 상하 구분이 있습니다.

　　아울러 브라흐마나가 최고 지위를 차지하면서 인도만의 독특한 현상이 생겨납니다. 초기 사회에서는 종교를 담당하는 사제가 가장 높은 지위에 있고, 왕이 사제보다 낮은 지위에 있던 경우가 적지 않습니다. 그러나 점차 왕, 무사 계층이 상층에 자리 잡으면서 사제 계층 세력이 약화 되었습니다. 그런데 인도에서는 지금까지도 사제 계층이 높은 계급으로 자리 잡고 있습니다.

　　인간을 계급으로 나누던 시대가 지나면서 현대에는 왕족, 귀족, 백성, 노예 등의 구분이 거의 사라졌습니다. 인도도 헌법에 '카스트 차별 금지'를 명시하고 있지만, 카스트 구별과 차별은 여전히 존재합니다.

　　그 이유가 무엇일까요? 이에 대한 답은 그리 간단하지 않습니다. 여러 요인이 복합적으로 작용하고 있기 때문입니다. 그러나 가장 중요한 이유를 하나 들자면, 인도의 경우 예로부터 카스트에 따라 지켜야 할 생활 의례와 법이 달랐고 그것이 종교와 밀착되어 있다는 것을 들 수 있을 것입니다. 또한 같은 커뮤니티나 유사한 씨족에 속한 사람들끼리 결혼하는 풍토로 인해 그 혈통이나 커뮤니티는 깨지기가 힘들어 보입니다. 카스트에 의한 차별은 법으로 금지되어 있지만, 세분화된 카스트의 형태 중의 하나인 커뮤니티별로 결혼을 하는 것은 불법이 아니며 인도 사회에서 일반적인 결혼 형태입니다. 서로 다른 집안 또는 커뮤니티 간에는 보이지 않는 벽이 있습니다. 학교나 직장 내에서 인도인들은 대놓고 카스트에 의한 차별을 선동하지는 않습니다. 다만 적어도 함께 밥을 먹는 식구가 되기 위해서는 다름에 대해 선을 그으며 매우 신중한 선택을 합니다.

　　혈통, 부모, 관습으로 인해 자기 삶이 정해지는 것을 원하는 사람은 없을 것입니다. 인간의 기본권인 자유와 평등 그리고 그를 바탕으로 자신의 삶을 스스로 만들어 갈 수 있는 세상을 원하는 것은 당연합니다. 그러한 기본에 충실한 세상을 지향하고, 적어도 넘지 못할 벽이나 지우지 못할 선을 만들지는 말아야 할 것입니다.

'좋은 이름'이 뭘까요?

우리는 'What is your name?'을 어떻게 번역하고 있나요? 한국어에는 '이름이 뭐야?', '이름이 뭐예요?', '성함이 어떻게 되세요?', '존함이 어떻게 되십니까?', '함자가 어떻게 되십니까?' 등 이름을 묻거나 여쭙는 다양한 표현들이 있습니다. 물론 영어를 한국어로 직역한 '당신의 이름은 무엇입니까?'도 있지만, 실생활 속에서 이 문장을 사용하는 한국 사람은 거의 없을 것입니다. 한국어에는 이름을 높여 부르는 말이 많아서 상대방의 나이, 직함, 관계 등에 따라 이름을 조심스럽게 묻습니다. 이렇게 이름을 물어보는 표현이 많은 한국어지만, 우리 사회는 서로의 이름을 직접 부르는 것에 다소 민감해합니다. 한국 사회에서 상대방의 이름을 부른다는 것은 적어도 나보다 어리거나 비슷하다는 전제 조건이 있어야 가능합니다. 그래서 우리는 이름 대신에 다양한 호칭어를 통해 상대방을 부르는 경향이 많습니다.

그렇다면 인도 사회는 어떨까요? 인도에서 성姓은 씨족, 곧 가문을 의미합니다. 흔히들 알고 있는 카스트가 바로 씨족이며, 그 씨족은 성을 통해 드러날 수가 있습니다. 참고로 인도에서 카스트에 의한 차별은 미국에서의 인종차별만큼이나 법으로 금지된 매우 민감한 사안입니다. 아직 인도의 적지 않은 곳에서 카스트 차별로 인한 불상사가 발생하기도 하지만, 그렇다고 상대방의 성이 카스트가 낮은 씨족에 속한다고 하여, 또는 반대로 뼈대 있는 가문에 속한다고 하여, 편견을 갖고 상대방을 대해서는 결코 안 됩니다. 이름(성)으로 신분을 가늠할 수 있는 인도에서는 상대방의 이름을 물어보는 것이 조심스러울 수밖에 없습니다. 상대방에게 정중하고 공손하게 이름을 묻기 위해 이름 앞에 '좋은'이라는 뜻을 가진 형용사 '슈브'를 붙여 '좋은 이름'이라는 표현을 사용한 것 같습니다. 다시 말해서 힌디어로 상대방의 이름을 공손하게 묻는 표현 중에 하나로 '압까 슈브 남 꺄 해?'가 있는데, 이를 한국어로 직역하면 '당신의 좋은 이름은 무엇입니까?'이고, 영어로 직역하면 'What is your good name?'이 됩니다.

　물론 이 영어 표현은 오직 인도에서만 사용되는 인도식 영어입니다. 만약에 우리에게 이름이 두 개라면, 그것도 하나는 좋은 것이고 다른 하나는 나쁜 것이라면, 해당 표현은 절대로 틀리지 않습니다. 왜냐하면 좋고 나쁜 두 개의 이름 중에 상대방이 제게 나쁜 이름 말고 좋은 이름을 물어본 것이니까요. 그러나 우리의 이름은 하나이며, 모든 이름은 계급 및 계층 등과 상관없이 소중하고 귀한 것입니다. 어쩌면 인도의 이 표현은 한국어의 '귀명貴名은 어떻게 되십니까?'에 해당하는 것일지도 모릅니다. 그렇다고 '귀명'이 만약에 영어로 직역되면, 'good name' 또는 'precious name'이 될 수 있으니까, '귀명은 어떻게 되십니까?'를 영어로 'What is your precious name?'이라고 해서는 안 됩니다. 다시 말해서 단어의 뜻이 이러이러하다고 설명할 수는 있지만, 그 의미를 그대로 전달하고자 해당 언어에도 없는 표현으로 직역하는 오류를 범해서는 안 될 것입니다.

그러나 인도 사회에는 마땅히 그들의 문화를 반영한 인도식 표현이 있을 수밖에 없으므로, 이러한 힝글리시 표현을 통해 인도인들의 영어 수준이 떨어진다고 폄훼해서는 절대로 안 됩니다. 인도인들이 만약 우리에게 'What is your good name?'이라고 이름을 묻는다면, 그것은 우리를 공손하게 대하고자 함이지, 결코 그들의 영어 수준이 낮아서가 아닙니다. 그렇다고 그에 대한 대답으로 'My good name is ○○○.'라고 해서는 안 됩니다. 이는 마치 한국어로 '성함이 어떻게 되나요?'라고 묻는 상대방에게 '제 성함은 ○○○입니다.'처럼 들리기 때문입니다.

많은 인도인들이 '이름 + 성'을 가지고 있지만, 적지 않은 사람들은 '이름 + 중간 이름 + 성'처럼 중간 이름$^{middle\ name}$을 사용하기도 합니다. 그러나 어떠한 인도인은 성도 중간 이름도 없이 그냥 이름만 있는 사람들이 있습니다. 다시 말해서 이름은 '이름'입니다. 이러한 이름은 예명이 아니라 실제 여권과 같은 신분증에도 그대로 사용하는데, 이 때문에 성이 없는 인도인들은 성이 기재되어 있지 않은 여권으로 인해 해외에서 곤란을 겪기도 합니다. 아마도 이들은 성을 통해 카스트가 드러나는 것을 혐오하고 모두가 동등하다는 생각으로 스스로 성을 없앤 사람들일 것입니다. 인도에서는 법적으로 자신의 성을 지우는 것이 가능합니다. 물론 이들 중의 대부분은 카스트가 낮아서 자신의 성을 지운 것이 아니라 오히려 상위 카스트에 속한 사람들인 경우가 많다고 합니다. 인도에서 상대방의 카스트를 묻는 모습은 아주 잘못된 행위입니다. 이름을 통해 사람을 판단하지 말고 그 사람의 실질적인 모습과 행동을 통해 바라보는 것이 필요하다고 생각하는 그들의 이름이 진정한 '좋은 이름$^{good\ name}$'일 것입니다.

힌디어에도 반말과 존댓말의 구분이 있을까요?

'저한테 왜 반말하세요?', '너 몇 살이야?', 우리 사회에서 초면에 반말하는 일부 사람들의 그릇된 인식과 행동으로 말미암아 요즈음 한국어의 존비어 체계를 타파하자는 목소리가 많이 들립니다. 존비어는 존칭어(높임말)과 비칭어(낮춤말)을 합친 일종의 신조어입니다. 우리의 수직적으로 이분화된 언어 사용은 서로가 조심하더라도 때로는 차별을 느낄 수밖에 없기 때문에 아예 우리말에서 존비어 체계를 없애자는 것입니다. 이처럼 나이가 깡패이고 고객이 왕이라고 믿는 일부 사람들의 잘못된 언행이 예기치 않은 존댓말 사용 또는 반말 사용 운동에 불을 지핀 것입니다.

인도의 공용어인 힌디어에는 2인칭 대명사로 '뚜', '뚬' 그리고 '압' 세 가지가 있습니다. '뚜'는 어린아이를 부르거나 상대를 낮추거나 아주 친밀한 관계일 때 사용하는 비존칭 대명사이며, '뚬'은 윗사람이 아랫사람을 편하게 부르거나 또래 친구들끼리 또는 서로 부담 없는 관계일 때 격식 없이 사용되며, '압'은 상대방을 높이거나 웃어른을 지칭할 때 격식적으로 사용되는 존칭 대명사입니다. 그리고 이러한 2인칭 대명사의 종류에 따라 동사의 형태가 각각 다르게 나타나 존댓말과 반말이 구분됩니다.

한국의 경우 신분제도가 없어진 뒤 신분이 아닌 지위나 나이 등에 따라 반말을 사용합니다. 반면 인도 사회는 비록 카스트에 의한 차별은 금지되어 있더라도 나이, 지위, 관계, 성별, 직업, 계층 및 계급 등 우리 사회보다 더 다양하고 복잡한 변수를 고려하여 반말 또는 존댓말을 사용합니다. 물론 배움의 끈이 짧거나 거주 환경이 열악한 곳에서 자란 사람들이 아무래도 반말하는 경향이 높을 수 있지만, 그렇다고 이들이 세상을 등지고 경멸하기 위해 반항적인 태도로 일부러 그러는 것은 아닙니다. 우리에게 반말은 친근감을 보이는 표현인 동시에 무시와 멸시 같은 억압적인 표현의 수단이지만, 인도인들에게 반말은 상대를 낮추기는 하지만 오히려 친근감을 더 보이려는 비격식적인 표현에 가깝습니다. 그래서 그럴까요? 인도인들은 신을 지칭할 때, '압' 대신에 오히려 '뚜'를 사용하여 신과의 친밀함을 드러내고자 합니다.

인도 사회에서는 '네가 뭔데, 왜 나한테 반말해?'와 같이 반말이나 존댓말을 통해서 느끼는 차별은 의외로 크지 않습니다. 일부러 말을 통해서 자신의 위치를 확인하지 않더라도 어쩌면 그 이면에 이미 서로 느끼거나 알고 있는 다름을 통해, 그리고 그 다름에 대한 인정을 통해 당연히 받아들이는 것일지도 모르겠습니다. 우리도 친근감을 드러내기 위해 반말을 일부러 섞는 것처럼, 인도인들에게 반말은 무시보다는 오히려 친근감을 느끼는 표현일 수도 있습니다. 따라서 힌디어에서는 반말과 존댓말이라는 용어 사용보다는 비격식어와 격식어라는 표현이 더 적합할 수도 있습니다. 왜냐하면 친한 친구 등 막역한 사이에서는 '뚬'보다는 '뚜'를 더 쓰며, 혹자는 아버지는 아니지만, 엄마를 '뚜'라고 부르기도 하니까요. 그것은 어머니를 무시해서가 아니라 엄마라서 그럴 수도 있습니다. 그렇다고 엄마를 '뚜'라고 부르는 것이 인도 사회에서도 예의 바른 모습은 아닙니다.

예의를 지키고 상대를 배려하는 것은 내가 손해 보는 것도 아니고 내가 낮아지는 것도 아닙니다. 상대를 배려하고 존중하는 마음, 그 첫 단추는 바로 존댓말 사용이 아닐까 싶습니다.

헌법에 규정된 할당제는 무엇인가요?

할당제란 무엇일까요? 할당제는 다양한 차별 상태를 보완하기 위해 차별을 겪는 대상에게 특정한 혜택을 제공하는 제도입니다. 이 제도는 차별의 유형에 따라 여러 가지 형태로 나뉘어 운영됩니다. 많은 나라에서 차별을 철폐하는 차별금지법을 시행하고 있지만, 차별 금지와 평등 규정만으로 문제를 해결하기 어려운 상황에서는 좀 더 적극적인 방안이나 정책이 필요하기에, 차별 철폐보다 더 적극적인 정책이 할당제라 할 수 있습니다.

인도의 할당제는 오랜 역사를 가지고 있습니다. 영국이 인도를 지배하면서 선거제를 도입한 후, 다수결 원칙이 소수 종교자들에게 불리하다는 요구를 받아들여, 1909년에는 무슬림 분리선거구 separate electorate를 규정했고, 1919년에는 씨크까지 분리 선거를 확대했는데, 이것이 각 종교 인구에 비례하여 해당 비율만큼 의석을 분리하여 선거하는 일종의 할당제였습니다.

독립 이후 인도는 국교가 없는 세속주의를 기본 틀로 삼았기 때문에 종교에 따른 할당제인 분리 선거구는 폐지되었으며, 누구나 평등하게 투표권을 갖게 되었습니다. 그러나 예외적인 혜택을 주는 '지정 Reservation' 제도를 헌법에 명시했습니다. 이 지정 제도는 역사적으로 불우한 집단에게 교육, 고용, 정부 기구, 의료, 보험, 은행, 고등교육, 장학금, 정치 등에서 일정 부분을 반드시 이들에게 배정하도록 하는 적극적인 차별 철폐 제도의 일종입니다.

1950년에 1월 26일에 공포된 인도 헌법에는 민주적 국가 건설을 위해 카스트에 따른 신분 차별 철폐와 불평등한 상태 개선을 위해 지정

카스트와 지정부족Scheduled Tribes에 대한 보상적 차별 우대정책이 명시되어 있습니다. 지정카스트는 SC로, 지정부족을 ST로 약칭해서 부르기도 합니다. 불가촉천민을 포함하여 카스트로 인한 차별을 받은 카스트와 낙후된

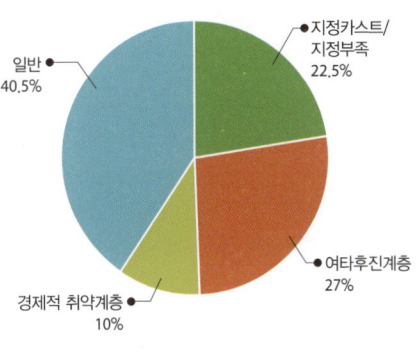

인도 카스트 할당 비율

상태에 있는 부족을 명시 하여, 교육과 고용을 비롯한 다양한 영역에서 지정카스트에게는 15%, 지정부족에게는 7.5%를 할당하도록 규정했습니다.

그런데 지정카스트 목록에 들어 있지는 않지만 보호혜택을 주어야 할 여타후진계층Other Backward Class이 많다는 논의가 일었나자, 1989년에 만달위원회Mandal Commission를 구성하여 조사했습니다. 그리고 2006년 집권당이었던 인도국민회의India National Congress: INC의 총리인 만모한 씽Manmohan Singh이 만달위원회의 조사 보고서를 근거로 여타후진계급에 27%를 할당한다고 발표했습니다. 결국 지정카스트, 지정부족, 그 외의 여타후진계층에 할당된 것을 모두 합하면 49.5%가 됩니다.

공무원 채용, 국공립 대학교 입학, 공공기관 취업 등에서 정원의 절반 가까이가 할당제로 운영되면서, 이 혜택을 받지 못하는 사람들 사이에서 역차별 논란이 발생하기도 합니다. 특히 특정 집단이 할당제로 인해 불이익을 느낄 때 이러한 논란이 더욱 두드러지며, 이로 인해 항의 시위가 벌어지는 경우도 있습니다. 지정카스트와 지정부족은 헌법에 명시되어 있어 연방정부가 이들의 지정을 결정할 권한을 가지고 있

습니다. 반면, 여타후진계층에 대한 지정 권한은 주정부에 있어, 각 지역에서의 기준과 절차가 적용됩니다. 이에 따라 여타후진계층에 포함되지 못했거나, 힌두가 아니라는 이유로 할당제 혜택에서 배제된 사람들은 자신들에게도 할당제를 적용해 줄 것을 요구하고 있습니다. 이는 인도 사회의 복잡한 계층 구조와 차별 문제를 더욱 부각시키고 있으며, 형평성과 공정성을 모두 고려한 정책 설계의 필요성을 다시 한 번 일깨워 주고 있습니다.

총선에서도 카스트 비율에 따라 의석을 할당하기 때문에, 정치권에서도 카스트 할당제가 큰 영향을 미치게 되었습니다. 이로 인해 카스트를 기반으로 한 정치적 돌풍이 일어나고 있으며, 특정 카스트가 정치적 주도권을 잡는 현상도 나타납니다. 할당제로 인해 보호 대상이 되는 카스트 출신의 당선 가능성이 높다 보니, 정당들은 이들을 적극적으로 영입하고 하층 카스트를 위한 선거 공약을 내세우곤 합니다. 하층 카스트의 표심을 얻기 위한 전략의 일환이기도 하지요. 문제는 이렇게 할당제로 당선된 의원이 반드시 해당 카스트의 권익 보호에 매진하는 것이 아니라는 점입니다. 정당의 공천을 받아 입후보하기 때문에, 소속 정당의 입장을 우선시하는 경우가 많습니다. 또한, 공천을 받는 인물들이 보호 대상인 하층 카스트에 출신일지라도 경제적·사회적 측면에서 실질적인 약자와 거리가 먼 경우도 적지 않습니다.

할당제는 사회적 불평등을 해소하기 위한 유용한 도구이지만, 그 이면에는 역차별이라는 복잡한 문제가 존재합니다. 할당제를 통해 혜택을 받는 집단이 있는 반면, 어떤 집단은 그로 인해 피해를 입을 수 있습니다. 더욱이, 특정 집단의 목소리가 커지면서 실제로 보호받아야 할 사람들이 그 혜택을 누리지 못하는 상황이 발생할 수 있습니다. 현실적으로 모든 이해관계를 만족시키는 완벽한 할당제를 만들기는 불가능합니다. 따라서 시대와 환경에 따라 할당의 기준과 범위를 조정할 필요가 있습니다. 무엇보다 중요한 것은 이 제도를 통해 기득권을 부당하게 누리는 일이 없어야 한다는 점입니다. 공정한 할당제를 설계하기 위해서는 모든 집단의 목소리를 균형 있게 반영하고, 진정으로 지원이 필요한 사람들에게 실질적인 혜택이 돌아가도록 하는 노력이 필수적입니다.

여성도 사회 활동을 하나요?

지금은 거의 사용하지 않지만, 삼종지도三從之道라는 말이 있었습니다. 여성은 어려서는 아버지를 따르고, 결혼 후에는 남편을 따라야 하며, 남편이 죽은 후에는 아들의 말을 따라야 한다는 것입니다. 이것이 남녀는 구별되며, 여성이 남성에게 종속된다는 가치관입니다. 그 결과, 여성들은 가사와 육아 같은 집안일에 관련된 교육 외에는 학문이나 예술을 배울 기회가 거의 없었습니다. 물론 사대부 집안 여성들 중에는 글을 배우고 시를 쓰거나 그림을 그리는 이들도 있었지만, 생계를 위해 고된 노동에 시달리던 하층민 여성들에게는 그야말로 꿈같은 일이었지요. 이러한 남성 중심 사회 구조는 조선 시대뿐만 아니라 1970년대까지도 크게 변화하지 않았습니다.

오늘날 우리 사회는 성차별을 해소하고 성평등을 실현하기 위해 끊임없이 고민하며 더 나은 방향으로 나아가고자 노력하고 있습니다. 여성의 사회 진출이 점차 확대되면서 여성들의 사회적 영향력도 서서히 커지고 있습니다. 그러나 여전히 출산과 양육의 부담이 여성에게 더 크게 작용하고 있으며, 동일한 업무에서도 임금이나 승진에서 차별을 겪는 사례가 빈번합니다. 특히 정치 분야에서는 여성의 참여가 여전히 제한적이고, 유럽 국가들과 비교했을 때 그 격차는 더욱 두드러집니다. 이러한 성평등 문제들은 지속적인 사회적 관심과 제도적 개선을 통해 해결해야 할 중요한 과제로 남아 있습니다.

오늘날 우리 사회는 성차별을 해소하고 성평등을 실현하기 위해 끊임없이 고민하며 더 나은 방향으로 나아가고자 노력하고 있습니다. 여성의 사회 진출이 점차 확대되면서 여성들의 사회적 영향력도 서서히 커지고 있습니다. 그러나 여전히 출산과 양육의 부담이 여성에게 더 크게 작용하고 있으며, 동일한 업무에서도 임금이나 승진에서 차별을 겪는 사례가 빈번합니다. 특히 정치 분야에서는 여성의 참여가 여전히 제한적이고, 유럽 국가들과 비교했을 때 그 격차는 더욱 두드러집니다. 이러한 성평등 문제들은 지속적인 사회적 관심과 제도적 개선을 통해 해결해야 할 중요한 과제로 남아 있습니다. 첫 번째로는 비자야 락슈미 빤디뜨Vijaya Lakshmi Pandit를 들 수 있습니다. 그녀는 소련대사(1947-1949), 미국과 멕시코 대사(1949-1951) 아일랜드 대사(1955-1961)를 역임했습니다. 1953년에는 유엔 총회 의장으로 선출되었고 이후 1962년부터 1964년까지 마하라슈뜨라Maharashtra 주지사로 활동했으며, 1964년에는 인도 하원Lok Sabha 의원으로 선출되었습니다. 독립 초기부터 이렇게 눈부신 활동을 한 여성을 식민 지배를 겪은 다른 아시아와 아프리카 지역에서 찾기란 쉽지 않습니다. 그러나 인도에는 이 외에도 우리에게 잘 알려진 여성 지도자 인디라 간디가 있습니다. 인디라 간디는 1966년에 인도 최초의 여성 총리가 되어 1977년까지 집권했고, 1980년 다시 총리직에 올라 1984년까지 집권했습니다.

핀란드 헬싱키 국립박물관에서 인디라 간디(1983년)

이 둘은 모두 독립 인도의 초대 총리를 지낸 자와하르랄 네루 Jawaharlal Nehru 가문의 여성입니다. 비자야 락슈미 빤디뜨는 네루의 여동생이고, 인디라 간디는 네루의 딸입니다. 네루가 독립운동을 하다가 투옥되었을 때, 딸인 인디라에게 쓴 편지 196통을 묶어 발행한 책이 있습니다. 우리나라에서는 『세계사 편력 Glimpses of World History』이라고 번역되었지요. 네루는 이 책의 조선과 중국 편에서, 우리나라에서 3.1 운동이 일어났다는 사실을 알게 되었고, 유관순을 언급하며 인디라에게도 그런 정신을 가지면 좋겠다고 적었습니다.

인도 여성 지도자의 눈부신 사회 활동을 본 사람들은 일반 여성들 역시 사회에서 활발히 활동하고 있을 것이라고 막연히 생각할 수 있습니다. 그런데 1971년에 구성된 인도여성지위위원회 The Committee on The Status of Women In India: CSWI의 조사 보고서인 『평등을 향하여 Towards Equality, 1974』에서는 일반 여성의 삶이나 사회 활동이 거의 나아지지 않았다는 사실이 드러났습니다. 사회문화적 제도에서 비롯된 여성에 대한 제약과 장애는 별로 개선되지 않아서 대다수 여성들이 헌법에서 보장하는 권리와 기회를 누리지 못하고 있으며, 사회경제적 활동에서는 여성 소외 현상이 오히려 증가했습니다. 여성 활동의 범위를 제한하는 종교, 가족, 친족, 역할 구분, 문화적 규범들이 여성의 완전하고도 평등한 사회 참여를 어렵게 만들었기 때문에 이런 상황이 발생했다고 합니다. 게다가 지참금 금지법이나 여성보호를 위해 만들어진 법의 비강제성, 민법의 불평등으로 인해 개선이 제대로 이루어지지 못했다는 것입니다.

이 보고서의 발간을 계기로 인도 여성들의 사회 활동을 가로막는 요인에 대한 분석과 개선 방안이 활발히 논의되기 시작했습니다. 다양한 개선 방향이 논의되는 가운데, 특히 여성의 교육 기회 확대가 양성평등과 여성의 사회 진출을 촉진할 핵심 요소로 부각되었습니다. CSWI가 출범하던 1971년 인구조사 결과에 따르면 인도 문해율은 남성 46%, 여성 22% 정도였고, 10년 후인 1981년 조사에서는 남성 56%, 여성 30%였으며, 2011년 조사에서는 남성 82%, 여성 65%였습니다. 2011년에 이르러서야 문자를 습득한 여성이 절반을 겨우 넘긴 셈입니다. 그래서 무엇보다도 여성의 교육 기회 확대가 여성의 사회 활동 확대의 핵심 요소로 거론된 것입니다.

인도는 아동 교육에서부터 남아와 여아의 차별이 두드러집니다. 특히 농촌 지역에서는 여아를 학교에 보내지 않고 집안일을 시키는 경우도 많습니다. 이처럼 교육에서 배제된 여성들의 사회 활동에는 장애가 생길 수밖에 없겠지요. 저임금, 낮은 지위에 머무는 여성들이 많으며 직장에서도 남성에 비해 차별받고, 출산하면 퇴사를 종용하는 경우도 많습니다. 특히 낮은 카스트나 소외된 공동체의 여성들은 다양한 형태의 차별을 겪고 있으며, 무관심 속에서 방치되는 경우가 많습니다.

2000년대에 접어들면서 인도 여성 대통령이 탄생했습니다. 독립 이후 총 15명의 대통령이 취임했는데 그 가운데 두 명이 여성입니다. 12대 대통령인 쁘라띠바 빠띨Pratibha Patil, 2007-2012과 현재 인도 대통령인 15대 대통령 드라우빠디 무르무Droupadi, 2022-현재입니다. 더군다나 무르무 대통령은 지정부족 출신입니다. 사회적 약자 계층에 속하는 인물임에도 대통령이 된 여성입니다. 그러나 아직도 사회 진출을 활발히 하는 여성들은 상층 브라흐마나 카스트 출신이거나 부유한 가문 출신인 경우가 대부분입니다. 상징성을 갖는 몇몇 인물을 제외하면 여전히 카스트가 여성의 사회 활동에 큰 영향을 미치고 있는 셈입니다.

그러므로 인도 여성의 사회 활동의 모순을 해결하려는 노력은 사회적 관계와 기회를 형성하는 데 카스트가 미치는 영향을 최소화 혹은 철폐시키는 것에서 출발해야 할 것입니다. 인도 사회의 현실을 고려했을 때, 이는 말처럼 쉽지 않습니다. 젠더와 카스트에 대한 사회적 태도와 문화적 규범을 바꾸는 데는 시간이 걸리고 활동가들의 지속적인 노력이 필요할 것입니다. 또한 시민 사회, 지역 사회 및 정부의 협력과 참여가 필요합니다. 아울러 모든 카스트 출신 여성들에게 교육 및 기회의 평등을 촉진하고 그 바탕 위에서 모든 여성이 존중받을 수 있는 시민 의식 개선에 보다 많은 노력이 필요해 보입니다.

여성 할당제란 무엇일까요?

1995년 유엔 주관으로 중국에서 열린 제4차 세계여성회의에서 여성은 보호 대상을 넘어 남성의 사회적 동반자로 성장해야 한다는 '베이징 선언문'이 채택되었습니다. 이 회의의 영향으로 세계 각국에서는 여성 관련 부서를 신설하거나 여성에 대한 정책들을 발표하기 시작했습니다. 우리나라도 2001년 여성 정책을 전담하는 여성부(현 여성가족부)를 신설하여, '여성'에 중점을 둔 다양한 정책을 추진하고, 공직 및 사회 각 분야에 여성 할당제를 도입하여 성평등을 적극적으로 추구해 왔습니다.

정치 분야에서 여성 할당제에 대한 논의는 언제 처음 시작되었을까요? 1974년 유엔 산하에 여성지위위원회Commission on the Status of Women: CSW가 창립되었습니다. CSW는 정치, 경제, 사회, 교육 등 모든 분야에서 여성의 권리를 증진하고 여성 차별을 철폐하기 위한 노력을 기울였습니다. 1976년부터 1985년까지를 '유엔 여성 10개년United Nations Decade for Women'으로 설정하고 문맹 퇴치, 남녀 동등 임금, 정부기구의 여성 참여 확대 등을 핵심 의제로 채택하여 추진했지요. 1990년 총회에서는 전문직과 의사 결정직 등에서 여성 비율을 높이기 위한 결의안을 채택하고, 이러한 직위에서 여성이 30%를 차지하는 것을 목표로 설정했습니다. 그러나 1991년부터 1995년까지의 추진 실태를 조사한 결과, 이 목표를 달성한 나라가 거의 없었습니다. 그 결과 1995년 개최된 제4차 유엔세계여성회의(북경여성대회)에서 '여성 할당제'가 거론되었습니다.

인도의 경우는 어떨까요? 인도 선거에서 할당제는 영국 식민지 시기인 1909년에 처음으로 입법되었습니다. 물론 여성을 대상으로 한 것은 아니었습니다. 종교적으로 소수라고 주장하는 무슬림의 대표성 유지를 위해 도입된 것이고, 1919년에는 씨크에게도 일정 의석이 할당되었습니다.

독립 후 제헌의회에서는 사회·경제적으로 열악한 환경에 있는 카스트와 부족을 지정하여 의석, 공무원, 대학입학 할당제 등이 규정되었으며, 이와 더불어 여성 할당제도 논의되었습니다. 당시 제헌의회 의원은 총 299명이었고, 이 가운데 여성 의원은 15명이었습니다. 제헌의회에서 여성 할당제가 거론되었을 때 성별을 구분하여 할당제를 도입하는 것은 헌법에 명시한 성평등 정신에 어긋난다는 이유로 15명의 여성 의원 전체가 이에 반대했습니다. 당시 식민 통치에서 벗어난 다른 국가들과 비교해보면 인도의 여성 의원 수는 결코 적지 않았습니다. 우리나라의 경우 제헌의회 선거에서 당선된 여성 의원은 한 명도 없었습니다. 물론 중간에 보궐 선거로 1명이 당선되어 여성이 한 명도 없는 반쪽짜리 제헌의회라는 오명은 벗게 되었지만요.

이러한 이유로 인도 제헌의회 여성 의원들은 여성 할당제를 규정하는 것이 성평등의 원칙에 어긋날 뿐만 아니라, 오히려 할당된 비율 이상으로 여성 의석이 늘어나지 못하게 할 수 있다고 판단했습니다. 그러나 인도 헌법이 공포된 지 50년이 지나고, 세계적으로 여성 할당제에 대한 논의가 활발해질 때까지 인도 의회에서 여성 의석 비율은 제헌의회 때와 비교해 거의 변하지 않았습니다. 이에 따라 인도에서도 여성 할당제가 다시 논의되기 시작했습니다.

인도에서는 1993년에 개헌과 함께 지방자치제가 실시되었으며, 지방 자치 기구인 빤짜야뜨Panchayat 의석의 33%를 여성에게 할당했습니다. 그러자 연방의회와 지방의회 의석 역시 지방 자치 기구의 수준에 준하는 여성 할당제를 실시해야 한다는 여론이 형성되기 시작했습니다. 이러한 여론을 배경으로 1996년에 여성할당법안Women's Reservation Bill이 의회에 상정되었지만 입법에는 실패했습니다. 그 이후 여성 단체와 여성 의원들의 지속적인 청원이 이어졌고, 여성 할당제를 논의하기 위한 특별위원회도 여러 차례 구성되었습니다. 논의는 지지부진하게 이어졌으나, 마침내 2010년 3월 9일에 의회 안건으로 등장한 여성 할당제 법안이 인도 상원Rajya Sabha에서 통과되었습니다. 상원에서 법안이 통과되자 다음 절차인 하원에서도 무난히 통과할 것으로 기대되었고, 여성 할당제가 곧 시행되어 여성 해방에 있어서 역사적인 해로 기록될 것이라는 전망이 있었습니다. 그러나 법안을 발의했던 INC가 갑자기 법안을 철회했습니다. 이 갑작스러운 철회에는 여러 정치적 고려가 있었겠지만, 주된 이유는 정당 내부의 남성 의원들이 대거 반대 표를 던질 가능성이 컸기 때문이라고 전해집니다.

결국 여성 할당제는 무산되었지만, 2014년 총선을 계기로 다시 주목받기 시작했습니다. 집권당인 인도자나따당Bharatiya Janata Party: BJP이 '33% 여성 의석 할당'을 공약했기 때문입니다. 이 선거에서 BJP가 승리했지만, 여성 의원 수에 큰 변화는 없었습니다. 2019년 인도 총선에서는 하원의 542석 중 82명의 여성 의원이 당선되었고, 2023년 1월 기준으로 조사 대상 190개 국가 가운데 142위를 기록하고 있습니다. 물론 인도의 여성 의석 비율은 15%로 일본의 8.4%보다 높지만, 대한민국의 19%, 미국의 29%, 영국의 34%, 프랑스의 38%와 비교하면 여전히 낮습니다. 연방의회 특별회기가 열린 2023년 9월 19일, 연방하원과 지방의회 의석의 33%를 여성 몫으로 하는 개헌안이 하원에서 찬성 454표, 반대 2표로 놀라운 지지를 받으며 통과되었습니다. 이어서 21일에는 상원에서 11시간 이상 이어진 열띤 토론 끝에 참석 의원 214명 전원 찬성으로 가결되었으며, 28일에는 대통령의 공표를 통해 인도 여성들의 정치 참여 확대의 길이 열리게 되었습니다. 그렇다면 2024년 총선부터 33% 여성 할당제가 바로 적용될까요? 이 법에는 "첫 번째 분기 이후 곧 발효된다."라고 명시되어 있습니다. 다시 말해서 2026년이 지나야 발효되는 것이므로 2024년 총선과 지방의회 선거에는 적용되지 않았습니다.

여성 할당제는 여성의 정치적 대표성을 높이는 중요한 수단으로 자리 잡고 있으며, 이를 통해 성평등을 촉진할 수 있는 기회를 제공합니다. 최근 통과된 개헌안은 여성의 정치 참여를 제도적으로 보장함으로써, 사회 전반의 변화를 이끌어낼 수 있는 전환점을 마련하였습니다. 그러나 여성의 정치 참여가 단순히 숫자의 문제가 아닌, 그들의 목소리와 의견이 진정으로 반영되는 것이어야 한다는 점도 간과해서는 안 됩니다. 앞으로도 지속적인 관심과 노력이 필요하며, 여성 할당제가 정치 구조 내에서 실질적인 변화를 이끌어내기 위해서는 사회적 인식의 변화와 함께 다양한 지원 정책이 뒷받침되어야 할 것입니다.

왜 여성은 전통의상을 선호할까요?

한복은 직선과 곡선, 빛깔이 잘 아우러져 단아하고 우아한 멋을 자연스럽게 담아내는 한국의 전통의상입니다. 한복이 한국인의 가치관과 미를 잘 보여주는 아름다운 옷임에도 불구하고 요즈음 한복을 입는 사람은 거의 없습니다. 격식을 갖춰 고상하게 차려입는 결혼식과 같은 특별한 날이 아니면 우리는 일상생활 속에서 한복을 찾지 않습니다. 왜냐하면 결혼이나 명절 등에 입는 한복은 일상복이 아닌 예복으로 평소에 입기에는 다소 불편하고 거추장스럽게 느껴지며, 언젠가부터 서양식 의

복이 남녀노소, 지위고하, 빈부귀천 등을 막론하고 누구나 즐겨 입는 대중화된 옷이 되었기 때문입니다.

인도인들은 서양식 의복이 대중화된 오늘날에도 여전히 전통의상을 자주 입습니다. 결혼식이나 축제 같은 특별한 날뿐만 아니라, 격식을 갖춰야 하는 행사에서도 전통 복장을 선호하며, 대중교통이나 시장, 길거리에서도 전통의상을 입은 사람들을 쉽게 볼 수 있을 만큼 일상 속에서도 널리 착용되고 있습니다. 재미있는 점은, 전통 복장을 한 인도인들 중 남성보다 여성이 더 많다는 것입니다. 인도의 대표적인 여성 전통의상은 싸리입니다. 싸리는 바느질을 하지 않은 길이 4~8m, 폭 120cm 내외의 길고 넓은 천을 몸에 둘러 입는 것으로, 지역과 시대에 따라 다양한 착용 방식과 색상이 있습니다.

한 장의 천을 몸에 어떻게 둘러서 싸리의 우아한 주름을 만들어낼까요? 먼저 천의 폭을 허리에서 발아래까지 늘어뜨립니다. 그리고 허리에 꼭 맞게 하체를 감싸며 둘러서 시작점 부분에서 천의 일부를 허리와 천 사이에 넣어 고정합니다. 남은 천을 커튼을 접듯이 주름지게 잘 접어서 허리에 다시 끼운 후에 뒤쪽으로 돌려 앞으로 오게 한 후, 왼쪽 어깨를 지나 등 뒤로 가도록 펼치듯 걸칩니다. 이렇게 싸리를 입으면 왼쪽 어깨는 가려지고, 오른쪽 어깨는 드러나게 됩니다. 이것이 싸리를 입는 기본적인 방법입니다. 매일 싸리를 입는 인도 여성들은 눈 감고도 손쉽게 입을 수 있을 정도로 익숙하지만, 그 과정을 지켜보는 우리에게는 감탄을 자아내게 합니다.

싸리는 지역에 따라, 시대의 흐름에 따라 조금씩 변형됩니다. 근대에 이르러 변형된 싸리의 특징은 상체에 속옷을 먼저 입고 싸리를 두르는 것입니다. 상체의 속옷이라 할 수 있는 쫄리choli는 몸에 딱 붙는 것으로 가슴 아래까지만 내려오게 입습니다. 하체에는 가그라^{ghagra}라는 페티코트를 입기도 합니다. 쫄리를 입고 싸리를 입으면 왼쪽 어깨에는 싸리가 오른쪽 어깨에는 쫄리가 보이는 형태로 양쪽 어깨 모두 가려지게 됩니다. 가그라를 입고 허리에 두른 천을 가그라 안쪽으로 살짝 밀어 넣으면 고정이 훨씬 잘되고 옷의 맵시도 살아납니다. 마치 우리가 그냥 한복을 입었을 때보다 페티코트를 입고 한복을 입으면 치마가 더 아름다운 선으로 펼쳐지는 것과 비슷합니다.

인도 여성 전통의상 중에는 바지로 포함되어 있습니다. 쌀와르 까미즈$^{Salwar\ Kameez}$는 상하의로 구성된

인도 여성들이 착용한 다양한 스타일의 사리, 가그라 쫄리, 쌀와르 까미즈 삽화

세트입니다. 쌀와르는 헐렁하면서 발목의 통이 좁은 바지이고, 까미즈는 무릎까지 내려오는 헐렁한 상의로, 목 부분에는 깃이 달린 디자인부터 깊게 파인 스타일까지 다양한 형태가 있습니다. 이 의상은 허리 아래부터 양쪽이 갈라져 있어 자유롭게 움직일 수 있는 편안함을 제공합니다. 쌀와르 까미즈를 입을 때 두빳따^{dupatta}라 부르는 긴 스카프를 걸칩니다.

쌀와르 까미즈는 인도뿐 아니라 파키스탄, 아프가니스탄 여성의

일상에서 전통의상을 입는 인도 여성들

전통의상으로, 이슬람 의복의 영향을 받은 것이기도 합니다. 인도의 경우 빤잡 지역의 여성들이 주로 입었기 때문에 빤자비 드레스$^{punjabi\ dress}$라고도 부릅니다. 오늘날에는 지역에 관계없이 인도 전역에 널리 퍼져 있으며, 싸리에 비해 활동성이 좋아 평상복으로 자주 착용됩니다. 많은 학교에서도 쌀와르 까미즈를 교복으로 채택하고 있지요.

이처럼 인도 여성들은 싸리나 쌀와르 까미즈와 같은 전통의상을 일상적으로 착용합니다. 특히 농촌 지역에서는 서양식 의복을 한 벌도 갖고 있지 않은 여성들이 많습니다. 그렇다면 인도 여성들은 의복 문화에 대한 자부심과 전통을 지키고자 이러한 선택을 한 것일까요? 물론 그런 경우도 있겠지만 인도 여성들은 의상 선택에 있어 제약이 많습니다. 초중등 교육을 받는 동안에는 교복을 입기에 제약이 좀 덜 한 편이지만, 성인이 되고 나면 전통의상을 입으라는 무언의 압박을 받기도 합니다. 아내나 딸이 청바지를 입는 것을 반대하거나 심한 경우 폭행을 하기도 한다는 뉴스가 들릴 만큼 보수적인 분위기의 지역이 남아 있는 것 같습니다. 심지어는 대도시에서도 청바지에 티셔츠를 입은 사람들을 보면 여성보다 남성의 수가 많지요.

하지만 인도의 전통의상이 일상생활에 부적절했다면, 아무리 보수적인 사회라 하더라도 여성들의 외면을 받았을지도 모릅니다. 쌀와르 까미즈와 같은 바지 스타일은 물론, 긴 천을 두르는 싸리 역시 일상적인 활동에 불편함이 없다고 합니다. 오히려 길고 뜨거운 여름이 지속되는 인도에서 생활하기에 적합한 옷이라서 입는다는 여성들도 많습니다. 그래서 인도의 전통의상이 더욱 편리하고 새롭게 개선된 디자인으로 계속해서 사랑받고 있는 것일지도 모릅니다. 전통의상을 착용하는 것을 좋고 나쁘다고 함부로 판단하기는 어렵습니다. 의상은 단순히 몸을 가리는 용도를 넘어, 자신을 표현하는 중요한 수단이기 때문입니다. 어떤 옷을 입을지에 대한 선택권이 온전히 주어진다면, 싸리든 청바지든 그 자체로 아름다움이 될 것입니다.

왜 무슬림 여성은 얼굴을 가리나요?

조선시대 중기 이후 양반 가문의 여성들은 외출할 때 쓰개치마 또는 장옷으로 머리와 몸 윗부분을 가리고 다녔습니다. 쓰개치마는 모양이 치마와 비슷한데, 끈이 달려 있으며, 주름을 겹쳐 잡고 머리 위로 불룩하게 쓴 후 치마허리로 얼굴 둘레를 감싸 턱 밑에서 마주 잡아 씁니다. 쓰개치마 말고도 장옷이라는 것도 있는데, 장옷은 남성 한복의 상의 혹은 두루마기처럼 생긴 것으로 얼굴을 가리는 것입니다. 쓰개치마에는 소매가 없지만, 장옷은 소매가 있는데 손을 넣는 것이 아니라 옆으로 늘어뜨리게 됩니다. 물론 쓰개치마는 조선시대에서도 신분에 따른 양반집 규수들만 자신의 모습을 가리기 위해 사용한 것으로, 일반 평민 여성들은 얼굴을 가릴 필요가 없었으며 치마도 양반집 여성의 치마보다 폭이 좁고 짧았습니다. 조선시대 양반집 여성들은 왜 얼굴을 가려야만 했었을까요? 조선 건국 후 신진 사대부는 유교를 숭상하고 불교를 억압하는 정책을 펼쳤는데, 유교의 가르침에 따라 남녀를 구별하기 위해 쓰개치마가 사용되었습니다.

이처럼 남성과 여성의 생활 영역을 구분하거나 여성의 얼굴을 가리는 풍속이 우리나라에만 있었던 것은 아닙니다. 최근 우리나라도 다문화 사회가 되면서 거리에서 히잡hijab을 두른 무슬림 여성들과 마주치기도 합니다. 무슬림 여성들이 사용하는 가리개는 일반적으로 히잡이라고 불리지만, 얼굴을 가리는 방식에 따라 다양한 명칭이 있습니다.

가장 잘 알려진 히잡은 머리카락만 가리는 일종의 두건과 같은 것으로 얼굴은 가리지 않습니다. 니캅niqab은 눈 아래 얼굴 전체를 덮는 천을 의미하며 히잡과 함께 착용하는 것이 일반적입니다. 그러니까 히잡과 니캅을 하면 머리카락은 물론 이마나 목이 가려지는 것입니다. 차도르chador는 얼굴을 제외한 몸 전체를 가리는 베일인데, 무슬림 여성들이 외출할 때 주로 사용하던 것입니다. 부르카burqa는 무슬림 여성들이 착용하는 베일 중에서 가장 큰 것으로, 온 몸에 두르는 것입니다. 부르카는 얼

일상에서 전통의상을 입는 인도 여성들

무슬림 여성의 가리개. 왼쪽에서부터 히잡, 차도르, 니캅, 부르카

굴도 가리게 되어 있으며, 망사로 된 눈 부분을 통해 가까스로 밖을 볼 수 있습니다. 이렇게 무슬림 여성의 얼굴과 몸을 가리는 여러 종류의 가리개는 여성의 활동에 제약을 주어 여성 발전의 장애 요소로 비판받고 있으며, 일상생활에서 항상 종교적 정체성을 드러내기 때문에 종파 간의 갈등을 초래할 수 있다는 지적도 있습니다.

여성의 얼굴을 가리는 풍속은 인도에서도 찾아볼 수 있습니다. 힌두교에는 여성에게 해당하는 빠르다$^{pardah, purdah}$ 전통이 있습니다. 이 전통은 인도에 무슬림 왕조들이 세워지면서 그 영향을 받아 시작되었다고 여겨집니다. '빠르다'는 원래 커튼이나 장막을 가리키는 말인데, 여성의 몸을 가리는 것은 물론 여성의 생활 영역을 남성들의 영역과 분리하는 의미도 포함되어 있습니다. 여성의 외출이 매우 제한적이었던 시대보다는 오히려 여성의 활동이 늘어난 1800년대 이후 힌두 엘리트 여성을 중심으로 빠르다 착용이 일반화되었고, 하층의 여성들은 빠르다를 하지 않았다는 분석도 있습니다.

어떤 이들은 히잡, 빠르다, 그리고 쓰개치마가 여성을 보호하기 위해 고안된 것이거나 여성의 명예와 고결함을 드러내는 상징이라고 주장합니다. 그러나 반대로 이것이 여성 억압의 상징이며, 여성의 독립성과 행동의 자유, 교육 기회에 제한을 초래한다는 비판이 끊임없이 제기되고 있습니다. 종교적 상징이나 문화적 유산은 모두 소중한 가치입니다. 따라서 다른 종교와 전통 문화를 가진 사람들이 어떤 형태의 복장을 하든 존중해야 하는 것은 사실입니다. 그러나 자신을 어떻게 표현할지는 개인의 선택과 개성의 문제입니다. 만약 여성들의 가리개가 자신의 고귀함을 드러내는 수단이라면 이를 계속 사용할 수 있으며, 억압으로 느낀다면 '거부'할 권리가 있습니다. 사회적이나 종교적으로 법에 따르도록 강요하는 것은 부적절하며, 억압으로 간주해 무조건 금지하는 것도 바람직하지 않습니다. 이러한 문제에 대해 열린 마음으로 대화하고, 다양한 의견을 존중하는 태도가 필요합니다.

6
오늘날의 인도는 영국이 만들었다?

왜 바스쿠 다가마는 인도로 갔을까요? / 영국은 어떻게 인도를 식민지로 삼았을까요? / 왜 세포이 항쟁이 시작되었을까요? / 짜이를 언제부터 마시기 시작했을까요? / 왜 크리켓에 열광할까요? / 왜 인도와 파키스탄은 분리되었을까요? / 왜 힌두와 무슬림의 갈등이 생기나요?

왜 바스쿠 다가마는 인도로 갔을까요?

신라 시대는 해상 무역이 활발했고, 국제적 교류가 많았던 시기입니다. 신라의 배를 약탈하던 일본과 당나라의 해적을 막기 위해 장보고는 군사 거점인 청해진을 설치했습니다. 이후 청해진은 군사 거점 역할뿐만 아니라 해상 무역의 거점이 되었고, 신라는 일본, 중국, 동남아시아뿐만 아니라 아라비아 상인과도 교역하는 왕국이 되었습니다. 신라의 국제적 활동은 혜초 스님을 통해서도 엿볼 수 있습니다. 혜초 스님은 16세 때, 부처님의 가르침을 배우기 위해 중국 당나라로 떠나셨습니다. 혜초 스님은 그곳에서 인도에서 온 여러 스님을 만날 수 있었고, 마침내 부처님이 태어난 인도로 가기로 결심했습니다. 그러나 그가 인도를 방문했을 당시는 불교가 점차 쇠퇴하고 힌두교가 부흥하는 시기였습니다. 혜초 스님은 부처님의 가르침이 서서히 잊혀져 가는 모습을 보며 안타까움을 느꼈습니다. 이후 그는 아프가니스탄, 중앙아시아, 페르시아까지 부처님의 발자취를 따라 4년간 여행하면서 다양한 서역의 문화를 체험했고, 그 경험을 바탕으로 『왕오천축국전往五天竺國傳』이라는 여행기를 남겼습니다. '오천축국'은 다섯 개로 나뉜 인도를 의미합니다. 현재 프랑스 국립박물관에 보관되어 있는 이 책은 8세기경 인도 및 중앙아시아의 모습을 기록한 세계에서 가장 오래된 여행기입니다.

포르투갈 출신 탐험가 바스쿠 다 가마Vasco Da Gama 역시 혜초 스님처럼 인도를 찾아 그 여정을 기록으로 남겼습니다. 『바스쿠 다 가마의 첫 항해일지, 1497-1499 A Journal of the First Voyage of Vasco da Gama, 1497-1499』가 바로 그것입니다. 혜초 스님은 부처님의 발자취를 느끼고 그 가르침을 얻기 위해 인도로 갔지요. 그러면 바스쿠 다 가마는 무슨 이유로 인도에 갔을까요?

유럽의 역사에서 '지리상의 발견'이라는 말을 들어보셨을 것입니다. 유럽인들이 모르던 지역을 찾게 되었다는 의미로, 대략 15세기에서 17세기에 걸쳐 이루어진 인도항로의 개척, 아메리카 대륙의 발견 등을 가리키는 말입니다. 유럽인들이 아시아에 관한 관심이 높아진 계기는 십자군 원정이었다고 할 수 있지요. 11세기부터 13세기 사이에 유럽의 기독교인들이 성지인 팔레스타인과 예루살렘을 탈환하기 위해 총 8차에 걸쳐 원정했는데 그것을 십자군 원정이라고 합니다. 이와 더불어 마르코 폴로 Marco Polo가 아시아를 여행한 것을 루스티켈로 다 피사 Rustichello da Pisa가 기록하여 1298년에 발행한 『동방견문록 Il Milione』 역시 아시아에 관한 관심 증대에 한몫했습니다.

신항로 개척에 앞장선 나라는 스페인과 포르투갈입니다. 『동방견문록』을 읽고 아시아에 관심이 생긴 크리스토퍼 콜럼버스 Christopher Columbus는 스페인 여왕의 후원을 받아 인도를 찾기 위해 떠났지만, 그가 도착한 곳은 안타깝게도 인도가 아닌 아메리카 대륙이었습니다. 스페인에 뒤를 이어 포르투갈의 탐험가들도 인도를 향한 항해를 시작했습니다. 대서양으로 떠났던 콜럼버스와는 달리, 포르투갈 탐험가들은 항로를 잃지 않기 위해 아프리카 대륙의 해안선을 따라 항해했습니다. 먼저 바르톨로메우 디아스 Bartolomeu Dias가 1488년에 아프리카 남단의 희망봉에 도달했고, 이어 탐험에 나선 바스쿠 다 가마가 1498년에 마침내 인도에 도착합니다. 그가 도착한 캘리컷Calicut(오늘날의 꼬리꼬드 Kozhikode)은 인도 께랄라주 북부 도시로 아라비아해에 접해 있으며, 당시 향료 무역의 중심지였기 때문에 '향료의 도시'라고 불리기도 했습니다.

    유럽 국가들이 탐험 정신만으로 신항로 개척에 나선 것은 아닙니다. 당시 유럽 국가들은 왕권을 강화하기 위해 영주제도를 폐지하고 국왕이 직접 관리를 임명하여 봉급을 주는 관료제를 구축하고 있었기 때문에, 국왕의 재산 확대에 몰두하고 있었습니다. 그래서 각국의 국왕은 신항로 개척을 후원하고 그로 인해 생기는 상업 이득의 상당액을 국왕에게 귀속시켰습니다. 그렇기 때문에 신항로 개척의 가장 중요한 목표는 상업적 이득을 높이는 것입니다. 당시 포르투갈은 인도에서 가져온 향료를 유럽에서 판매함으로써 60배 이상의 수입을 얻었다고 전해지고 있습니다. 바스쿠 다 가마가 개척한 인도로 가는 항로를 바탕으로 포르투갈은 인도 진출을 확대했으며 상업적 목적을 달성하기 위해 남인도의 고아Goa에 거점을 마련했습니다. 고아를 식민지로 삼은 포르투갈은 포르투갈 병사들을 현지 여성들과 결혼시키는 정책을 적극적으로 추진했습니다. 그 결과 포르투갈의 피를 가진 인도인들이 탄생했고, 그들은 루소 인디언Luso-Indians 또는 가톨릭 고아인Catholic Goans이라고 불립니다.

    고아 지역은 고대에 마우랴 제국Maurya Empire의 지배권에 포함되어 있었습니다. 그 이후 힌두 왕국과 무슬림 왕국이 교대로 해당 지역을 지배했지만, 주민 대부분은 힌두였습니다. 처음에는 상업적 목적에 치중했던 포르투갈은 고아 지역의 힌두와 무슬림을 가톨릭으로 개종시키는 작업을 시작했습니다. 종교재판Inquisition이라고 알려진 이교도 학살과 가톨릭으로 개종한 자의 우대정책으로 고아 지역의 많은 사람이

세계문화유산으로 등재된 고아의 봄 지저스 대성당(The Basilica of Bom Jesus)

생존을 위해 가톨릭으로 개종했고, 루소 인디언의 후손들 역시 가톨릭 신도가 되었습니다. 15세기 중반부터 19세기 초반에 걸쳐 계속된 개종 정책으로 고아는 상업적 거점을 넘어 가톨릭 중심의 사회로 재편되었습니다.

물론 고아 지역에 네덜란드와 프랑스 그리고 영국이 침공하여 포르투갈 세력을 물리치려 했으나 포르투갈의 지배권을 무너뜨리지는 못했습니다. 그렇게 500년 가까이 고아는 포르투갈의 지배를 받았습니다. 인도의 민족주의 운동, 독립운동이 전개되는 동안에도 고아 지역은 크게 영향을 받지 않았고, 1947년에 인도가 영국으로부터 독립했을 당시에도 포르투갈은 고아 지방을 포기하지 않았습니다. 결국 1961년 12월에 인도 정부군이 무력으로 고아를 점령하여 포르투갈은 인도에서 물러났습니다. 1987년에 인도 정부의 주 개편에서 고아는 독립 주가

되었습니다.

포르투갈은 고아를 인도에 빼앗길 당시인 1961년 이전에 태어난 루소 인디언과 그 후손들의 포르투갈 시민권을 인정했습니다. 즉 루소 인디언들과 그 후손들은 포르투갈 시민임이 인정되었기 때문에 포르투갈로 이주하거나 유럽으로 이주하는 데 어려움이 없었습니다. 인구조사 통계에 따르면 포르투갈이 점령하고 있을 당시 고아의 가톨릭 인구는 60-80%에 이르렀지만 2011년에는 인구의 66%가 힌두이며 25%가 가톨릭교도입니다. 이렇게 가톨릭 인구가 감소한 것은 포르투갈 시민권을 가진 이 지역 인도인들이 포르투갈을 비롯하여 유럽 여러 지역과 미국으로 이주했기 때문입니다. 특히 힌두민족주의 정당이 세력을 확장하면서 고아의 가톨릭교도들의 해외 이주는 더욱 가속화되었습니다.

어디론가 떠난다는 것, 특히 한 번도 가보지 않은 길을 찾아 나선다는 것은 매우 어렵고 용기가 필요한 일입니다. 혜초 스님이 인도를 여행하셨기에, 우리는 오늘날까지도 부처님이 태어나신 인도의 이야기를 생생하게 전해 들을 수 있습니다. 마찬가지로 바스쿠 다 가마가 인도를 탐험했기에, 인도의 향신료가 유럽을 넘어 우리 식탁에까지 오르게 되었습니다. 이처럼 한 사람의 용기 있는 발걸음은 역사의 흐름을 바꾸고, 문화와 일상에 깊은 변화를 가져옵니다.

영국은 어떻게 인도를 식민지로 삼았을까요?

경술국치, 1910년 8월 29일 우리나라가 한일합병조약에 의해 대한제국의 국권을 일본에 빼앗겨 식민지가 된 치욕스러운 날입니다. 어쩌다 우리는 주권을 빼앗기고 1945년 해방까지 무려 35년 동안 통치받아야 했나요?

인도의 면적은 영국의 13배가 넘습니다. 어떻게 영국은 자신보다 몇 배나 더 넓은 인도를 식민지로 만들 수 있었을까요? 1400년대부터 유럽 여러 나라가 탐험대를 조직해 신대륙을 찾아 항해를 시작한 가운데, 1497년 바스쿠 다 가마가 유럽에서 인도로 가는 항로를 개척했습니다. 이를 시작으로 1600년대까지 영국, 프랑스, 네덜란드, 덴마크의 탐험대와 상인들이 인도에 왔습니다. 유럽의 상인들은 아시아에서 주로 후추와 계피를 구입하여 유럽에서 판매하는 무역이 목적이었습니다. 지금은 후추와 계피가 흔하지만, 당시 유럽에서는 매우 비싼 값에 팔 수 있는 향신료였기 때문에 아시아에서 향신료를 구매하여 유럽에서 판매하는 무역은 엄청난 수익 사업이었습니다.

이 무렵 유럽 국가들은 왕권을 강화하여 소위 '절대 왕정' 시대에 접어들었습니다. 왕권을 강화하는 데 가장 필요한 것이 무엇일까요? 지방 행정관들이 각자가 맡은 행정구역에서 세금을 징수하여 일정 부분을 중앙의 왕에게 보내고 나머지는 자신들의 몫으로 갖는 제도로는 왕권이 강해지기 어렵습니다. 지방 관리가 해당 지역의 모든 권한을 독점하게 되어, 세력을 형성하거나 반란을 일으킬 가능성이 커집니다. 따라서 왕권을 강화하는 기초는 지방 행정관들에게 세금 일부를 갖게 하는 것이 아니라, 왕이 직접 봉급을 현금으로 지급하는 것입니다. 그러니 왕이 절대적인 권력을 장악하기 위해서는 지방관에게 줄 현금을 보유하는 것이 매우 중요합니다. 이 때문에 1400년대부터 해외 무역을 통해 현금을 확보하는 일이 점점 중요해졌고, 당시 해외 무역은 대부분 국왕의 독점 사업으로 운영되었습니다. 왕은 해외로 진출하는 상인들에게 특허권을 부여하고, 해외 무역 수입의 상당 부분을 차지했습니다. 그러나 아시아와의 무역 수익은 국왕의 몫을 제외하더라도 상인들에게도 상당한 이익이 돌아갔습니다. 이로 인해 무역 회사들은 국왕의 특허장을 얻기 위해 경쟁하게 되었습니다.

그러면 당시 인도의 상황은 어떠했을까요? 1526년에 세워진 무갈 제국이 1700년 초까지 6명의 황제가 강력한 통치력과 영토 확장 정책을 시행하여 인도아대륙 남단까지 지배하고 있었습니다. 유럽의 상인들은 무갈 제국의 황제들에게 자신들의 무역소를 인도에 만들 수 있도록 요청해야 했습니다. 영국의 경우 제임스 1세 황제가 직접 대사를 파견하여 무역소 설립을 간청할 정도로 무갈 제국은 강대국이었습니다. 하지만 6대 황제 아우랑제브Aurangzeb가 사망한 후, 제국은 분열되어 결국 소왕국들이 난립하는 상황에 이릅니다.

이 소왕국들에서는 왕위 쟁탈전이 치열하게 벌어졌습니다. 왕자들끼리 왕권 다툼을 하며, 그중에 가장 강한 왕자가 왕위에 오르는 경우가 빈번했습니다. 무갈 제국의 황제들 역시 왕의 사후 왕권 쟁탈 과정을 거쳐 즉위하거나, 부왕을 살해 또는 유폐하여 왕좌를 차지하는 경우가 대부분이었습니다. 아우랑제브 이후 소왕국으로 나뉜 상태에서도 마찬가지였습니다. 영국과 프랑스는 이 틈을 타서 남부 왕국들의 왕위 쟁탈전에 관여하기 시작했습니다. 1744년부터 1763년까지 현재의 따밀 지역에서 왕위 계승 분쟁이 발생할 때마다 영국과 프랑스는 각기 유력한 왕자나 권력자를 부추겨 어느 한쪽을 지원했습니다. 이들은 왕권 쟁취를 돕고, 그 대가로 왕으로부터 영토를 할양받기도 했습니다. 예를 들어, 영국이 첫째 왕자를 지원하면 프랑스는 둘째 왕자를 지지하는 식으로 이들은 서로 다른 편을 들곤 했습니다. 남인도의 왕위 쟁탈전에 영국과 프랑스가 관여하면서 발생한 전쟁을 까르나딱 전쟁Karnatic Wars이라고 하며, 이 전쟁은 총 세 차례에 걸쳐 일어났습니다. 제1차와 제2차는 프랑스의 지원을 받은 자가 왕이 되고, 그때마다 즉위한 왕은 프랑스에게 영토를 할양합니다. 제3차 까르나딱 전쟁에서는 영국의 지원받은 왕이 승리합니다. 그리고 1757년 벵갈 지역의 왕위 계승전에서는 영국과 프랑스가 다시 한번 각기 다른 사람을 지원하면서 맞붙는데, 이를 플라시 전투Battle of Plassey라고 합니다. 영국은 플라시 전투를 끝으로 인도를 독점하게 됩니다.

1400년대부터 많은 나라가 인도에 무역소를 건설했지만, 1600년대부터는 대부분 영국 동인도 회사, 프랑스 동인도 회사, 네덜란드 동인도 회사 등 국가별 동인도 회사로 통합되며 아시아 진출이 본격화되었습니다. 이러한 집약적인 무역 사업과 소왕국 난립, 왕위 쟁탈전으로 얼룩진 인도의 정치적 상황이 영국이 인도를 식민지로 만드는 계기가 되었습니다. 특히 후계자 없이 왕이 사망했을 때, 영국은 계승자가 없다는 이유로 해당 소왕국을 점령하기도 했습니다.

영국은 인도 전체를 한꺼번에 식민지로 삼지 않고, 이러한 과정을 반복하며 조금씩 영토를 확장해 나갔습니다. 1858년에 세포이 항쟁을 진압하고 나서부터는 명목상으로나마 존재했던 무갈 제국의 마지막 황제 바하두르 샤 2세Bahadur Shah II를 폐위하고 버마(현 미얀마) 지역으로 추방하며, 영국 황제가 인도 황제를 겸한다고 선언했습니다. 이로써 인도는 영국의 식민지가 되었습니다.

그러나 이러한 설명에 반대하는 견해를 가진 학자들도 존재합니다. 이들은 유럽의 제국주의 팽창 정책으로 인해 힘없는 아시아 국가가 강대국 유럽에 정복당했다고 주장합니다. 하지만 유럽이 아시아에 진출하던 초기, 아시아는 결코 힘없는 국가가 아니었습니다. 인도는 뛰어난 면직물과 모직물 제조 기술을 보유하고 있었고, 중국이나 우리나라 역시 다양한 문물과 문화가 발전하고 있었습니다. 따라서 인도가 통일성을 잃고 분열하는 틈을 타 유럽 세력이 인도에서 대립 요소를 찾아 이를 증폭시켜 갈등을 일으키고 약화시킨 후 점령했다고 보는 것이 훨씬 더 타당할 것입니다.

인도는 1947년 영국으로부터 독립합니다. 빼앗긴 들에 봄이 왔습니다. 그러나 봄이 지나고 다시 겨울이 올 수도 있습니다. 만약 과거의 갈등과 반목을 반복한다면, 우리는 다시 한 번 아픔을 겪을지도 모릅니다. 따라서 이러한 역사를 기억하고, 이를 바탕으로 더 나은 미래를 만들어가는 것이 중요합니다.

왜 세포이 항쟁이 시작되었을까요?

의義를 위해 싸우는 군인을 의병이라고 합니다. 의병은 국난이 있을 때 신분의 상하를 막론하고 국가의 부름 없이 자발적으로 일어나 싸우는 민병으로, 외세의 침략이 잦았던 우리 역사에는 많은 의병이 있었습니다. 특히 임진왜란부터 구한말까지 살신성인하며 대가 없이 외세와 맞서 싸웠습니다. 우리에게 의병이 있다면, 인도에는 그 성격은 다르지만 세포이sepoy가 있었습니다.

인도의 세포이는 누구일까요? 유럽 세력들이 무역을 위해 인도에 들어오면서 무역의 안전을 위해 인도인 병사들을 고용했습니다. 그렇게 고용된 병사, 즉 용병들이 바로 '씨빠히sipāhī'라고 불리던 세포이입니다. 영국, 프랑스 등은 인도에서 세력다툼을 하면서 상호 전쟁으로까지 확대됨에 따라 더욱 많은 세포이가 필요했습니다. 왜냐하면 영국과 프랑스가 인도에서 전쟁할 때, 출정할 군사를 모두 본국에서 파견하기는 어렵기 때문에 지휘하는 장교를 제외하고는 그 밑의 하급 군인들은 현지에서 모집하였습니다. 이들 세포이에 대한 대우가 좋았기 때문에 하층 카스트 출신 세포이뿐만 아니라 브라흐마나 카스트 세포이도 있었습니다. 통계가 조금씩 다르기는 하지만, 영국이 승리하여 프랑스를 몰아낸 1757년 플라시 전투에 투입된 영국의 군대는 총 3,000명이었습니다. 이 가운데 본토에서 파견한 군인은 800명이었고 나머지 2,200명은 세포이였다고 합니다. 1850년경에는 영국군 총 269,000명 가운데 세포이가 223,000명이었고, 1857년 무렵에는 영국군 총 240,000명 가운데 200,000명이 세포이였다고 합니다.

영국이 인도를 거의 독점했던 1800년 무렵까지도 세포이는 계속 필요했습니다. 영국이 인도를 독차지했지만, 영국의 영향권에 들어오지 않은 소왕국들이 많았는데, 이들을 군사적으로 정복해야 했기 때문입니다. 그러나 그 이후 세포이의 필요성이 줄어들었습니다. 왜 그랬을까요? 혹시 정복할 소왕국이 남아 있지 않았던 것이었을까요? 아직 많은 소왕국이 독립 왕조로 있었지만 1800년 무렵부터 영국은 '무력 정복'보다는 '정책 정복'으로 방향을 바꾸었기 때문입니다.

군대를 동원하지 않고 왕국들을 정복하는 방법으로 사용한 정책은 크게 세 가지였습니다. 첫째는 '울타리 정책Policy of Ring-Fence'으로, 영국과 소왕국 그리고 소왕국을 위협하는 다른 세력이 있을 때 영국이 주변의 소왕국의 울타리 역할을 해주겠다는 협정을 맺고 영국군을 해당

마드라스의 세포이(1791년)

소왕국에 파견하면, 소왕국에서는 영국군대의 주둔과 훈련에 필요한 모든 경비를 상납금으로 지급합니다. 이렇게 해서 소왕국의 군사권이 박탈되고 군대가 없는 소왕국은 이후 쉽게 영국에 합병됩니다. 둘째는 '종속협정Subsidiary Alliance'입니다. 이 정책은 울타리 정책보다 훨씬 강화된 정책으로, 울타리 정책은 '보호'를 담보로 군사권을 박탈하는 정도였던 반면에, 종속협정은 인도 왕국에 영국군이 주둔할 뿐만 아니라 영국인을 그 왕국에 거주하게 배치하며 영국의 승인 없이는 어떤 유럽인도 고용할 수 없고, 다른 왕국과 협약도 체결할 수 없는 것이었습니다. 그래서 종속협정으로 군사권뿐만 아니라 외교권도 박탈됩니다. 셋째로는 '소멸 원칙 정책Policy of Doctrine of Lapse'입니다. 왕국의 왕이 계승할 왕자 없이 사망하는 경우 그 왕조의 왕위 계승이 소멸한다는 원칙을 적용하여 영국에 합병하는 것입니다. 인도에는 왕자가 없는 경우 입양을 할 수 있었습니다. 그러나 입양한 왕자는 왕의 개인적인 재산과 영지를 상속할 수는 있으나 왕권은 계승할 수 없다고 영국이 규정하고 이를 강제로 적용하여 합병했습니다.

이처럼 무력이 아닌 정책 정복이 이어지자 세포이의 필요성이 줄어든 것입니다. 그러자 세포이들에 대한 대우가 달라졌으며, 카스트와 종교가 다른 세포이들이 자신의 카스트 규정과 종교적 정체성을 유지할 수 있도록 배려하던 태도도 사라졌습니다. 가령 1700년대 말까지 세포이가 된 힌두는 이마 한가운데 띨락을 그릴 수 있었고 무슬림 역시 무슬림 모자skullcap를 쓰고 수염도 기를 수 있었으며, 씨크 역시 터번을 쓰고 수염을 기를 수 있었습니다. 그래서 각각의 종교 정체성을 그대로 유지할 수 있었습니다. 그러나 복장 규정을 정하여 이제부터는 힌두든 무슬림이든 씨크든 모두 똑같은 복장으로 통일할 것을 강요했습니다.

그러니 세포이 내부의 불만과 왕국을 상실한 소왕국 후계자들의 불만이 누적되는 것은 당연합니다. 이러한 불만이 바로 1857년 '세포이 항쟁'으로 폭발하게 됩니다. 반란이라는 말은 영국 입장에서 표현한 것으로, 인도인들은 부당한 영국에 저항한 '항쟁'이었다고 말합니다. 일부에서는 '영국 지배에 대한 최초의 독립 전쟁'이라는 표현도 사용합니다.

사실 세포이들의 불만이 폭발하여 항쟁이 시작된 계기는 엔필드 소총이었다고 합니다. 엔필드 소총은 탄약통을 입으로 물어서 뜯고 탄환을 장전해야 하는데, 이 탄약통에 바른 윤활제가 소기름 혹은 돼지기름이라는 소문이 돌았다고 합니다. 힌두는 소고기 먹는 것이 금기로 되어 있고, 무슬림은 돼지고기 먹는 것이 금기로 되어 있는데, 입으로 뜯어야 하는 탄약통에 소기름 또는 돼지기름이 발라져 있다는 것은 힌두와 무슬림을 모욕하는 것입니다. 이러한 소문이 돌자 1857년 4월 말부터 메라트Meerut의 세포이들은 엔필드 소총 사용을 거부하였고, 엔필드 소총 사용을 거부한 병사는 장기 구속 처벌을 받게 되었습니다. 이 일에 격분한 다른 세포이들이 영국 장교를 저격하며 세포이 항쟁은 시작됩니다.

항쟁을 시작한 세포이들은 유럽군이 적은 델리로 진격합니다. 거기에 다른 지역의 세포이들도 진군하여 합류합니다. 비록 영국이 인도에 넓은 땅을 차지하고 있었지만, 그때는 무갈 제국시대입니다. 당시 무갈 제국은 6대 황제인 아우랑제브 이후 소왕국으로 축소되었고 바하두르 샤 2세가 당시 황제였지만 연금된 상태였습니다. 델리에 집결한 세포이들은 바하두르 샤 2세를 복위시키고 영국과 유럽인들을 몰아내자는 목소리를 높였습니다. 폭동이든 항쟁이든 무력 충돌이 시작되면 포악한 살상이 일어납니다. 세포이들은 델리에서 여자와 아이들까지 학살했습니다. 영국은 이에 분노하여 세포이 진압 작전에 전력을 쏟았지만 세포이 항쟁 세력은 델리, 깐뿌르Kanpur, 라크나우Lucknow로 확산하여 영국이 감당하기 어려운 상태에 다다릅니다.

그러나 세포이 항쟁은 결국 실패하고 맙니다. 그 이유는 무엇일까요? 학자들마다 다소 이견이 있지만, 가장 핵심적인 실패 원인은 빤잡의 씨크교 세력이 영국을 지원했기 때문이라고 합니다. 씨크들은 왜 항쟁을 외면하고 영국을 지원했을까요? 단순히 설명하기는 어렵겠으나 세포이들이 바하두르 샤 2세를 옹립하려 했던 것도 한몫했을 것입니다. 씨크교 2명의 구루가 무갈 제국 황제에 의해 순교한 역사와 관련이 있다는 것입니다. 씨크들의 입장에서 보면, 무갈 제국이나 영국이나 외세이기는 마찬가지였을 것이고, 오히려 무갈 황제의 지배보다는 영

1857년 세포이 항쟁에 가담한 두 명의 교수형

국 지배가 낫다고 여겼을 수도 있을 것입니다. 결국 승기를 잡은 영국은 1858년 초부터 '항쟁 세력 소탕 작전'을 시작을 시작합니다. 항생 발생 초기 세포이들이 벌인 잔혹한 살상이 무색할 정도로 영국의 보복은 극에 달합니다. 비무장 세포이들을 단체로 총살하고, 대포 포구에 묶어 발사하기도 했을 정도입니다.

세포이 반란이라 칭하는 영국의 입장과는 달리, 혁명주의자인 힌두민족주의자 싸바르까르 V. D. Savarkar는 '제1차 독립 전쟁'이라고 표현했습니다. 그는 세포이 항쟁의 실패 요인은 '눈치 보기'였다고 지적합니다. 항쟁 세력을 지원하다가 영국이 이기면 우리 왕국이 몰락할 수도 있다는 생각, 한편으로는 외면하고 있다가 항생 세력이 이기면 그 역시 피해를 볼 수도 있다는 생각에 소왕국들은 비록 영국에 불만이 있었더라도 적극적으로 항쟁 세력을 지원하지 않았다는 것입니다. 싸바르까르는 "그들이 혁명에 가담한다면 영국이 성공할 기회는 절대 없는 반면에 그들이 중립상태에 있다면 혁명이 성공할 가능성은 훨씬 줄어든다는 것을 알지 못한 어리석은 사람들"이라고 말하면서 '눈치 보기'에 몰두했던 세력들을 비난했습니다.

당시 인도는 소왕국으로 나뉘어 있었기 때문에 전국적 규모의 연결고리를 가진 세력이 없었습니다. 마라타 왕국Maratha Empire의 백성과 군사는 그 왕국 소속이며 북쪽 왕국의 군인들이나 백성들 역시 마찬가지입니다. 그런데 세포이는 영국군에 소속된 군인이기 때문에 어느 지역에 있는 세포이든 모두 하나의 조직 아래 있는 것입니다. 그래서 전국적 규모의 항쟁이 가능했으나, 이들 세포이를 통솔할 지도력이 부족했고, 소왕국들은 눈치 보기에 바빴고, 일부 세포이들은 영국의 편을 들었기 때문에 서구 세력에 대항한 인도의 첫 항쟁인 세포이 항쟁은 실패로 끝나고 말았습니다. 영국은 세포이들의 항쟁을 경험한 후 인도인들이 뭉쳤을 때 어떤 위험이 닥칠지를 인지하게 되었고, 이로 인해 인도에서 연합 세력이 형성되지 않게 하기 위한 '분할 통치'를 강화하는 계기가 되었습니다.

낮은 위치에서 희생하며 싸웠던 백성, 그들이 의병이었든 세포이였든 간에, 그 싸움의 명분이 대의였든 대가였든 간에 그들 모두는 고귀한 존재들이었습니다. 지도자들은 침략과 전쟁 같은 국난이 없도록 그래서 더 이상 의병과 용병이 나오지 않도록 노력했어야 합니다. 그리고 역사는 되풀이될 수 있음도 잊지 말아야 할 것입니다.

짜이를 언제부터 마시기 시작했을까요?

한국인의 커피 사랑은 해를 거듭할수록 깊어가고 있습니다. 커피는 술, 담배와 함께 3대 기호 식품 중의 하나로 다소 중독성이 있으며 수면 방해 및 위장 장애를 유발하며 탈수 현상을 일으킬 수 있는 부작용도 있지만, 적당한 섭취는 심혈관 질환 개선에 도움이 되고, 향기도 좋아 남녀노소 사랑받는 대중적인 기호 식품이 되었습니다. 우리의 커피 역사는 대한제국 시절로 거슬러 올라가는데, 커피 애호가였던 고종 황제는 덕수궁 안의 정관헌에서 커피를 즐기셨다고 합니다. 일제 강점기 그리고 독립 직후 커피는 인텔리 계층을 중심으로 다방에서 소비되다가 1976년 커피 믹스 출시, 1978년 커피 자판기 등장, 1987년 커피 수입의 자율화 등을 거치며 대중화되었습니다. 커피를 즐긴 역사는 길지 않지만 국내 커피 시장의 규모는 점점 커지고 있고, 커피 소비량 역시 전세계 평균 커피 소비량과 비교해 두 배 이상 높을 만큼 커피는 이제 우리 일상에서 떼려야 뗄 수 없는 한 부분이 되었습니다.

한국인의 커피 사랑처럼 인도에는 뜨거운 짜이chai 사랑이 있습니다. 짜이는 인도인들의 일상에서 빼놓을 수 없는 매우 중요한 부분으로, 인도인들에게 짜이는 하루를 시작하는 아침에 에너지를 주는 연료이며, 하루의 중간중간 숨을 고르게 하는 쉼표이자, 긴 하루의 끝에 집에서 즐기는 휴식입니다.

짜이는 차茶를 음역한 단어로 원래 차 음료 또는 차나무를 포괄적으로 뜻하는 단어이지만, 인도에서 '짜이' 또는 '차이'라고 하면 일반적으로 진하게 우려낸 홍차에 설탕과 우유를 넣은 이른바 인도식 밀크티를 가리킵니다. 짜이는 오늘날 명실공히 인도를 대표하는 음료로, 세계적으로도 널리 알려져 있습니다. 한국에서도 프랜차이즈 커피전문점을 물론 편의점이나 마트에서 '차이', '차이 티'와 비슷한 이름으로 소개되어 있어, 인도에 전혀 관심이 없는 사람들도 짜이 또는 차이를 한 번쯤은 들어보았을 것입니다.

　인도인들의 일상에서 빼놓을 수 없다 보니 많은 사람이 짜이가 아주 오래전부터 이어 내려오는 전통 음료라고 생각하기도 합니다. 그렇지만 의외로 짜이의 역사는 생각만큼 길지 않습니다. 짜이의 역사는 영국 식민지 시대부터 시작합니다. 당시 영국인들은 차에 푹 빠져 있었습니다. 사치품으로만 인식되던 차가 산업혁명 이후 형성된 중간 계층에게 스며들며 차 문화가 확산되었습니다. 영국인들은 막대한 경제적 이익을 창출할 수 있는 차를 재배할 수 있는 식민지를 원했습니다. 시장을 독점하는 중국을 대체할 공급지를 찾던 영국은 인도 북동부의 아쌈 지역이 차 재배에 적합하다는 사실을 발견합니다. 1820년대 초 인도 동인도회사의 적극적인 공세로 아쌈에서 대규모로 차를 생산하기 시작합니다. 이때 아쌈의 차나무가 영국의 또 다른 식민지였던 실론(오늘날의 스리랑카)에 전해지면서 실론티가 만들어졌답니다. 또한, 중국의 차나무 종자를 얻어 인도 북동부 다르질링Darjeeling 지역에서 재배하게 됩니다. 홍차에 관심이 있다면 익숙한 아쌈 홍차와 다르질링 홍차가 바로 이렇게 시작된 것입니다. 19세기 영국에서 소비되는 차의 90% 이상이 중국산이었으나, 20세기에 접어들면서 인도산과 스리랑카산이 이를 대체하며, 아쌈은 세계에서 가장 중요한 차 생산 지역 중 하나가 되었습니다. 오늘날에도 여전히 인도는 중국과 차 생산량 1~2위를 다투는 차 산지입니다. 인도의 주요 차 생산 지역은 아쌈, 아루나짤쁘라데시Arunachal Pradesh, 씩낌, 나갈랜드, 웃따라칸드, 마니뿌르, 미조람, 메갈라야Meghalaya, 뜨리뿌라Tripura, 따밀나두, 까르나따까 등입니다. 인도의 차 재배, 가공, 수출 등은 인도 차 위원회Tea Board of India라는 정부 기관에 의해 관리되고 있습니다.

　오늘날 인도는 세계 최대의 차 소비국으로, 인도에서 생산된 차의 70% 이상이 인도 내에서 소비되지만, 초기에는 인도 내에서 소비되는 양이 거의 없었다고 합니다. 그러던 중 20세기 초 인도 차 협회Indian Tea Association는 인도인 노동자들의 처우를 개선하는 방안으로 휴식시간인 티 브레이크Tea Break를 제공하도록 장려하는 홍보 정책을 펼쳤습니다. 티 브레이크가 바로 짜이의 탄생에 결정적인 역할을 하게 됩니다. 차 생산 과정에서 상품으로 팔기에는 조금 품질이 떨어지는 찻잎들이 나오기 마련입니다. 이렇게 상품 가치가 떨어지는 찻잎은 인도인 노동자들 몫이 되었습니다. 이 찻잎을 끓여 영국인들처럼 약간의 우유와 설탕을 넣었을 때는 어딘가 조금 밋밋하던 것이 향신료를 듬뿍 넣으니, 웬걸? 인도인들의 입맛에 딱 맞았던 것이지요. 향신료를 추가한 이유가 품질이 낮은 찻잎의 맛을 덮기 위해서라는 분석도 있습니다. 고대부터 인도에 차나무가 자생했지만, 찻잎이 음료의 재료가 아니라 다른 향신료들처럼 전통 아유르베다Ayurveda에 따른 약재의 한 종류로 분류되었다고 합니다. 따지고 보면 차와 향신료의 조합은 그들에게 맛의 문제 이상으로 아주 자연스러운 것이었을 수 있습니다. 이렇게 노동자들을 중심으로 짜이의 대중화가 이루어집니다.

　인도 전역에 지어지던 기차역에 짜이를 파는 짜이왈라들이 등장하기 시작한 것도 이때입니다. 짜이왈라들이 끓여내는 짜이는 우유와 설탕의 비율이 늘고 찻잎의 비율이 줄어 우리가 아는 강한 단맛의 음료가 됩니다. 원가를 줄이기 위했든 단맛을 선호하는 인도인의 기호를 반

짜이를 파는 짜이왈라

영했든 간에 진하게 끓여낸 뜨거운 짜이의 달콤함은 인도인 노동자들의 고됨을 달래는 위로가 되었음이 분명합니다.

    인도에서는 길을 걷다 보면 짜이를 파는 매점이나 노점상을 쉽게 만날 수 있습니다. 아니, 오히려 짜이를 팔지 않는 매점을 찾기가 어렵고, 사람들이 모이는 길목에는 짜이를 파는 짜이왈라가 있을 확률이 높다는 표현이 더 정확할지 모릅니다. 학교나 직장 내 모임에서 짜이를 한 잔씩 마시고 싶다면, 하던 일을 멈추고 멀리까지 나갈 필요 없이 근처의 짜이왈라에게 전화 한 통만 하면 커다란 주전자를 들고 와 따뜻한 짜이를 따라 줍니다. 요즘 대도시에는 스마트폰 앱을 통해 배달 서비스를 제공하는 짜이 전문 브랜드도 생겼답니다. 기차 여행에서도 짜이가 빠질 수 없는데, 기차가 역에 정차하면 짜이왈라들이 커다란 주전자나 보온물통을 들고 올라타서는 외칩니다. "짜이짜이 가람짜이(짜이요 짜

6 오늘날의 인도는 영국이 만들었다? | 169

이요, 뜨거운 짜이요)."

　짜이는 아주 달기 때문에 일반적으로 그리 크지 않은 작은 컵에 마십니다. 유리잔이나 커피잔, 속이 훤히 비치는 얇은 플라스틱 일회용 컵 등을 사용하며, 점토를 초벌로 구워 만든 일회용 토기를 사용하기도 합니다. 짜이를 다 마시고 이 일회용 토기를 깨트리는 것도 인도에서 할 수 있는 재미난 경험입니다.

　짜이를 만드는 방법은 그리 어렵지 않습니다. 짜이를 만드는 데에는 홍차(찻잎), 우유, 물, 설탕, 그리고 가장 핵심이 되는 향신료가 필요합니다. 향신료를 힌디어로 '마살라^{masālā}'라고 하기에 짜이는 다른 말로 '마살라 짜이$^{masala\ chai}$'라고도 불립니다. 짜이에 들어가는 향신료는 일반적으로 카다멈(일라이찌), 계피, 생강(아드락), 팔각, 후추, 정향 등이 있습니다. 짜이를 홍차에 우유를 섞은 일반적인 밀크티가 아니라 '인도식' 밀크티로 만들어 주는 것도 바로 이들입니다. 어떤 향신료를 얼마만큼 넣을지는 짜이를 끓이는 사람마다 다릅니다. 인도인들은 고유의 짜이 레시피를 가지고 있으며, 날씨나 기분, 함께 곁들이는 음식 등에 따라 향신료의 조합이 달라질 수 있습니다. 이를 테면 "오늘은 비도 오고 몸도 찌뿌둥하니 조금 더 달게 마시고 싶어." 이런 식으로 말이죠.

　냄비나 주전자에 물을 조금 넣고 끓이다, 물이 끓으면 불을 중간 세기로 줄인 뒤 찻잎을 넣습니다. 이때 센 불에서 너무 오래 끓이면, 짜이에서 쓴맛이 날 수 있습니다. 1~2분 정도 가볍게 끓인 뒤 미리 손질하여 둔 향신료를 넣어줍니다. 향신료를 넣고 잘 섞은 다음 우유를 넣습니다. 이때 우유가 끓어 넘치지 않도록 주의 깊게 지켜봅니다. 물과 우유의 비율은 개인의 취향에 따라 조절 가능한데, 물을 넣지 않고 우유에 바로 끓이기도 합니다. 처음부터 욕심내어 너무 많은 향신료를 넣지 않는 것이 중요합니다. 우유를 넣은 뒤에 맛을 보고 부족하다면 얼마든지 추가할 수도 있습니다. 우유를 넣은 뒤 충분히 끓였다면 체에 거릅니다. 설탕은 다 끓인 짜이를 컵에 따르고 나서 넣기도 하고, 향신료와 함께 미리 넣기도 합니다. 만약 찻잎을 끓이고 걸러 내는 과정이 번거롭다면 티백을 사용하면 됩니다. 인도 슈퍼마켓 어디에서나 짜이를 끓이기 위한 홍차 티백을 구할 수 있으니 주방을 사용하기 곤란한 상황이라도 걱정할 필요가 없습니다. 믹스커피라 불리는 인스턴트 커피처럼 가루로 만들어진 인스턴트 짜이가 있어서 언제든지 간편하게 짜이를 즐길 수 있답니다.

인도인들은 한여름에도 짜이에 얼음을 띄어 마시지 않고 뜨거운 짜이만을, 마치 얼죽아(얼어 죽어도 아이스 아메리카노)처럼 쪄죽뜨(쪄 죽어도 뜨거운 짜이)를 마십니다. 후덥지근한 무더운 여름 어느 노천, 하루 수 차례 뜨거운 짜이를 즐기는 그들이야말로 진정으로 이열치열을 즐길 줄 아는 자들 같습니다.

왜 크리켓에 열광할까요?

스포츠에서 상대방과의 객관적인 전력차가 있음에도 불구하고 최선을 다한 모습에 우리는 "졌잘싸(졌지만 잘 싸웠다.)"라고 말합니다. 비록 경기에서는 졌지만 훌륭하고 수준 높은 경기력을 보여준 선수들을 향한 일종의 칭찬과 격려의 메시지입니다. 그러나 이 '졌잘싸'가 통용되기 힘든 경기가 있으니, 바로 축구 한일전입니다. 일본은 언제부터인가 숙명의 라이벌이 되었고, 우리는 그들과의 경기에서 강한 정신력을 바탕으로 어떻게든 이겨야만 하는 상황이 되었습니다. 한일전은 경기 결과에 따라 누군가는 영웅이 되거나 역적이 되는 어마무시한 대첩이 아닐 수 없습니다. 이는 아무래도 두 나라 간의 역사적인 감정적 요인 때문에 생긴 당연한 결과일지도 모릅니다. 이처럼 지구상에는 한일전처럼 역사적이거나 종교적인 갈등으로 탄생한 영국대 아일랜드, 러시아대 폴란드, 브라질대 아르헨티나, 이라크대 이란, 인도대 파키스탄 등 엄청난 열기를 뿜어내는 더비 매치가 많습니다. 특히 인도와 파키스탄 간의 크리켓 경기는 평균 시청률이 90%가 넘을 정도로 그 열기는 정말 뜨겁다 못해 데일 것 같습니다. 크리켓은 우리에게는 다소 낯설지만, 인도와 파키스탄 양국에서 타의 추종을 불허하는 가장 사랑받는 스포츠입니다.

인도는 2023년 기준 14억의 인구 대국이자 세계 5대 경제 대국이지만, 국제 스포츠 대회에서는 크게 두각을 드러내지 못합니다. 이 문제의 주요 원인으로는 재정 지원 부족, 전문적인 스포츠 인프라와 훈련 시설 부족, 교육 시스템의 부재 등이 있습니다. 그러나 무엇보다도 인도인의 크리켓에 대한 유독 강한 애정이 다른 종목에 대한 관심을 저하시키고 있는 것이 아닐까 합니다. 크리켓이 인도 스포츠 문화의 중심에 자리 잡으면서 다른 스포츠에 대한 지원과 발전이 뒤처지게 되었고, 이로 인해

크리켓 선수

다양한 종목에서 인재 발굴과 성장이 어려워지고 있는 것이지요.

크리켓은 영국에서 시작된 영국의 국기國技로, 각 11명으로 이뤄진 두 팀이 공격과 수비를 번갈아 가며, 공을 던지고 쳐서 득점을 내는 스포츠입니다. 경기장 중앙에 20미터 간격의 양쪽에 위켓이라는 나무 막대기를 세웁니다. 수비팀은 팔꿈치를 굽히지 않은 채 달려오며 공을 던지는 투수(볼러), 그 공을 받는 포수(위켓키퍼) 그리고 적당한 자리에서 타자가 친 공을 받는 수비수 9명으로 구성되어 있습니다. 그리고 공격팀은 배트를 가진 2명이 양쪽 위켓에 위치하며 플레이를 하는데, 각각 투수가 던진 공을 타격하는 타자(배트맨)와 주루 플레이를 하는 주자로 구성되어 있습니다. 타자는 투수가 던진 공을 쳐서 주자가 있는 위켓으로 뛰고, 주자는 타자가 있던 위켓으로 뛰어 1점을 만듭니다. 이때 수비는 타자가 친 공을 무바운드로 잡아 아웃시키거나 바운드 된 공을 잡아 타자나 주자가 서로 뛰어 위켓으로 들어오기 전에 위켓을 맞춰 타자를 아웃시키게 됩니다. 이외에도 투수가 공을 제대로 던져 타자의 무릎을 맞혀 아웃시키거나, 타자의 뒤에 가려진 위켓을 그대로 맞추어 아웃시킬 수도 있습니다.

크리켓의 흥미로운 규칙 중 하나는 타자가 공을 친 후에도 뛰지 않을 수 있다는 점입니다. 일반적으로 타자는 공을 친 후 주자와 함께 베이스 사이를 오가며 점수를 얻지만, 공을 친 뒤 저쪽 위켓까지 뛸 수 없다고 판단되는 상황에서는 자신의 자리에 그대로 서 있을 수 있습니다. 이러한 규칙 덕분에 타자가 아웃되지 않아 크리켓 경기가 길어지는 경향이 있습니다. 전통적인 크리켓 경기는 보통 5일 동안 진행되며, 중간에 식사를 하고 차를 마시는 등 느긋하게 경기가 이어집니다. 또한 공격팀과 수비팀이 서로 신체적으로 부딪히거나 충돌할 확률이 낮기 때문에, 크리켓은 과열되거나 낯선 신경전으로 이어지지 않는 신사적인 스포츠로 알려져 있습니다. 즉, 많은 스포츠가 역동적이고 강렬하며 신체 접촉을 통한 경쟁을 특징으로 하는 반면, 크리켓은 다소 정적이며 상대를 배려하며 인내심을 요구하는 종목입니다. 그래서 크리켓은 빨리빨리의 민족 한국인에게 다소 지루하게 느껴질 수도 있습니다. 크리켓을 좋아하는 사람이라면 경기가 일주일 넘게 이어지는 것도 크게 개의치 않겠지만, 국제 경기와 같은 상황에서는 정규 투구수를 조정해 경기 시간에 제한을 두기도 합니다. 2008년에 만들어진 IPL은 일 년에 60경기만 치르는데, 경기당 선수 평균 연봉은 NBA 선수 다음이고, 인도 내 경기당 시청자 수는 1억 7천만 명이며, 전 세계 시청자는 14억 명으로 알려져 있습니다. 이 때문에 IPL의 중계권료는 3조 원에 달하며, 경기당 가치는 63억 달러로 한일전의 그 어느 경기보다 큰 액수입니다. 싸찐 뗀둘까르$^{Sachin\ Tendulkar}$는 신상과 사원이 건립될 만큼 어마어마한 팬덤을 가진 전설적인 선수로, 그의 재산은 1억 5천만 달러라고 합니다. 또한 현재 IPL 최고의 타자로 꼽히는 비라뜨 꼬흘리$^{Virat\ Kohli}$도 9천 2백만 달러에 달하는 재산을 가지고 있습니다. 무엇이 이토록 인도인들을 크리켓에 열광하게 할까요?

크리켓은 축구, 하키와 함께 영국에 의해 인도에 소개된 스포츠입니다. 영국인들은 정해진 규칙에 따라 복종하며 경기를 즐기는 문화를 가르치려는 목적으로 신사의 게임인 크리켓을 전파했습니다. 상류층 인도인들은 영어를 통해 영국인들과 소통하며 신문물을 받아들인 것처럼, 크리켓을 매개로 그들과의 관계를 유지하고 교류하고자 했습니다. 더욱이 크리켓은 신체적 조건이 승패에 큰 영향을 미치는 다른 스포츠와 달리, 왜소하거나 힘이 약하더라도 민첩성과 기술만 있다면 이

아흐메다바드(Ahmedabad)에 위치한 세계 최대 크리켓 경기장, 나렌드라 모디 스타디움 (Narendra Modi Stadium)

길 수 있는 가능성을 제공했습니다. 무엇보다 며칠 동안이나 땡볕에서 버티며 인내를 요구하는 것이 인도인에게는 어려운 일이 아니었을 뿐만 아니라, 무엇보다도 카스트 또는 종교 간 신체접촉을 거리끼는 인도의 문화에 잘 맞아떨어졌습니다. 영국인이 던진 공을 '딱' 쳐낼 때의 성취감과 희열은 말로 표현할 수 없을 만큼 컸습니다. 인도의 여러 지역에서 크리켓 팀들이 결성되었고, 인도인들은 이들 중 어느 팀이라도 영국과의 시합에서 이기기를 한 마음으로 바라게 되었습니다. 당시 인도는 모든 분야에서 영국을 앞지를 수 없었습니다. 그러나 크리켓 경기에서 영국은 충분히 이길 수 있는 대상이었습니다. 이러한 마음을 바탕으로 크리켓은 인도의 다양성을 하나로 묶는 매개체가 되었습니다.

독립 이후, 크리켓의 인기는 한때 하키에 밀리기도 했으나, 1982년 컬러 TV의 보급과 1983년 영국에서 개최된 크리켓 월드컵 우승을 계기로 제2의 중흥기를 맞이하게 됩니다. 특히 파키스탄과의 경기에서는 인도인 모두가 하나로 뭉쳤습니다. 크리켓은 인도인들에게 감정적 결속력을 제공하며 국가에 대한 애착과 정체성을 형성하는 데 기여했습니다. 다양한 인도를 한 순간이라도 하나로 만들 수 있는 것은 오직 크리켓뿐입니다. 크리켓은 누구에게나 공과 배트만 있으면 참여할 수 있는 스포츠로, 정해진 규칙 아래에서 모두가 공정하게 대우받습니다. 이는 계층과 계급으로 나누어진 사회에서 신분 상승의 길을 제시하며, 인도가 세계에서 가장 잘할 수 있는 스포츠입니다. 그 경기장에서는 상대가 누구든, 공을 던지면 나는 그 공을 '딱' 치는 주인공이 될 수 있습니다.

왜 인도와 파키스탄은 분리되었을까요?

대한민국 헌법 제3조에는 "대한민국의 영토는 한반도와 그 부속 도서로 한다."고 적시되어 있습니다. 남북으로 나뉜 상태이지만 우리는 분리를 원하지 않았습니다. 일본이 한반도에서 물러가고 패전국의 식민지인 우리나라는 승전국인 미국과 소련이 나누어 신탁통치를 한다고 규정한 것 때문에 남한과 북한으로 나눠진 상태입니다. 그래서 우리나라는 언젠가 하나가 될 것이나 현재는 나뉜 상태에 있는 분단 상태로 있는 '분단국가'입니다.

그러나 인도와 파키스탄은 분단국가가 아닙니다. 자신들이 국가의 장래를 논의하고 긍정적이든 부정적이든 스스로 결정한 분리 독립국가입니다.

1939년 9월 1일 독일의 폴란드 침공으로 시작한 세계대전은 1945년 8월 15일에 일본이 항복함으로써 끝이 났습니다. 인도는 영국의 식민지였고 우리나라는 일본의 식민지였습니다. 전쟁이 끝나고 일본은 패전국이었기 때문에 우리나라에서 철수하였지만, 영국은 승전국이었기 때문에 철수가 아니라 인도와의 관계 정리를 시작했다고 볼 수 있습니다.

    제2차 세계대전이 일어났을 때, 영국은 연합군으로 참전했습니다. 그런데 '영국이 전쟁의 당사자가 되었으니 식민지인 인도 역시 전쟁의 당사자다'라고 영국정부가 선언하자 이에 대한 인도인들의 반발이 심했습니다. 우리나라는 일본이 주축국으로 제2차 세계대전의 당사자이므로 우리 역시 주축국의 일원으로 전쟁에 참여해야 한다고 선언했을까요? 영국은 식민지 인도에 대의제를 도입하여 INC를 비롯한 여러 당에서 입후보자를 내고 선거에서 다수 의석을 차지한 당이 중앙과 각 주의 정부를 구성했습니다. 그러니 영국은 인도 역시 참전하여 연합군을 도와야 한다고 한 것입니다. 그런데 일본은 우리가 정부에 참여하는 대의제를 시행하지 않았습니다. 그러니 당연히 우리 국민의 대표가 존재하지 않았습니다. 그래서 일본은 우리의 동의를 구하는 절차 없이 조선의 물자와 인력을 전쟁에 투입했습니다. 그리고 전쟁에서 패하자 아무런 절차 없이 철수했기 때문에 정권 이양이라는 절차 자체가 없었던 셈입니다.

인도와 파키스탄을 나누는 와가-아따리 국경 검문소(Wagah-Attari border checkpoint)에서 매일 열리는 국기 하강식

영국은 제2차 세계대전에 인도를 참전시키기 위해 1942년 3월 국방장관인 크립스$^{Stafford\ Cripps}$를 인도에 파견하여 크립스제안$^{Cripps\ Proposals}$을 합니다. 당시 인도는 완전한 독립을 추구하고 있었는데, 크립스제안의 핵심은 영국 연방 내의 자치국 지위를 인도에 부여하겠다는 것이었습니다. 그러니 INC는 이에 전적으로 반대하면서 영국은 '이제 인도를 떠나라$^{Quit\ India}$'라고 선언하면서 반영운동의 기치를 높였습니다. 전인도무슬림연맹$^{All-India\ Muslim\ League:\ AIML}$에서도 이 제안이 파키스탄을 승인하지 않았다는 이유로 반대했습니다. 크립스제안으로 인도인의 합의를 끌어내지 못한 영국은 결국 인도를 전면적으로 참전시키지 못했습니다.

제2차 세계대전은 공식적으로 1945년 8월 15일에 끝났지만, 유럽에서는 1945년 5월 7일에 독일이 연합군에게 항복하고 히틀러가 사망함으로써 전쟁이 끝났습니다. 이때 인도 총독인 와벨$^{Archibald\ Wavell}$은 인도의 장래 문제 논의를 위해 런던으로 갔습니다. 런던에서 논의된 '인도의 장래' 계획이 바로 1945년 6월에 발표된 와벨계획안$^{Wavell\ Plan}$입니다. 와벨계획안의 주요 내용은 각 정치단체 대표들이 지명한 인물로 총독집행위원회를 다시 구성하고, 이 총독집행위원회를 중심으로 인도의 장래를 논의한다는 것입니다.

그런데 이 총독집행위원회 구성을 논의할 때 각 정당의 대표들이 지명한 인물로 구성하는 방안 자체에서부터 충돌이 일어났습니다. 각 정당에서 지명하는 인적 배분에는 무슬림, 씨크 등 종교적 대표 배정이 있었는데, AIML은 무슬림에 배정된 위원은 모두 자신들이 추천하는 인물이어야 한다고 주장했습니다. 무슬림을 대표하는 정당이니 이러한 주장이 무리는 아닌 것처럼 보입니다. 그런데 INC는 종교와 상관

없이 구성된 단체이지만, 당시 INC에서 대표로 파견한 사람은 무슬림 인 마울라나 아자드Maulana Azad였습니다. 일부에서 INC는 '힌두를 대표 하는 단체'라는 비난도 있었기 때문에 INC 역시 무슬림 대표를 지명할 수 있어야 종교와 무관한 단체라는 위상이 지켜지는 셈이었던 것입니다. 그래서 총독집행위원회의 무슬림 위원의 배정에 대해 전인도무슬림을 대표한다는 명분을 지켜야 하는 AIML, 종교와 상관없이 전체 인도를 대표한다는 명분을 지켜야 하는 INC 모두 한발도 물러설 수 없게 되고, 결국 아무런 결실도 없이 와벨계획안은 무산됩니다.

계획안이 무산되자 인도 총독 와벨은 1945년과 1946년에 걸쳐 중앙과 지방정부의 의원 선거를 실시하고 그 후에 헌법 제정 위원회를 구성하여 이를 바탕으로 총독집행위원회를 구성하겠다고 발표합니다. 인도 정치인들이 이 발표를 수용한 것은 아니지만 그래도 선거는 시작됩니다. 선거가 시작되면 흔히 볼 수 있는 양상이 무엇일까요? 자신들의 장점을 내세우고 상대방의 단점을 비판하는 것이 아닐까요? 그래서 선거철이 되면 지역 감정, 종교 갈등이 극대화되는 현상이 벌어집니다. 인도의 경우 힌두와 무슬림의 대립이 격화되고 있던 시기에 식민지 인도의 마지막 선거가 실시됩니다.

공식적인 입장으로는 영국 정부가 INC와 AIML의 화합을 도모했으나 실패했다고 합니다. 그러나 한편으로 생각하면 '두 단체가 합의하지 못하고 있으니 선거로 결정하자'는 발표의 결과는 이미 예상된 것이라고 볼 수 있습니다. 선거를 실시한다는 발표 후에 입후보자를 선출하고, 선거 운동을 하는 기간을 거쳐 투표를 실시하는 것이 일반적인 선거 절차입니다. 이 기간에 무슬림 대표들은 그들의 주장, 즉 인도의 무슬림은 인구 구성으로 보면 소수이기 때문에 '인도 무슬림의 안전과 미래 보장'을 주장하며, INC는 힌두 정당이나 다름없다는 요지의 선거전을 펼칩니다. INC는 '독립 후 인도는 종교 자유국가 될 것이므로 무슬림의 요구는 무의미한 갈등만 일으키는 것'이라는 내용을 중심으로 선거 운동을 합니다. 그러므로 식민지 인도에서 치러진 마지막 선거는 힌두와 무슬림의 쌍방 공격이 격화되고 대립하는 두 단체의 주장으로 편 가르기가 더욱 극명해졌습니다.

영국 정부는 이러한 갈등 속에서 또다시 합의 도출이라는 명분을 앞세워 1946년 3월 24일 각료사절단$^{Cabinet\ Mission}$을 인도에 파견하여 5월 16일에 제안서를 발표합니다. 제안서의 골자는 '영국은 1948년 6월 30일에 인도에서 철수할 것이며 이를 위해 마지막 총독으로 마운트배튼$^{Lord\ Mountbatten}$을 임명한다'는 것입니다.

일단 영국이 인도에서 철수한다는 것은 매우 희망적인 제안입니다. 인도인들이 반영 운동을 하는 목표가 영국이 인도에서 떠나고 인도인들 스스로 완전한 독립 국가를 만드는 것이기 때문입니다. 마운트배튼 총독은 AIML의 대표인 진나$^{Muhammad\ Ali\ Jinnah}$와 네루를 비롯한 INC 지도부와 만나 인도의 장래에 대해 논의했다고 합니다. 진나는 '파키스탄 독립을 포기할 의사가 추호도 없다'라고 주장했습니다. 한편으로, 네루, 빠뗄$^{Vallabhbhai\ Patel}$ 등의 INC 지도부는 AIML의 파키스탄 분리 요구를 해결하기 위해 영국으로부터의 독립을 미루고 싶지 않았을 것입니다. 왜냐하면 INC의 우선적 목표는 영국으로부터의 독립이었기 때문입니다. 그런데 다수결 원칙을 근간으로 하는 대의제 정부 형태의 독립은 무슬림이 인도에서 평등한 권리를 누리기 어렵다는 우려를 낳고 있었습니다. 그래서 무슬림 정치인들은 이 우려를 해결하는 것이 독립보다 더 중요하다고 느끼고 있었습니다. 왜냐하면 '영국에서 독립하여 힌두의 지배를 받는 무슬림'이라는 위기의식이 강했기 때문입니다.

진나가 파키스탄과 인도를 분리하여 각각의 나라로 독립하자고 주장했을 때 네루는 '왜 두 개의 국가인가? 종교에 근거해 분리해야 한다면 인도 내에는 수많은 국가가 있어야 한다.'고 비판했습니다. 네루의 이러한 주장도 타당성이 있습니다. 한 지역에 힌두, 무슬림, 씨크 등 여러 종교를 가진 사람들이 함께 살고 있었던 것이 사실이기 때문입니다. 다만 현재 파키스탄 영토인 인도 서북지역과 현재 방글라데시 영토인 동벵갈 지역은 무슬림이 다수인 지역이고 다른 지역들은 대부분 힌두가 다수인 지역이라는 차이가 있을 뿐, 힌두가 다수인 지역에도 무슬림과 씨크교도가 살고 있었고, 무슬림이 다수인 지역에도 힌두와 씨크교 등 다양한 종교를 가진 사람들이 함께 살고 있었으니까요.

무슬림들이 모두 파키스탄 분리 독립을 원한 것일까요? 힌두들이 무슬림과 한 나라에서 살기를 싫어한 것일까요? 인도와 파키스탄은 힌두와 무슬림이 원해서 분리된 것일까요? 이에 대한 다양한 답이 나올 수 있지만, INC는 '독립'이 우선이었고, AIML은 '소수인 무슬림의 장래'가 우선이라는 두 단체의 목표가 달랐던 것이 요인이라고 할 수 있을 것입니다. 그래서 결국 인도와 파키스탄은 각기 다른 나라로 분리하여 독립한 국가입니다.

그것이 분단이든 분리이든 그것이 이념이든 종교이든, 비극의 시작은 각자가 지키고 싶었던 믿음과 신념 그리고 서로에 대한 불신과 반목에서 시작하였고, 지금도 그 상처는 아물지 않은 채 갈등의 골은 깊어만 가는 것 같습니다. 그렇다고 다름을 존중하지 않는 하나일 필요는 없어 보이기도 합니다.

왜 힌두와 무슬림의 갈등이 생기나요?

우리나라 포털 검색창에 '힌두 무슬림' 다섯 글자를 넣고 검색하면 힌두와 무슬림이 충돌하여 벌어진 사태에 대한 보도가 주를 이루고 있습니다. 인도 땅에 무슬림이 살기 시작한 것은 언제부터일까요? 둘 사이 갈등은 어떻게 생기게 되었을까요?

이슬람교는 7세기 초에 아라비아의 예언자 무함마드^{Muhammad}에 의해 완성된 종교입니다. 이슬람의 뜻은 신에 대한 복종이며, 이슬람교의 신도는 무슬림이라고 합니다. 우리나라에서는 이슬람교를 회교回敎라고 부르기도 합니다. 이슬람교가 중국으로 세력을 확장하면서 중국의 위구르족(회흘족)을 통해서 전래했기 때문에 회회교回回敎, 청진교淸眞敎, 회교라고 불렀고 이것이 우리나라로 들어오면서 '회교'라 칭하게 된 것인데요. 지금은 대부분 이슬람교라는 명칭을 사용하는 편입니다.

이슬람국 혹은 이슬람 왕국을 칼리페이트^{Caliphate}라고 하고, 통치자는 칼리프^{Caliph}라고 부릅니다. 우마이야 왕국$^{Umayyad\ Caliphate}$의 장군인 까심$^{Muhammad\ bin-al-Qasim}$이 711년에 인도 서북부 씬드^{Sindh}를 정복했습니다. 이것이 이슬람국의 첫 인도 침입입니다. 이후 압바스 왕국$^{Abbasid\ Caliphate}$, 가즈나 왕국$^{Ghaznavid\ Caliphate}$, 구리 왕국$^{Ghurid\ Caliphate}$ 등이 잇따라 인도에 침입했는데, 이들이 인도를 완전히 정복한 것은 아닙니다. 침략한 지역을 지배할 장군을 총독으로 남겨두고 물러가거나 조공을 바칠 것을 약속받고 물러나기도 했습니다. 초기에는 아랍과 연결되는 서북지역을 주로 공격했으나 점차 그 세력이 델리와 벵갈까지 뻗어나갔습니다. 그렇게 침공이 반복되면서 북인도에 이슬람 세력이 확대되었습니다.

아라비아에서 구리 왕국이 쇠퇴하자 라호르에 총독으로 남아 있던 아이박Qutb al Din Aybak이 본국으로부터 독립하여 자치를 선언하고 1206년에 술탄Sultan을 선언했습니다. 술탄은 통치, 통치자를 의미하는 용어이며 칼리프 왕국보다는 하위 개념이지만 칼리프의 영향력을 벗어난 독립적 이슬람 왕국을 의미합니다. 1206년부터 1526년까지 델리를 중심으로 5개의 술탄이 북인도를 지배했기 때문에 이 시대를 '델리 술탄국Delhi Sultanate 시대'라고 합니다. 그리고 1526년에 델리

꾸뜹 아이박에 의해 착공(1199년), 그의 사위인 일뚜뜨미슈에 의해 완성된(1220년) 델리의 꾸뜹 미나르

술탄을 밀어내고 무갈 제국이 건설됩니다. 바부르Babur, 후마윤Humayun, 아끄바르Akbar, 자항기르Jahangir, 샤 자한Shah Jahan, 아우랑제브 등의 황제들에 의해 남인도 일부 지역까지 무갈 제국의 영토가 되었습니다.

    이 과정에서 지배자들에 의해 이슬람교가 전파되었습니다. 기존의 사원이 무너지고 이슬람 사원이 세워졌으며, 건축, 예술, 문학 등 이슬람 문화가 융성했습니다. 그러니까 인도에서 발생한 종교가 아닌 외래 종교의 영향이 일상생활에 많이 스며들었던 것이지요. 대대로 그 땅에 살고 있던 인도인들에게 외래 종교 문화에 대한 거부감이 없지 않았습니다. 한편 무슬림들은 다신교인 인도 토착 종교들을 부정하는 태도를 보이기도 했습니다. 그렇다고 인도 땅에서 무슬림과 힌두의 대립이

초기부터 두드러진 것은 아닌 것으로 보입니다. 특히 아끄바르는 힌두 왕비를 맞아들였고, 그녀의 아들인 자항기르가 제위에 오르기도 했을 정도로 어느 정도 융화의 모습도 보였습니다.

아우랑제브 이후 무갈 제국이 약해지면서 지방에 소왕국들이 생겼는데, 이 무렵 영국의 인도에 대한 식민지 확장정책이 본격화됩니다. 소왕국들끼리 전쟁이 일어나면, 영국은 그 어느 한쪽 편을 지원하고 전쟁이 끝나면 자신들이 지원했던 대가로 영토를 할양받기도 하고, 자신들을 지지할 인물을 왕으로 세우기도 했습니다. 소왕국들은 힌두 왕국도 있었고 이슬람 왕국도 있었습니다. 영국은 일방적으로 힌두의 편을 들거나 무슬림의 편을 들지는 않았습니다. 영국의 입장에서 유리한 편을 골라 때로는 힌두 왕국을, 때로는 이슬람 왕국을 지원했고, 힌두 왕국끼리 혹은 이슬람 왕국끼리 전쟁을 할 때도 같은 전략으로 자신들의 이익을 위해 어느 한 편을 지원한 것입니다.

1858년에 무갈의 마지막 황제가 폐위되고 영국의 국왕이 직접 지배를 시작하면서 인도의 통치법을 여러 번 개정했습니다. 인도 민족주의자들이 '인도인의 식민지 정부 참여'를 요구하자 영국은 인도에 지방자치제, 선거제 등을 도입하여 대의제를 시행했습니다. 대의제는 다수결 원칙을 바탕으로 하는 것이지요. 그러니 인도 인구 전체로 볼 때 1/3 수준도 안 되는 무슬림은 일반적인 대의제를 도입하면 힌두에 비해 불리해질 거라고 주장했습니다. 이에 영국은 '소수집단 보호'라는 이름으로 분리선거제를 도입했지요. 일종의 할당제 같은 것인데, 일반선거구에는 누구나 출마할 수 있지만, 무슬림 분리선거구는 무슬림만 출마하여 반드시 무슬림이 당선되게 하는 것입니다. 이렇게 종교에 따른 분리선거제가 실시되자 씨크교 역시 분리선거권을 요구했고, 불가촉천민 역시 분리선거권을 요구했습니다. 그러나 분리선거제 실시는 주로 힌두와 무슬림이 대립하는 양상으로 전개되었습니다. 영국은 인도에서 때로는 무슬림에게 유리한, 때로는 힌두에게 유리한 정책을 폈습니다. 어떤 정책이든 힌두와 무슬림은 상대를 비난하면서 자신들에게 더 유리한 정책이 채택될 수 있도록 영국에 협조하게 되었습니다.

한편으로 서구 제국주의 세력이 인도에 들어온 이후, 인도 역사에 관한 연구가 본격화되었고, 무슬림이 인도에 왕조를 건설하면서 힌두 사원을 파괴하고 종교 문화를 변화시킨 측면을 강조했습니다. 그렇다 보니 무슬림 왕조의 영웅은 힌두 사원과 문화를 파괴한 '힌두의 적'이 되었고, 다시 힌두 왕조가 건설되면서 힌두 왕조의 영웅은 무슬림을 학살하거나 억압한 '무슬림의 적'이 되었습니다.

힌두와 무슬림의 갈등은 점점 증폭되어 결국 영국으로부터 독립하면서 이슬람 국가인 파키스탄이 분리 독립했지요. 인도인들은 영국으로부터 독립했다는 기쁨보다 파키스탄이 분리 독립하면서 생긴 고통에 대한 기억이 더 강하게 남아 있을지도 모릅니다. 그래서 싸움이 일어났을 때 둘 다 무슬림이거나 힌두인 경우 둘만의 싸움에서 끝이 날 수 있지만, 힌두와 무슬림이 싸웠을 경우에는 종파 갈등으로 확대되기도 합니다.

이처럼 현대의 갈등은 자연발생적이거나 원래 그런 감정이 있었던 것이기보다는 정치·경제적 이익을 위해 조장되는 경향이 있습니다. 우리나라에서도 선거 시기가 되면 지역 갈등, 경제적 계층 갈등이 훨씬 심해지는 것도 그러한 이유 때문입니다. 정권을 잡기 위해 자신들에게 유리한 지역 편향 발언을 일삼기 때문에 소외, 차별 인식이 확산되는 것입니다.

인도의 현재 집권당은 힌두민족주의를 당의 주요 기조로 삼고 있는 BJP입니다. 그래서 힌두를 중심에 두고 무슬림을 소외시키는 양상의 정책을 펴고 있다고 해도 과언이 아닙니다. 식민지 시대는 물론 지금까지 힌두와 무슬림은 대립과 갈등의 불씨를 안고 살고 있는 셈인데, 집권당이 '힌두 중심'을 외치고 있기에 힌두와 무슬림의 대립이 증폭될 가능성이 큰 상태라 할 수 있습니다. 정당의 목표는 집권입니다. 그러나 집권도, 권력도 국민을 위한 것임을 자각할 필요가 있겠지요. 갈등을 조장하고, 일부 지역이나 계층을 소외시키는 정당과 정책은 민주주의에 어긋나는 것임을 재고할 필요가 있을 것입니다.

7
인도는 종교의 나라다?

힌두교는 포용적일까요? / 왜 자이나교 승려는 하늘을 입을까요? / 왜 인도에는 불교도가 적을까요? / 왜 씨크는 터번을 쓰고 다닐까요? / 왜 조로아스터교도가 인도에 가장 많을까요?

힌두교는 포용적일까요?

종교들은 각기 독창적인 성격을 갖고 있고 그 특징도 다양할 것입니다. 아주 옛날 우리나라에서는 곰, 호랑이, 특정 나무, 돌 등을 숭배하는 경향이 있었다고 합니다. 단군왕검 신화에 나오는 곰이나 호랑이 이야기도 일종의 부족 신앙을 의미하는 것으로 볼 수 있는 것이지요. 이러한 부족 혹은 씨족 단위의 특정 동식물이나 물건을 숭배하는 양상은 시대가 흐르면서 다양한 형태의 종교로 자리를 잡았습니다. 이러한 종교를 큰 범주로 나눈다면 어떻게 나눌 수 있을까요? 가장 흔한 구분이 유일신교와 다신교로 나누는 것이지요. 유일신교는 '오직 하나의 신'을 믿는 것이기 때문에 다른 신을 믿는 것은 인정할 수 없지요. 그래서 다른 종교를 배척하는 배타성이라는 특징을 드러냅니다. 다신교는 많은 신을 숭배하는 것이기 때문에 서로 다른 신을 믿는 종교라도 배척하는 것이 아니라 '다른 신의 첨가'와 같은 포용성을 보입니다. 우리나라의 사찰에 가서 보면 중심이 되는 대웅전에 부처님이나 관세음보살 혹은 지장보살을 모시고 있지요. 그런데 그 옆이나 뒤에는 우리나라 토속신을 모신 삼신각, 칠성각 등이 있는 경우가 많습니다. 불교는 원래 무신교이지만 점차 붓다를 숭배의 대상으로 삼고 아시아 여러 지역에 전파되면서 현지의 토속신앙과 결합하는 포용성을 보인 것이라 할 수 있습니다. 그런데 인도의 힌두교는 포용성과 배타성을 동시에 갖고 있다고 말합니다. 왜 그런 특성을 갖고 있는 것일까요?

어떤 종교를 한마디로 정의한다는 것은 매우 어려운 일입니다. 특히 힌두교의 경우는 그 정의에 대한 논란이 많습니다. 간단히 정의하자면 '힌두스탄 사람들이 믿는 종교'라 할 수 있습니다. 그러나 '힌두스탄에 사는 사람' 즉 인도에 사는 사람들이 믿는 종교를 모두 힌두교라고 한다면 인도에 살고 있는 불교, 자이나교, 씨크교는 물론 이슬람교나 기독교 등 외래 종교의 신도들도 모두 힌두가 되는 셈이지요. 그래서 독립 이전부터 무엇이 힌두교인지, 누가 힌두인지에 대한 논란이 적지 않았습니다. 어떤 사람들은 외래 종교를 제외하고 인도에서 발생한 모든 종교를 힌두교에 포함하기도 했습니다. 앞에서 언급한 것처럼 비슈누 신의 열 개의 아바따라에는 붓다가 포함되고, 어떤 사람들은 심지어 예수를 포함시키기도 한 것처럼요. 그러나 현재는 '인도에 사는 사람들이 믿는 종교 가운데 특정 교리와 종교로 분리된 것을 제외한 모든 것'이라고 정의하고 있습니다. 다시 말해 기독교, 이슬람교, 불교, 자이나교, 씨크교를 제외한 모든 믿음이 힌두교의 범주에 들어갑니다.

어떤 신을 숭배하는지에 따라 종교 의례나 행위에 차이가 있습니다. 그러나 모든 의례나 행위의 뿌리가 되는 공통점이 있습니다. 힌두교에서 이 세상은 창조와 파괴를 되풀이한다고 생각합니다. 우주가 창조, 유지, 파괴의 과정을 순환하듯이 인간의 삶도 전생, 현생, 내생으로 순환하는데, 이것을 윤회라 합니다. 윤회하는 삶 가운데 브라흐마나로 태어나기도 하고 슈드라로 태어나기도 하는데, 그렇게 높고 낮은 신분 혹은 좋고 나쁜 성품을 갖고 태어나는 기준이 되는 것은 전생에 그 사람이 했던 행위라고 합니다. 이것을 까르마, 즉 업業이라고 합니다. 선업을 많이 쌓으면 좋은 결과를 낳고, 악업을 많이 지으면 나쁜 결과를 낳는 것입니다. 무엇이 선업이고, 무엇이 악업일까요? 이 세상에는 좋은 일과 나쁜 일에 대한 보편적인 기준이 있습니다. 그런데 힌두교에서는 보편적인 기준과 함께 다르마라는 기준을 제시합니다. 카스트에 따라, 직업에 따라, 성별에 따라 지켜야 할 다르마가 따로 있습니다. 그렇다 보니 아무리 좋은 일이라 해도 상황에 따라 나쁜 일이 되어 버릴 수 있습니다. 그래서 『라마야나』에는 살아서 천상 세계에 이르기를 바라며 고행을 하던 슈드라가 다르마에 맞지 않은 행위로 인해 죽음을 맞는 이야기가 나오기도 합니다. 이처럼 힌두교에서는 자신에게 주어진 다르마에 맞는 좋은 일을 통해 선업을 쌓으면 그 결과에 따라 순서대로 브라흐마나, 끄샤뜨리야, 바이샤, 그리고 슈드라로 태어난다고 설명합니다.

힌두교는 업, 윤회, 다르마를 뼈대로 삼고 있는 종교라고 할 수 있습니다. 그런데 누구나 힌두가 될 수 있을까요? 힌두교를 믿는 힌두는 힌두교도로 태어나야 합니다. 그리고 일상의 모든 삶이 자신이 속한 카스트의 네트워크 안에서 그물처럼 얽혀있기 때문에 외부인이 힌두의 생활방식을 따라 힌두처럼 살 수는 있지만 힌두가 될 수는 없습니다. 그래서 다른 종교들과는 달리 자신들이 믿는 종교를 믿으라고 선전하는 포교나 전도가 없는 종교가 힌두교입니다. 힌두교는 매우 다양한 신을 믿는 종교이기 때문에 어떠한 신을 믿는다 해도 힌두 집안에서 태어났으면 힌두입니다. 그래서 매우 유연하고 포용성이 많은 종교임에도 불구하고 외부인에게 개방되지 않는 종교라는 점에서 매우 폐쇄적인 종교이기도 합니다.

그렇다면 힌두교로의 개종이라는 의례는 전혀 없는 것일까요? 그렇지는 않습니다. 힌두로 태어나긴 했지만 다른 종교로 개종한 사람들도 있습니다. 이렇게 개종한 이들을 힌두로 돌려 놓는 의례도 있는데, 이를 슛디shuddhi라고 합니다. 슛디는 '정화'를 뜻하는 말로, 다른 종교로 개종하면서 오염된 상태를 다시 깨끗하게 한다는 의미입니다.

어떤 카스트로 태어나서, 어떤 나이에, 어떤 위치에 있을 때 무엇을 해야 한다는 것을 규정한 일종의 법전들이 있습니다. 시대에 따라 다양한 법전들이 만들어졌는데 가장 일반적이고 중요하게 여기는 것이 『마누법전』이랍니다. 『마누법전』은 힌두들이 따라야 할 윤리 규범서인데, 내용을 살펴보면 브라흐마나 중심, 카스트 주의, 계급 차별을 기준으로 만들어 진 것을 확인할 수 있습니다. 예를 들어 브라흐마나가 슈드라에게 욕을 하고 폭행을 한 것은 죄가 되지 않지만, 슈드라가 브라흐마나에게 욕을 하면 혀를 자르고, 폭행의 경우 해당 부위 즉 손이나 발을 자르고 때로는 사형에 처할 수 있다는 규정도 있습니다.

이처럼 힌두교는 카스트 차별을 근간으로 한 종교이면서도, 인도에서 새로 생겨나는 모든 종파를 포용하는 다양성을 갖고 있습니다. 인도 인구의 약 80%가 힌두이지만, 이들의 종교 생활이 모두 같은 것은 아닙니다. 크게는 시바파와 비슈누파로 구분되고, 작게는 그들이 섬기는 신들에 따라 수없이 많은 종파로 구분되어 있지만 어떤 신을 섬기든 모두 힌두교라는 하나의 울타리 안에 있습니다. 그러면서도 힌두로 태어나지 않은 사람을 대상으로 포교나 전도하지 않기 때문에 배타성이 매우 강한 종교라 할 수 있습니다.

왜 자이나교 승려는 하늘을 입을까요?

생명을 해치는 일을 살생이라고 합니다. 어떠한 종교도 살생을 권장하지는 않지만 어쩔 수 없는 경우에는 허용하기도 합니다. 삼국시대 이래 우리나라에 전파된 불교는 우리나라에서 정치·문화적으로 다양한 역할을 했습니다. 불교 역시 불살생을 강조하고 있지만, 우리나라의 경우 스님들이 전쟁에 참여한 경우도 적지 않습니다. 바로 '호국불교'의 성격을 띠었기 때문입니다. 대표적으로 임진왜란 때 의병으로 참여하여 나라를 구한 승병의 경우를 예로 들 수 있습니다.

붓다와 비슷한 시기에 탄생한 자이나교에 대해서는 우리나라에 많이 알려지지 않았습니다. 자이나교 역시 불살생을 강조하는데 다른 종교의 불살생과는 차원이 다르다고 할 수 있지요. 일반적으로 불살생의 대상은 주로 동물이며 그 가운데서도 인간, 짐승, 물고기 등입니다. 그런데 벌레도 살생을 금해야 하는 대상으로 인식하여 철저하게 살생을 피하는 종교가 바로 자이나교입니다.

기원전 6세기 비하르주 바이샬리^{Vaishali}에서 태어난 바르담마^{Vardhamma} 왕자는 니간타 나따뿟따$^{Nigantha\ Naptaputta}$ 종파의 가르침에 영향을 받아 30세에 왕궁을 떠났습니다. 이후 12년 동안 집중적인 명상과 엄격한 금욕 수행 후에 께발라 갸나$^{Kevala\ Jnana}$, 즉 깨달음에 이르렀습니다. 께발라 갸나에 도달한 사람을 승리한 자라는 의미의 지나^{Jina}라 부르는데 바르담마는 지나가 되어 마하비라^{Mahavira}로 불리게 되었습니다. 마하비라는 '대단히 위대한 자', '위대한 영웅', '확고한 지혜를 얻은 자'를 의미합니다. 마하비라는 그가 속했던 니간타 종파의 가르침을 개혁함으로써 자이나교의 창시자로 알려졌습니다. 자이나교에서는 종교

수행의 최고 단계에 오른 사람을 띠르탕까라^{Tirthankara}라고 합니다. 마하비라는 앞선 23명의 띠르탕까라를 이은 24번째 띠르탕까라이자 마지막 띠르탕까라입니다.

그러면 이제 자이나교에서 얼마나 철저히 살생을 금지하고 있는지, 살행을 피하기 위해 어떠한 삶을 살고 있는지를 살펴볼까요? 자이나교에는 지켜야 할 다섯 가지 계율이 있습니다. 불살생^{Ahimsa}, 진실한 언행^{Satya}, 자기 것이 아닌 것은 갖지 않음^{Asteya}, 성적 쾌락을 금함^{Brahmacharya}, 모든 집착을 버림^{Aparigraha}이 그것입니다. 이것을 오계라 하는데 그 첫째는 살생을 금하는 것입니다. 살생의 유형을 고의적 살생, 방어적 살생, 가정에서의 살생, 직업적 살생으로 분류하여 수행자는 모든 살생을 하지 않아야 하고, 재가 신도는 고의적 살생과 직업적 살생은 금하며 방어적 살생과 가정에서의 살생은 가급적 금하는 것으로 규정하고 있습니다.

고의적 살생이라는 것은 무엇일까요? 사냥과 같은 오락을 위한 살생과 먹기 위해 살생하는 것 그리고 악의나 증오로 인한 살생을 의미합니다. 방어적 살생은 자신이나 가족 또는 국가를 방어하기 위한 살생이며 도둑이나 강도를 막기 위한 살생도 포함됩니다. 가정에서의 살생은 요리를 하거나 청소를 할 때 또는 집을 짓거나 우물과 같은 시설을 만들 때 발생하는 살생입니다. 직업적 살생은 농업, 어업, 건설 등의 직업에서 생기는 살생을 말합니다.

직업적 살생을 피하기 위해 자이나교도는 살생이 발생할 수 있는 직업을 선택하지 않습니다. 이러한 규정 때문에 자이나교도 가운데 농부, 어부 등이 없는 것입니다. 그리고 취미로 사냥하지 않으며, 먹기 위한 살생, 즉 육식하지 않습니다. 이 두 개의 규정은 자신의 의지로 지킬 수 있겠지요? 그러나 요리나 청소하면서 발생하는 살생을 막는 것은 쉽지 않을 것입니다. '요리나 청소에 왜 살생이 발생할까?'라는 생각을 할 수도 있습니다. 요리는 끓이는 일이 포함되지요? 물을 끓인다는 것은 물속에 있는 미생물들을 죽이는 일입니다. 청소나 빨래할 때 비누나 세제를 사용한다면 그 역시 청소 장소나 옷에 있는 보이지 않는 생명체들을 죽이는 일입니다. 신발도 마찬가지입니다. 동물의 가죽을 벗겨서 만든 가죽 신발은 신지 않습니다. 자이나교도는 부드러운 재료로 된 신발을 신음으로써 살생을 최소화해야 합니다. 그러나 자이나교 승려는 신발을 신지 않고 맨발로 다닙니다. 그래도 길을 거닐 때 발바닥 밑에서 생명체가 죽을 수 있기 때문에 그들은 빗자루로 살살 쓸면서 걷습니다.

그러면 이제 왜 자이나교 승려가 옷을 입지 않는지를 살펴볼까요? 옷을 입으면 그것을 빨아야 하죠? 빨지 않은 옷을 계속 입고 있을 수는 없으니까요. 그러니 옷을 입는 일 자체가 살생을 일으킬 수 있는 것입니다. 살생하지 않기 위해 옷을 입지 않는 것과 더불어 오계의 마지막에 있는 '모든 집착을 버림'을 지키기 위한 것이기도 합니다. 집착이라는 것은 소유를 포함하는 개념입니다. 예를 들어 옷을 입는 경우 더 좋은 옷, 더 아름다운 옷을 입고 싶은 욕망이 발생할 것이기에 무엇인가를 갖는다는 것 자체가 집착에 포함됩니다. 그래서 '모든 집착을 버림'을 무소유(아무 것도 갖지 않음)로 해석하기도 합니다.

자이나교 승려는 아무것도 입지 않고 수행하는 모습으로 잘 알려져 있습니다. 무소유의 계율을 지키고 살생을 피하기 위해서지요. 이를 두고 나체라 하지 않고 하늘을 입었다고 말합니다. 그런데 모든 자이나교 승려가 하늘을 입고 지내는 것은 아닙니다. 자이나교는 기원전 1세기 무렵 디감바라^{Digambara}와 슈웨땀바라^{Śvētāmbara}라는 크게 두 종파로

디감바라 자이나교 최고 아짜랴 비댜사가르
(Shri Vidyasagar)

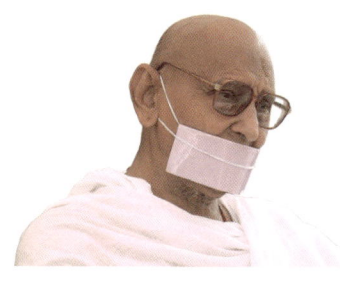

슈웨땀바라 10대 최고 아짜랴 마하쁘라갸
(Mahapragya)

분리되었습니다. 디감바라는 '하늘, 우주, 공空, dik'과 '옷ambara'이 합쳐진 이름으로, 공의파空衣派라고도 부릅니다. 철저한 무소유를 실천하는 디감바라 승려들은 옷을 걸치거나 신발을 신지 않고 수행에 몰두하지요. 한편 슈웨땀바라는 '하얀śveta 옷'이라는 뜻으로, 백의파白衣派라고도 합니다. 개혁적인 성향의 슈웨땀바라 승려들은 하얀 옷을 걸치며, 여성도 출가 수행을 할 수 있습니다.

자이나교 승려는 아짜랴Acharya라고 합니다. 현재 디감바라의 최고 아짜랴는 비댜사가르Vidyasagar이며 슈웨땀바라의 최고 아짜랴는 마하쁘라갸Mahapragya입니다. 하늘을 입고 사는 승려는 죽음을 어떻게 맞이할까요? 우리는 자신의 죽음을 선택할 수 없지만, 자이나교 승려는 자신이 이 세상에서 떠나야 할 때임을 인식하면, 그날로부터 단식합니다. 이것을 쌀레카나sallekhanā라고 하는데, 자신의 삶이 다했다고 여기면서 채식으로 인한 살생까지도 중단하는 것입니다. 말하자면 자신을 살생하지 않기 위해 식물을 살생하던 것마저도 중단하여 완전한 불살생으로 삶을 마감하는 것입니다.

우리가 일상에서 자이나교 승려처럼 철저한 불살생을 실천하는 것은 불가능합니다. 그러나 나의 생명이 중요한 것처럼 다른 생명도 중요한 것임을 인식할 필요는 있습니다. 어부들이 물고기를 잡는 것은 생계를 위한 일 즉 직업입니다. 그런데 재미삼아 물고기를 잡아서 죽게 한 후에 버리거나, 누가 총을 더 잘 쏘는지를 시험하기 위해 날아다니는 새를 쏘아서 죽이는 일 등 불필요한 살생, 즐기기 위한 살생은 피해야 할 것입니다. 어린 시절 놀이 삼아 개구리나 올챙이를 죽이는 일이 별일이 아니라 생각할 수도 있지만, 생명체를 죽인 경험이 다른 생명체에 대해 존중하는 마음을 앗아갈 수 있다는 것을 깊이 인식할 필요가 있을 것입니다.

왜 인도에는 불교도가 적을까요?

우리나라는 종교의 자유가 있는 나라로 국교로 정해진 종교는 없습니다. 그렇다면 우리나라의 종교별 인구는 어떨까요? 한국 갤럽조사연구소의 통계에 따르면 전체 인구의 절반은 종교가 없으며, 불교, 기독교, 가톨릭이 주요 종교이며, 세 종교가 대략 20% 내외를 차지하고 있다고 합니다. 그렇다면 불교가 탄생한 인도의 불교 인구는 얼마나 될까요?

불교는 기원전 6세기 무렵 샤캬^{Sakya} 왕국의 왕자 가우따마 씻다르타$^{Gautama\ Siddhartha}$가 왕궁을 떠나 수행을 한 후에 깨달은 사람 즉 붓다가 됨으로써 탄생했습니다. 붓다는 룸비니^{Lumbini}에서 태어나 보드가야$^{Bodh\ Gaya}$에서 깨달음을 얻었으며, 싸르나트^{Sarnath}에서 첫 설법을 하고 쿠시나가르^{Kushinagar}에서 입멸했습니다. 이 네 곳이 불교의 4대 성지이며 전 세계의 불교도들이 성지로 기리며 순례하는 곳입니다.

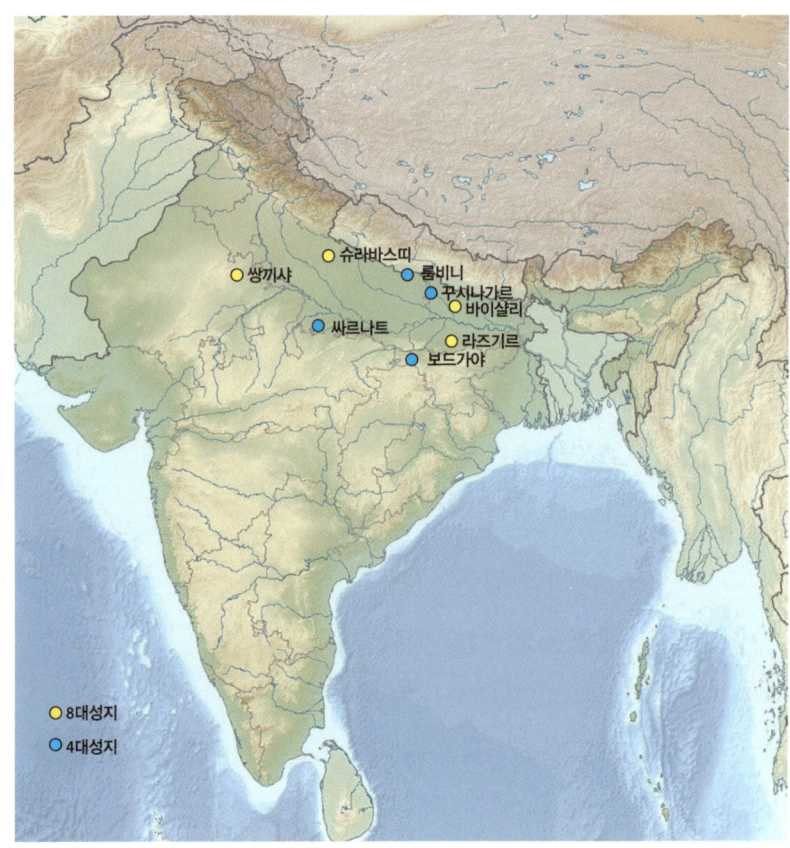

불교의 8대 성지

불교도가 아닌 사람 혹은 불교에 대해 알아보지 않은 사람들이 붓다의 생애를 설명하는 글에서 궁금해하는 것이 '입멸'일 것입니다. 빠리닙바나^{Parinibbana}의 한자어인 입멸入滅은 모든 번뇌를 없앤(滅) 상태어 들어가는 것(入)으로 윤회를 완전히 벗어나는 것을 의미하며 니르바나^{nirbana}의 한자어인 열반涅槃과 동의어로도 사용됩니다. 태어나고 죽는 것의 반복 즉 윤회하는 사람의 '죽음'과 같은 외형이기는 하지만, 깨달음을 얻은 사람의 경우 다시 태어날 일이 없기 때문에 죽음, 돌아감

등으로 표현하지 않고 열반에 들거나 입멸했다고 표현하는 것입니다.

그러면 씻다르타가 깨달아서 붓다가 되었다고 할 때 그 깨달음은 무엇일까요? 붓다의 깨달음이 무엇인지는 많은 연구의 대상이 될 정도이기 때문에 간단히 설명하기는 쉽지 않을 것입니다. 그러나 중요한 것은 인간이 고통을 벗어날 수 있는 길을 모색한 씻다르타이므로 그 깨달음의 내용 역시 인간의 고통 해결에 있다고 보아야 할 것입니다. 그런 의미에서 붓다의 탄생 게송은 눈여겨보아야 할 구절이라 할 수 있습니다. 붓다가 씻다르타로 태어날 때 일곱 걸음을 걷고 나서 하늘 위와 하늘 아래를 가리키며 말했다는 것이 탄생게(탄생선언)입니다. 한자로 번역된 탄생게에는 '삼계개고 아당안지三界皆苦 我當安之'라는 구절이 있습니다. '삼계'는 하늘, 땅, 허공의 세 개의 세상을 뜻합니다. '개고'는 모든 것이 고통임을 의미하고, '아당안지'는 내가(我) 마땅히(當) 그것을(之) 편안하게(安) 하겠다는 의미로 해석됩니다. 말하자면 '세상이 온통 고통 속에 있으니 내가 그 고통을 해결하여 편안하게 하겠다.'는 것입니다.

붓다의 가르침에는 중도, 삼법인, 사성제, 팔정도 등 많은 내용이 있습니다. 이러한 많은 가르침의 궁극적 목표는 무엇일까요? 당연히 '고통으로부터 인간이 해방되는 것'입니다. 왕자 씻다르타가 태어난 때는, 인도의 카스트 제도가 견고해지기 시작했고, 카스트에 따라 인간을 차별하는 것이 당연한 것으로 인식하고 있던 시기입니다. 그 차별은 인간의 삶을 고통에 빠뜨리는 요소 가운데 하나입니다. 그렇기 때문에 붓다는 어떤 카스트로 태어났던지 올바른 행위를 하고 다른 사람을 이롭게 하는 사람이 브라흐마나라 할 수 있고, 다른 사람을 괴롭게 하고 자신의 이익만을 추구하는 사람은 천민이나 다름없다고 강조했습니다.

당시 업과 윤회설에 기초하여 현재 높은 카스트로 태어나거나 천민으로 태어나는 것은 전생에 지은 업의 결과라는 인식이 일반적이었습니다. 그러나 붓다는 현재의 삶에는 현재를 살아가는 개개인의 의지가 중요한 것이라고 역설했습니다. 현재의 삶이 전생의 결과라면 현생에서 할 수 있는 일이 무엇일까요? 기억도 할 수 없는 전생으로 돌아가 자신의 업을 고칠 수도 없는데 말입니다. 그래서 붓다는 전생에 지은 업이 현생에 영향을 미친다고는 하지만 그것보다 중요한 것이 '현재 개개인의 의지'라고 강조함으로써 현재 자신의 처지를 숙명적으로 받아들이려는 인식에서 벗어나게 했습니다.

붓다는 당시의 시대 조류인 카스트 제도, 차별, 숙명적 인식을 모두 비판하고 평등과 자비를 바탕으로 인간을 고통으로부터 해방하려 했어요. 그래서 붓다시대의 그 어떠한 사상이나 가르침보다도 붓다의 가르침이 뛰어났으며 혁명적인 사상이었다고 평가되고 있습니다.

붓다의 이러한 혁명 정신은 시대가 흐르면서 조금씩 달라지기 시작했습니다. 붓다시대 이후 불교의 흐름을 중심으로 시기를 나누는 경우 초기불교, 부파불교, 대승불교 시대로 나눕니다. 초기불교라는 것은 붓다로부터 직접 가르침을 받은 제자들이 살아 있던 시대까지를 말합니다. 붓다가 입멸하고 나서 제자들이 모여서 붓다의 설법 내용을 모으기 시작했습니다. 그것을 쌍기띠^{saṃgīti}, 즉 결집結集이라고 합니다. 초기 경전을 보면 시작이 모두 '나는 이렇게 들었다$^{evaṃ\ mayā\ śrutam}$'로 시작됩니다. 이것을 한역하면 여시아문如是我聞입니다. 붓다의 가르침을 들은 제자들이 '내가 붓다께 이렇게 들었다'는 표시입니다.

붓다의 직접 제자들이 모두 입멸하고 난 뒤에는 간접적으로 붓다의 가르침을 배운 제자들이 '붓다가 이렇게 말씀하신 이유가 무엇일까?', '이런 것을 말씀하신 배경은 무엇일까?', '다른 의미로 해석할 여지도 있지 않을까?' 등의 논란이 생기기 시작했습니다. 붓다는 45년을 일정한 거처 없이 걸어 다니며 대중을 만나고 그들에게 필요한 방식으로 자신이 깨달은 내용을 설명했습니다. 그런데 이제 여기저기 다니면서 대중을 만나는 일보다 한 곳에 기거하면서 '붓다의 가르침의 의미'를 논하고 토론하는 일이 중심이 되었지요. 말하자면 학문하는 불교가 된 것입니다. 이때부터 출가자들 따로, 대중 따로 분리되면서 붓다의 가르침은 대중들과는 멀어지게 되었습니다. 그러한 때에 인도에서는 힌두교가 다시 성행하면서 불교에 관한 관심은 대중들로부터 멀어졌습니다. 그러한 학문 불교의 시기가 계속되자 한편에서는 대중을 위한 불교, 붓다시대의 불교로 돌아가야 한다는 물결이 일어났는데, 그것이 대승불교입니다. 붓다의 가르침을 열심히 연구하여 혼자 해탈에 이르는 것이 아니라 대중과 함께 해탈하겠다는 서원을 세우게 되고, 혼자 타는 배가 아니라 대중이 함께 타는 배로 고통의 강을 건넌다는 의미로 대승불교라고 합니다. 대승불교 시대에는 붓다의 가르침을 쉽게 대중과 연결하는 일을 하면서 대중들이 가진 토속적인 신앙 일부를 포용하는데, 그것이 대승불교의 보살입니다. 관세음보살, 지장보살 등 많은 보살이 등장합니다. 보살은 대중이 모두 해탈할 때까지 자신은 해탈하지 않고 대중과 함께하겠다는 서원을 세운 사람입니다. 그러한 보살은 힌두교의 화신의 모습과 유사합니다.

그러다 보니 힌두교와 불교의 차별성이 대중의 눈에는 보이지 않게 되어 인도에서는 '불교나 힌두교나' 그것이 그것인 모양이 됨으로써 다수의 힌두와 구별된 소수의 불교도가 되려는 사람이 줄어들게 된 것입니다.

그러나 힌두교라는 바탕이 없는 지역인 동남아시아와 동아시아에 불교가 전파되면서 불교는 탄생한 인도가 아니라 그 외의 지역에서 더 번창하게 됐습니다. 국가별 불교도 비율이 높은 10개국은 캄보디아(96.8%), 태국(92.6%), 미얀마(79.8%), 부탄(74.7%), 스리랑카(68.6%), 라오스(64%), 몽골(54.4%), 일본(33.2%), 싱가포르(32.2%), 대한민국(21.9%) 등입니다. 그런데 불교가 탄생한 인도의 불교 인구는 0.7%에 불과한 상태입니다. 그것마저도 1956년에 암베드까르가 수십만 명의 불가촉천민들을 이끌고 단체로 불교로 개종하면서 증가한 것이랍니다. 인도가 독립할 무렵까지 불교의 탄생지 인도에서는 불교도를 거의 찾아보기 어려운 상태가 되었다고 해도 과언이 아닐 것입니다. 이러한 변화를 보면서 우리는 무엇을 생각하게 될까요? 길거리에서 우리는 '원조'라는 글자가 들어 있는 간판을 쉽게 볼 수 있습니다. 그러나 원조라는 것이 질이나 양을 보장하는 것은 아닐 수 있습니다. 동아시아 삼국이라 불리는 한국, 중국, 일본에서는 절이나 불상을 흔히 볼 수 있지만, 불교의 원조 국가인 인도에서는 불교 사찰을 찾아보기 어렵습니다. '원래 우리 것'에 집착하기보다는 어떻게 꽃씨를 뿌리고 가꿀 것인지를 고민하는 것이 역사를 돌아보는 한 축이 되어야 할 것입니다.

왜 씨크는 터번을 쓰고 다닐까요?

우리나라에서 평소에 '나는 어느 종교의 신도'라는 표시를 드러내고 다니는 사람들이 있을까요? 물론 종교인 가운데 스님, 신부님, 수녀님은 외관만으로도 자신들의 종교가 드러나지만 일반 신도들의 경우는 자신이 어느 종교 신도라는 말을 하기 전까지는 어떤 종교를 믿고 있는지 알 수가 없을 것입니다. 그런데 인도에서는 외관만으로도 종교를 알 수 있는 경우가 많습니다. 그 가운데 가장 두드러지는 외관은 아마도 씨크가 아닐까 생각됩니다. 인도에서 탄생한 씨크교는 우리에게는 낯선 종교일 것입니다. 그러나 유럽과 아메리카 대륙에는 씨크들이 적지 않지요. 그런데 '저 사람은 씨크'라는 것을 한 눈에 알아볼 수 있습니다. 왜 그럴까요?

그러면 먼저 인도에서 씨크교가 탄생한 이야기부터 시작해보기로 하지요. 씨크교는 15세기 중엽에 구루 나낙이 창시한 종교입니다. 구루 나낙의 시대는 인도에 이슬람 세력들이 들어온 후여서 힌두교와 이슬람의 절충적 사상이 널리 퍼지고 있던 시대입니다. 인도에서 탄생한 종교는 다신교이며, 외래 종교인 이슬람교는 유일신교입니다. 다신교의 경우 신이 많으므로 서로 다른 신을 믿는다고 해서 충돌하는 경우는 적은 편입니다. 그런데 이슬람교가 유입된 후에 알라만이 유일한 신이라는 사람들과 힌두신을 믿어야 한다는 사람들 사이에 옳고 그름의 논쟁이 벌어지기도 했습니다. 이러한 주장들에 대해 '어떤 신을 믿든 진실한 믿음은 모두 옳다'는 생각을 피력하는 사람들도 있었습니다. 구루 나낙 역시 그러한 성향을 가진 인물이었습니다. 구루 나낙은 이슬람교의 지나친 형식주의를 비판하는 한편 힌두교의 카스트로 인한 인간 차별을 비롯한 단점들에 대해서도 비판했습니다. 힌두교의 '신에 대한 지극한 사랑과 헌신' 사상을 받아들이고 이슬람교의 유일신 사상을 받아들여 새로운 종교인 씨크교를 창시하게 됩니다.

종교 지도자와 신도들의 위계를 없애고, 종교 지도자는 제자들을 이끌어주는 스승과 같다고 강조하면서, 종교 지도자는 스승을 의미하는 구루, 신도들은 제자를 의미하는 씨크로 칭했습니다. 또한 스승의 종교가 아니라 신도의 종교라는 것을 강조함으로써 구루교가 아니라 씨크교라는 이름으로 불리게 되었습니다.

구루 나낙의 가르침에 따라 씨크교에서는 종교에 몰두하기보다는 일상생활의 중요성을 강조합니다. 사회의 구성원으로서 자신의 직업에 충실해야 하고 다른 사람들을 위해 봉사하는 삶을 살아야 한다고 가르칩니다. 인도의 종교 수행자들은 생업을 갖지 않고 집집마다 돌면서 신도들이 제공하는 음식으로 식사합니다. 이것을 구걸이라고 하지 않고 삔다빠따piṇḍapāta라고 하는데 한자로는 '걸식乞食, 걸행乞行' 탁발托鉢이라고 합니다. 그러나 씨크교에서는 이러한 걸식을 비난합니다. 자신의 식사와 일상생활에 필요한 것은 경제활동을 통해 스스로 해결해야 한다는 것을 강조합니다. 그래서 '구걸해서 먹을 정도면 차라리 굶어 죽으라'고 가르치기 때문에 인도에서 구걸하는 사람 가운데 씨크는 없다고 합니다.

구루 나낙이 창시했던 시기부터 씨크교는 명상하고 신을 찬미하는 평화로운 종교단체였습니다. 그런데 무갈 제국의 4대 황제인 자항기르 즉위 초부터 갈등이 시작되었습니다. 왕위 계승으로 충돌했던 쿠스라우Khusrau가 피난 중에 씨크교의 5대 구루인 아르잔Guru Arjan을 찾아가 도움을 받았고, 자항기르는 아르잔을 소환하여 '벌금형'에 처했습니다. 그런데 아르잔은 '곤경에 처한 사람을 돕는 것은 씨크교의 가르침에 따른 것'이라고 말하면서 '벌금'을 낼 수 없다고 항변했습니다. 그래서 결국 고문을 당하던 아르잔은 강물에 뛰어들어 사망합니다. 아르잔의 뒤를 이어 6대 구루가 된 하르고빈드Guru Hargobind는 구루의 상징인 끈 대신에 검대를 두르고 2개의 칼을 차고, 황실의 깃털이 달린 터번을 썼습

황금사원의 인도인 가족. 스카프로 머리카락을 가린 모습

니다. 이로부터 씨크교는 명상과 신의 찬가를 부르는 것은 물론 군사훈련도 병행하게 되었습니다. 하르고빈드는 갑옷을 입고 신을 찬미하는 노래를 부르는 한편으로 군대를 확장했습니다. 그러나 무갈 제국과의 갈등이 군사적 충돌로 확대되지는 않았습니다.

그런데 무갈 제국의 6대 황제로 아우랑제브가 즉위하면서 다시 씨크교와 갈등이 시작되었고 결국 당시 9대 구루인 바하두르$^{Guru\ Tegh\ Bahadur\ Sahib\ Ji}$가 처형되었습니다. 바하두르에 이어 10대 구루가 된 고빈드 씽$^{Guru\ Gobind\ Singh}$은 무갈 제국과 여러 차례의 전쟁을 치렀습니다. 하르고빈드 시기부터 군대를 양성했지만 무갈황제에 대항하기는 무리가 있었기 때문에 씨크의 결집력과 군사력 강화를 위해 고빈드 씽은 1699년에 칼사^{Khalsa}라는 씨크 전사 공동체를 설립했습니다. 이때부터 씨크는 자신의 성姓으로 남성은 씽^{Singh}, 여성은 까우르^{Kaur}를 붙였습니다. 씽과 까우르는 각각 숫사자와 암사자를 의미합니다. 또한 모든 씨크는

K로 시작되는 5개의 징표를 지니도록 했는데 이것을 씨크교의 5K라고 합니다. 5K는 자르지 않은 머리카락^{Kes}, 머리빗^{Kangha}, 철제 팔찌^{Kara}, 순결을 상징하는 하의^{Kachera}, 칼^{Kirpan}입니다. 씨크들은 머리카락을 자르지 않고 터번으로 머리카락이 보이지 않게 감쌉니다.

씨크들은 성인이 되면 터번을 반드시 착용해야 하는데 인도 이외의 지역에 살고 있는 씨크 역시 마찬가지입니다. 그래서 영국, 캐나다, 미국 등으로 이주한 씨크들이 군인과 경찰이 되고자 할 때 문제가 발생하기도 했습니다. 군인이나 경찰의 정복에는 모자가 포함되어 있는데, 터번을 쓴 씨크는 모자를 쓸 수가 없기 때문입니다. 그러나 지금은 이러한 씨크교 전통을 인정하는 추세에 있습니다. 캐나다의 경우 씨크인 남자 경찰을 위해 푸른색 '경찰 터번'을 따로 제작했고 영국에서도 씨크교 터번을 허용하고 있으며 최근 미국 경찰에서도 터번을 허용하기 시작했습니다.

현재 인도의 씨크 사원(구루드와라)을 방문하는 사람은 누구라도 머리카락이 보이지 않게 해야 합니다. 또한 씨크교에서는 술, 마약, 담배 등을 금지하기 때문에 이러한 물건을 지참하고 씨크 사원에 들어갈 수 없습니다. 그래서 씨크교 사원 앞에서는 금지된 물건은 모두 압수하

영국 공군, 해군, 육군 씨크들이 씨크교 바이샤키 축제에 참석한 모습

고 씨크가 아닌 사람들에게는 스카프를 나눠줍니다. 그 스카프로 머리카락을 가리고 사원에 들어갑니다. 물론 사원을 나올 때는 스카프를 반납하고 압수된 물건들도 되돌려 줍니다.

    고빈드 씽이 칼사를 조직한 이후 터번은 씨크들의 종교적 상징이 되었습니다. 어떤 사람이 터번을 쓰고 있고 성이 '씽'이라면 그 사람은 씨크입니다. 이처럼 자신의 종교적 정체성을 드러내고 사는 장점이 있겠지요? 어디에서나 같은 종교를 가진 사람임을 한 눈에 알아볼 수 있기 때문에 낯선 곳에서도 서로를 알아보고 서로에게 도움을 줄 수도 있을 것입니다. 그러나 한 편으로는 단점도 있겠지요. 1984년에 델리에서 씨크교 대학살이 벌어졌을 때 많은 희생자를 냈던 것 역시 씨크임이 눈에 띄기 때문이었습니다. 터번을 쓴 사람이 표적이 되기 쉬우니까요. 그렇기 때문에 현대의 다종교 사회에서는 자신의 종교를 드러내는 것이 과연 좋은 일인지 생각해 볼 필요도 있겠지요. 예를 들어 우리나라에서 각 종교의 신도들이 특정 색의 옷을 입는다든가, 특정 표시를 하고 다닌다고 했을 때, 화합보다는 차별이나 소외가 발생할 확률이 높지 않을까요? 종교를 드러내는 것보다 자신이 믿는 종교의 가르침을 실천하는 것이 더 중요하지는 않을까요? 불교의 자비심, 기독교와 가톨릭의 사랑을 실천하는 것이야말로 자신의 종교적 정체성을 확실히 드러내는 것이 될 수 있음을 되새길 필요가 있을 것입니다.

왜 조로아스터교도가 인도에 가장 많을까요?

조로아스터교에 관해 들어보신 적이 있나요? 우리나라에 직접 전파된

적이 없어 낯설게 느껴지는 조로아스터교는 페르시아에서 시작된 고대 종교입니다. 기원전 18세기에서 10세기 사이에 이 지역에 살았던 예언자 짜라투스트라^{Zarathustra}에 의해 성립되었습니다. 짜라투스트라는 페르시아 원래의 명칭이고, 조로아스터는 서구에서 표기한 명칭이지요. 중국에서는 불을 숭배하는 종교라 하여 배화교^{拜火敎}라고 하며, 인도에서는 조로아스터교도를 빠르시^{Parsi}라고 합니다.

조로아스터교는 세계에서 가장 오래된 일신교라고 인식되고 있으며 유대교, 기독교 및 이슬람교의 발전에 중대한 영향을 미쳤다고 합니다. 페르시아에 이슬람교가 융성하면서 조로아스터 신도들은 여러 곳으로 이주를 했지요. 인도에 정착한 조로아스터교도 공동체를 가르키는 용어인 빠르시는 '페르시아에서 온 사람'을 의미한다고 합니다.

조로아스터교는 일신교이며 이원론에 기초한 종교입니다. 우주의 창조자이며 유지자인 아후라 마즈다$^{Ahura\ Mazdah}$를 유일한 신으로 섬깁니다. 바른 것^{Asha}과 거짓^{Druj}, 삶과 죽음, 선한 정령$^{Spenta\ Mainyu}$과 악한 정령$^{Angra\ Mainyu}$ 등의 대립 개념들에 대한 윤리적이며 도덕적 철학을 제시하며, 선과 악의 대립적 개념 가운데 무엇을 받아들이는가는 개인의 선택에 달려있다고 가르칩니다. 아후라 마즈다를 믿으며 선한 개념을 받아들이는 도덕적 행동의 중요성을 강조하는 종교이지만, 악은 창조되었다기보다는 악한 개념을 받아들이는 자들의 생각과 행동에서 만들어진다고 설명하는 특징이 있습니다.

조로아스터교의 경전은 찬송가, 기도문, 짜라투스트라의 가르침을 담고 있는 『아베스타^{Avesta}』입니다. 아베스타는 여러 부분으로 구성되어 있는데 가장 중요한 부분이자 오래된 것은 17편의 찬가로 이루어진 가타^{gatha}입니다.

페르시아에서 탄생한 조로아스터교이지만 현재는 탄생지보다 인도에 더 많은 신도가 있습니다. 그렇게 된 요인은 이슬람교와 관련이 있습니다. 8세기에 탄생한 이슬람교는 10세기에 이르러 유럽과 아시아로 그 세력이 확장되었고, 다른 종교에 대한 압박도 심해졌습니다. 이 무렵부터 페르시아의 조로아스터교도들은 종교적 박해를 피해 다른 지역으로 이주하기 시작했습니다. 그중 상당수가 인도로 향했으며, 오늘날 인도의 빠르시 공동체는 이때 이주한 조로아스터교도의 후손입니다. 현재 인도의 빠르시 인구는 5~6만 명으로 추정됩니다. 조로아스터교도는 이란, 인도, 중앙아시아, 북미와 유럽, 오스트레일리아 등에 거주하며 총 종교 인구는 15만 명 정도로 추산되는데, 그 가운데 인도의 조로아스터교도가 가장 많습니다.

빠르시 공동체에 속하는 여러 인물이 독립운동에 참여했습니다. 1885년 INC 창립 멤버인 피로즈샤흐 메흐따$^{Pherozeshah\ Mehta}$, 1886년에 제2대, 1906년에 제22대 의장을 역임한 다다바이 나오로지$^{Dadabhai\ Naoroji}$, 1907년 8월에 독일에서 개최된 국제 사회주의 협의회에서 내건 독립 인도의 깃발을 디자인한 여성인 비카지 까마$^{Bhikhaji\ Cama}$도 빠르시입니다. 이들을 비롯하여 많은 빠르시가 인도 사회 개혁 운동, 독립운동에 참여했습니다.

또한 인도의 경제 및 산업 발전에 상당히 기여한 빠르시도 있습니다. 그 가운데 대표적으로 따따 그룹$^{Tata\ Group}$을 들 수 있겠지요. 빠르시인 잠세뜨지 따따$^{Jamsetji\ Tata}$는 1868년 따따 그룹을 창립하였고, 조로아스터교의 윤리를 바탕으로 사업을 하면서 사회적 책임을 다한 인물로 평가되고 있습니다. 이후 현재까지 따따 그룹은 인도의 철강을 비롯한 다양한 사업 분야에서 두각을 나타내고 있으며, 빠르시 가족을 지원하는 것은 물론 지역 사회 개발 프로젝트에 자금을 지원하는 기업입니다.

라딴 따따Ratan Tata는 1991년부터 2012년까지 그룹 회장을 역임하면서 인도 비즈니스 및 사회 환경에 기여한 공로로 수많은 상과 영예를 안았습니다. 2008년에는 무역과 산업에 기여한 공로를 인정받아 빠드마 비부샨Padma Vibhushan을 수상했고, 2010년에는 국제 비즈니스에 기여한 공로로 대영제국 기사대십자훈장Knight Grand Cross of the Order of the British Empire을 수상했습니다. 그는 2012년 은퇴한 후, 2024년 10월 9일 사망할 때까지 자선 단체에서 활동하며 영향력 있는 인물로 활약했습니다. 또한 따따 그룹에서는 따따 사회과학연구소Tata Institute of Social Sciences: TISS를 설립하여 교육사업도 하고 있습니다. 요컨대 인도의 빠르시는 영국 지배 시기는 물론 현재까지도 많은 인재를 배출하고 사회, 경제, 교육 분야에 큰 기여를 하고 있습니다.

8
인도는 신화의 나라다?

왜 인도를 '바라뜨'라고 부를까요? / 왜 가네샤는 상아가 하나만 있나요? / 왜 라마는 씨따를 버렸나요? / 하누만은 어떻게 신이 되었나요? / 왜 힌두는 꿈브 멜라에 목숨을 걸까요?

왜 인도를 '바라뜨'라고 부를까요?

"우리가 어떤 민족입니까?" 이제는 우리 생활에 깊숙이 들어와 익숙해진 한 배달配達 어플의 광고 문구를 들어본 적 있나요? 우리는 배달의 민족입니다. 배달은 '밝은 땅'을 말하는 '밝달'로 해석됩니다. 땅이 밝다는 것은 뭘까요? 널리 인간을 이롭게 하려고 내려온 환웅桓雄의 환한 빛이 이 땅에 비친다는 뜻입니다. 『삼국유사三國遺事』에 따르면 하늘을 다스리는 천제天帝인 환인桓因의 아들 환웅이 지상으로 내려왔습니다. 환웅이 인간 세상을 다스리던 중 곰과 호랑이가 찾아와 사람이 되기를 원했고, 둘 중 곰만 쑥과 마늘을 먹고 버텨 여자로 변하게 되었다는 이야기는 우리나라 사람이라면 누구나 알고 있을 것입니다. 여인이 된 곰을 웅녀熊女라 불렀는데, 웅녀가 환웅과 결혼하여 낳은 아들이 단군왕검입니다. 후에 단군왕검이 나라를 세워 조선이라 하였으니, 이것이 바로 한민족 최초의 국가인 고조선입니다.

인도는 힌디어로 바라뜨Bharat라고 불립니다. 인도 헌법 제1조도 "인도, 즉 바라뜨는 연방국이다India, that is Bharat, shall be a Union of States"로 시작하지요. '바라뜨'는 '바라따Bharata의 후손'이라는 뜻입니다. 우리나라에 한민족의 시조인 단군왕검의 어머니 웅녀가 있다면 인도에는 바라따의 어머니 샤꾼딸라Śakuntalā가 있습니다. 인도 민족의 시조인 바라따의 탄생을 말하자면 그의 어머니 샤꾼딸라와 관련된 신비롭고 흥미로운 이야기를 하지 않을 수 없습니다. 샤꾼딸라 이야기의 가장 오래된 기록은 『마하바라따』의 첫 번째 장(Adiparva, 1/68-74)에 나옵니다. 이후 싼스끄리뜨 문학 최고의 작가로 꼽히는 깔리다사Kālidāsa가 이 이야기를 『아비갸나샤꾼딸라Abhijyānashakuntalā(샤꾼딸라를 알아봄)』라는 희곡으로 재탄생시켰습니다. 샤꾼딸라 이야기는 18세기 유럽으로 전해져 독일의 대문호 괴테Johann Wolfgang von Goethe, 오스트리아의 작곡가 슈베르트Franz Peter Schubert, 프랑스의 조각가 카미유 클로델Camille Claudel 등 여러 예술가의 마음을 사로잡아 영감이 되어 주기도 했습니다.

이야기는 아주 오래전으로 거슬러 올라갑니다. 인도에 비슈와미뜨라Viśvāmitra라는 선인仙人이 살았습니다. 고대 인도에서는 일정한 신분 계층이 자손 대대로 세습되어 타고난 신분에 따라 직업이 결정되었습니다. 비슈와미뜨라는 본래 무사 계급인 끄샤뜨리야에 속하는 왕족이었으나 혹독한 고행을 통해 사제 계급인 브라흐마나가 되었습니다. 그가 타고난 신분을 바꿀 수 있었던 이유는 고행이었습니다. 고행이란 세속적 욕망을 누르고 몸으로 견디기 어려운 일을 통해 수행을 쌓는 것입니다. 고대 인도인들은 고행이 더 없는 복을 가져다주고 죄와 허물을 없애 준다고 믿었습니다. 인도의 옛날이야기에는 더운 계절 사방에 불을 피우고 뙤약볕 아래에 서 있거나, 추운 계절 얼음장같이 차가운 물에 들어가 있거나, 물 한 모금 마시지 않고 엄격한 단식을 하는 이들이 빠지지 않고 등장하지요. 고행이 혹독하면 혹독할수록 신의 은총을 받아 초인간적인 능력을 얻을 수 있다고 여겨지기도 했습니다. 그러다 보니 비슈와미뜨라가 지극한 고행으로 얻게 될 능력은 천상의 신들을 위협할 지경이었습니다.

이에 신들의 왕인 인드라Indra가 메나까Menakā라는 압사라apsarā(천상의 정령)를 지상으로 내려보내 비슈와미뜨라의 고행을 방해하게 했습니다. 메나까의 유혹에 비슈와미뜨라는 고행을 멈추었고, 둘은 사랑을 나누었습니다. 자신의 임무를 마친 메나까는 여자아이를 낳은 뒤 히말라야의 숲속에 버려둔 채 천상으로 돌아갔고, 비슈와미뜨라도 다시 고행을 위해 떠났습니다. 홀로 버려진 아이는 우연히 그곳을 지나던 선인 깐바Kanva에게 발견되었습니다. 고대 인도의 선인들은 속세에서 멀리 떨어진 숲에 있는 아슈람aśrama(수도원, 은신처)에서 지내며 수행했습니다. 깐바는 이 아이를 자신의 아슈람으로 데려가 수양딸로 삼았습니다. 발견 당시 샤꾼따śakunta라는 작은 새들이 보호하고 있었기에 이 아이는 '샤꾼따의 보호를 받은 아이'라는 뜻에서 샤꾼딸라라 불리게 되었습니다.

깐바의 보살핌 아래 샤꾼딸라는 아름답게 자라났습니다. 깐바가 다른 선인들과 함께 순례 여행으로 아슈람을 비운 사이 하스띠나뿌라 Hastināpura의 왕 두샨따Duṣyanta가 수행원들과 함께 근처를 지나다 샤꾼딸라를 보게 되었습니다. 둘은 곧 서로에게 반한 마음을 확인했고, 부부의 연을 맺기로 했습니다. 고대 인도에는 여덟 가지 결혼이 있었는데, 적절한 의례를 거치지 않고 가족과 증인의 동석 없이 사랑에만 기반하여 이루어지는 이러한 결혼을 간다르바 결혼gandharva vivāha이라고 합니다. 시간이 지나 두샨따는 왕국의 급한 일을 처리하기 위해 도성으로 돌아가야 했습니다. 그는 샤꾼딸라에게 곧 데리러 올 것을 약속하며 왕가의 문장이 있는 반지를 그 증표로 남겼습니다. 두샨따가 떠난 뒤 샤꾼딸라는 온종일 그를 그리워했습니다. 그러던 어느 날 두르와사 Durvāsā라는 선인이 깐바의 아슈람에 왔습니다. 걸식 수행을 하는 선인들을 손님으로 극진히 모시는 것이 고대 인도인들에게 마땅한 본분이었습니다. 샤꾼딸라 역시 깐바가 부재중일 때 아슈람을 찾은 이를 정성껏 대접해야 했습니다. 그러나 그녀는 두샨따에 대한 생각에 골몰한 나머지 그만 두르와사를 예법에 맞춰 대접하지 못했습니다. 두르와사는 몹시 성마른 성격의 선인이었습니다. 잔뜩 화가 난 그는 샤꾼딸라에게 사랑하는 사람이 그녀에 대한 모든 것을 까맣게 잊을 것이라는 저주를 내렸습니다. 샤꾼딸라의 친구들이 간곡히 용서를 청하자 조금 마음이 풀린 두르와사는 사랑의 증표를 보면 기억을 되찾을 것이라고 덧붙였습니다.

깐바가 아슈람에 돌아와 그간의 이야기를 듣고 샤꾼딸라와 두샨따의 혼인을 정식으로 인정했습니다. 그리고 두샨따의 아이를 가진 샤꾼딸라를 도성으로 보냈습니다. 그러나 두르와사의 저주로 인해 두샨따는 샤꾼딸라를 알아보지 못했고, 거짓말쟁이라고 비난했습니다. 샤꾼딸라가 반지를 꺼내 보여주려 했지만 찾을 수가 없었습니다. 도성으로 오는 길에 강을 건너다가 자신도 모르는 사이 반지를 떨어트렸기 때문입니다. 샤꾼딸라는 크게 상심하여 깊은 숲으로 들어가 혼자 아이를 낳아 키웠습니다. 이 아이는 '모두를 정복한 자'라는 뜻의 싸르바다마나Sarvadamana라고 불렸습니다. 야생동물들에게 둘러싸여 강하고 용맹하게 자라난 싸르바다마나는 맹수의 입을 벌려 이빨의 개수를 세며 놀곤 했습니다. 그러던 중 한 어부가 물고기의 배에서 왕가의 반지를 발견하고 깜짝 놀라 궁전으로 가져왔습니다. 그 반지는 바로 샤꾼딸라가 잃어버린 것이었습니다. 반지를 보자마자 두샨따는 샤꾼딸라에 관한 모든 기억을 되찾았습니다. 그리고 그녀를 알아보지 못하고 내쫓았던 자신의 행동을 후회하며 비통해했습니다. 두샨따는 샤꾼딸라를 찾으러 숲으로 갔습니다. 깊은 숲속에서 그는 어린 남자아이가 사자의 입을 잡아당겨 벌리고는 이빨의 몇 개인지 세고 있는 광경을 보게 되었습니다. 두샨따는 곧 그가 제 아들임을 알아차렸고 샤꾼딸라를 만나 가족이 함께 도성으로 돌아와 행복하게 살았다고 합니다.

이후 싸르바다마나는 두샨따의 뒤를 이어 왕위에 오르고, 온 세상을 다스리는 전륜왕轉輪王인 바라따가 됩니다. 바라따는 바로 『마하바라따』의 주인공 빤다바족과 까우라바족의 선조입니다. 우

바라따(Raja Ravi Varma, 연도미상)

리 민족을 가리켜 '단군의 자손'이라고도 하는 것처럼 인도인들은 스스로를 '바라따의 후손'이라고 부릅니다. 단군왕검은 널리 인간을 이롭게 하라는 '홍익인간弘益人間' 이념으로 고조선을 세웠고, 이는 오늘날까지 이어져 우리나라 정치, 교육, 문화의 핵심 가치가 되었습니다. 인도 민족의 시조인 바라따는 다르마에 따른 질서와 규범으로 백성을 다스렸습니다. 다르마는 오늘날까지도 인도 사회의 구성원리이자 인도인들의 인생 목표 중 으뜸인 가치로 지켜지고 있습니다.

지난 2023년 9월에 열린 G20 정상회의 개막식에서 모디 총리가 앉은 자리 앞에는 인디아India 대신 바라뜨Bharat라고 적힌 국가 명패가 놓였습니다. 최근 모디 정부가 '인디아'는 인도를 식민 지배하던 영국이 붙인 이름이라며, '바라뜨'를 국명으로 사용하는 일이 잦아지고 있습니다. 국명을 바꾸려는 이러한 움직임을 두고 일각에서는 힌두민족주의에

8 인도는 신화의 나라다? | 217

'바라뜨'라고 적힌 국가 명패 뒤에 앉아 있는 모디 총리

입각하여 무슬림 및 소수 집단을 소외시키려는 시도라고 비판합니다. '민족'이란 무엇일까요? '민족'이라는 개념은 근대 이후 유럽에서 등장하였습니다. 우리나라에서는 독립 이후 국민국가 수립이라는 당면 과제 앞에서 하나 됨을 강조하기 위해 '단일민족'이라는 개념이 생겨났고, 인도에서는 힌두가 주인이 되는 국가 건설이라는 목적 아래 '힌두뜨바Hindutva'라는 개념이 생겼습니다. 그러나 오늘날 한 나라를 혈통이든 종교든 간에 하나의 민족으로 묶어버리는 것은 다소 위험한 발상으로 보입니다. 다양성을 인정하고 존중하는 공존의 삶이 그려내는 모습이야 말로 신화神話보다 더 아름다운 인화人話가 되지 않을까요?

왜 가네샤는 상아가 하나만 있나요?

"코끼리 아저씨는 코가 손이래, 과자를 주면은 코로 받지요." 어린 시절 불렀던 이 노래를 기억하시나요? 긴 코를 사람의 손처럼 자유자재로 사용하는 코끼리를 묘사한 노래이지요. 집채만한 몸집에 날개처럼 크고 평평한 귀, 바닥에 닿을 만큼 긴 코를 가진 코끼리는 그 모습이 무척이나 특이하지만, 또 누구나 코끼리 아저씨 노래를 쉽게 따라부를 수 있을 만큼 우리에게 친숙한 동물이기도 합니다. 코끼리는 사하라 이남 아프리카, 남아시아, 동남아시아, 그리고 중국 일부 지역에 서식합니다. 인도를 여행하다 보면 대로 한복판에서 코끼리를 만나는 경험도 할 수 있습니다. 인도 코끼리는 아프리카 코끼리보다 약간 작으며 점잖은 성격이라고 하는데요. 인도에 코끼리 얼굴을 한 신이 있다는 사실 알고 계셨나요?

코끼리 얼굴에 사람의 몸을 한 이 신은 가네샤라고 합니다. 힌두교의 수많은 신 중에서 가장 인기 있는 신을 꼽기란 참 어려운 일이지요. 하지만 가네샤 신이라고 하면 아마도 인도인 대부분은 고개를 끄덕이며 인정할 것입니다. 가네샤 숭배는 인도뿐 아니라 네팔, 스리랑카, 태국, 인도네시아, 싱가포르 등 동남·남아시아의 다른 국가들에서도 널리 행해집니다. 가네샤 신은 갸나빠띠^{Ganapati}, 비나야까^{Vinayaka}, 삘라이야르^{Pillaiyar}라는 이름으로도 알려져 있습니다. '없애는 자'라는 뜻의 이름인 비나야까에서 알 수 있듯이 가네샤 신은 모든 장애를 없애고 복을 가져다주는 존재로 여겨집니다. 또한 지성과 지혜의 상징이기도 합니다. 힌두 신화에서 가네샤 신은 시바 신과 빠르바띠^{Parvati} 여신 사이에서 태어난 아들로, 핏줄로 따진다면 시바파에 속하겠지만, 종파와 종교를 불문하고 대중적으로 높은 인기를 누리고 있습니다.

가네샤 신은 인간의 몸에 코끼리 머리를 하고 있기에 누구나 쉽게 알아볼 수 있습니다. 그가 코끼리 머리를 갖게 된 데에는 여러 이야기

인도 가정집 벽에 놓인 가네샤 신상

가 있는데, 공통적인 내용은 그의 아버지인 시바 신이 실수로 (또는 고의로) 머리를 자르고 코끼리의 것을 대신 붙여 주었다는 것입니다. 가네샤 신은 보통 네 개의 팔을 가진 것으로 표현됩니다. 힌두 신에게는 각자 탈것이 있는데, 가네샤 신은 쥐를 타고 다니기에 그의 그림에는 어디엔가는 쥐 한 마리가 꼭 있습니다. 이 그림에서도 쥐를 찾으셨나요? 그런데 잘 보시면 그림 속 그의 얼굴에 상아가 하나뿐입니다. 그림을 그린 사람이 실수로 빼먹기라도 한 걸까요? 아닙니다. 가네샤 신은 상아가 한 개뿐인 코끼리입니다. 그 때문에 초기에는 '이빨이 하나'라는 뜻의 에까단따Ekadanta라는 이름으로 불리기도 했습니다.

그러면 가네샤 신에게 어쩌다가 상아가 하나만 남게 된 것일까요? 그것은 인도의 2대 서사시 중 하나인『마하바라따』와 관련이 있습니다. 앞에서 살펴보았듯이『마하바라따』는 바라따 왕조의 전쟁 이야기입니다.『마하바라따』의 시기를 특정할 수 없지만, 일반적으로 기원전 4~6세기 즈음부터 서사시 형태로 존재하다가 기원후 4세기까지 점진적으로 변형되어 기록된 것으로 봅니다. 그래서 이 작품은 오랜 시간 입에서 입으로 전해지는 과정에서 다양한 에피소드들이 더해진, 그야말로 고대 인도인들의 상상력과 지혜가 한곳에 모인 집성체集成體라 할 수 있습니다. 우주의 탄생과 세상의 기원, 영웅들의 모험과 사랑, 인도인들의 인생관과 인류 보편의 가치 등 철학적·종교적·문화적·역사적 주제를 총망라하지요.『마하바라따』는 수많은 수정과 증보를 거친 민족 공동 정신의 표현이자 창작이며 밑바탕입니다. 그래서 "『마하바라따』에 있는 것은 세상 어디에서나 찾을 수 있고,『마하바라따』에 없는 것은 세상 어디에도 존재하지 않는다."라는 말이 있습니다.

『마하바라따』는 보통 서사시 가리키는 까뱌kavya로 분류되지만, 때때로 이띠하사itihāsa라는 장르로 불리기도 합니다. '(실제로) 이와 같은 일이 있었다'라는 뜻의 싼스끄리뜨어 이띠하사는 힌디어에서 '역사'라는 뜻으로 사용됩니다. 싼스끄리뜨 문학에서는 작가가 직접 목격한 것을 서술한 경우에만 이띠하사로 인정되는데,『마하바라따』의 작가로 알려진 뱌사Vyāsa가 이야기 속 주요 등장인물이기에 이 조건을 충족시킵니다.『마하바라따』에 나오는 사건들은 대개 역사적 기원이 있습니다.『마하바라따』의 대전쟁은 기원전 약 3200년경 인도 서북부의 꾸루끄셰뜨라Kurukshetra 지역에서 실제로 일어난 역사적 사건으로 여겨집니다. 또는 기원전 2000년경 있었던 드라비다인과 아랴인 사이의 전쟁을 충실히 반영하고 있다고도 이야기되는 등 인도인들에게『마하바라따』는 꾸며낸 허구의 이야기가 아니라 역사의 한 부분이라 할 수 있습니다.

오늘날 전해지는『마하바라따』는 모두 18장章, parva의 본문과「하리반샤」Harivaṁśa라는 부록으로 구성되어 있습니다. 빤다바족과 까우라바족이 왕국과 왕위 계승권을 둘러싼 전쟁 끝에 빤다바족이 승리를 거둔다는 핵심 줄거리에 여러 일화가 켜켜이 삽입되어 있습니다. 여기에는 힌두교의 주요 경전으로 여겨지는『바가바드기따』도 포함되어 있습니다.『마하바라따』는 전체 분량이 약 십만 송頌, śloka으로, 싼스끄리뜨 문학에서뿐만 아니라 전 세계의 문학을 통틀어서도 가장 긴 시라고도 여겨집니다.『마하바라따』의 첫 번째 장에는 이 긴 시가 어떻게 기록되어 전해진 것인지에 대한 설명이 나옵니다. 작가인 뱌사가 『마하바라따』의 모든 이야기를 기록으로 남기겠다고 마음을 먹습니다. 이야기가 워낙에 방대하다 보니 이것을 기록하는 것도 쉽지 않은 일인데, 그때 가네샤 신이 자신이 기록자가 되겠다고 나섭니다. 단, 절대로 이야기를 중간에 멈추지 않고 끝까지 한 번에 들려줘야 한다는 조건이 걸립니다. 드디어 이야기가 시작되고, 뱌사가 이 흥미진진한 이야기를 이어가던 중 아뿔싸, 펜이 부러지고 맙니다. 주위를 둘러보았지만, 글씨를 적을 만한 다른 도구를 찾지 못합니다. 앞서 내건 조건에 따라 뱌사는 이야기를 멈추지 않고 계속 이어 가고 있었습니다. 뱌사를 방해할 수도 그리고 이야기의 기록을 포기할 수도 없었던 가네샤 신은 자신의 오른쪽 상아를 부러뜨려 그것을 펜으로 삼아 이야기를 마저 받아 적기 시작합니다. 결과는 어떻게 되었을까요? 뱌사는 무사히 이야기를 끝낼 수 있었고, 가네샤 신이 그 이야기를 기록한 덕에 오늘날 우리는 이 위대한 작품을 즐길 수 있게 되었답니다.

오늘날 인도인들은 누군가의 새로운 시작을 축하하며, 한번 시작한 일은 어떤 어려움이 있어도 반드시 잘 마무리할 수 있기를 기원하는 마음으로 '슈리 가네샤 끼지에śrī Gaṇeśa kijie(가네샤님 하세요)'라는 인사를 건네곤 합니다. 이렇게 가네샤 신은 새로운 시작을 상징하는 신으로 큰 사랑을 받고 있답니다.

왜 라마는 씨따를 버렸나요?

여럿 가운데서 문제를 해결하기 위해 어느 것을 골라내는 것을 선택이라고 하며, 그중 둘 가운데서 하나를 선택하는 것을 양자택일이라고 합니다. 그런데 양자택일에서 둘 중 어느 쪽을 선택해도 불만족스러운 결과가 오는 상황이 있지요. 이러한 상황을 딜레마라고 합니다. 우리는 살면서 여러 가지 딜레마에 처하게 됩니다. 이러지도 저러지도 못하고 곤란한 딜레마에 빠졌을 때 여러분은 어떤 기준으로 한쪽을 선택했나요? 인도에는 이 딜레마의 상황과 선택이 빚어낸 아주 유명한 이야기가 있습니다.

　라마 이야기Rāma-kathā는 인도의 대표 신화이자 근원설화입니다. 라마 이야기란 라마의 일대기, 즉 라마가 태어나서 죽을 때까지의 이야기를 그의 위대한 업적을 중심으로 제시한 이야기를 통틀어 가리킵니다. 라마 이야기는 오랜 시간을 거쳐 광대한 지역에서 전승되었고, 인도의 서로 다른 언어·문화집단은 이 이야기를 공유하면서 공동의 정서를 형성했습니다. 라마 이야기는 시대와 지역에 따라 끊임없이 새로운 형태의 이야기를 낳으면서 살아있는 문학 전통을 이루었습니다. 그래서 이 세상에는 수천수백 개의 라마 이야기가 있다고도 이야기됩니다.

　사람들은 어쩌면 '라마 이야기'보다 '라마야나'라는 이름이 더 익숙할지 모릅니다. 『라마야나』는 사실 발미끼Vālmīki가 싼스끄리뜨어로 쓴 서사시의 제목입니다. 발미끼의 『라마야나』가 워낙에 유명하다 보니 '라마Rāma'의 '여정ayaṇa'이라는 뜻의 '라마야나'가 '라마 이야기'의 동의어로 사용되기도 하지요. 발미끼의 『라마야나』는 「소년의 권Bālakāṇḍa」, 「아요댜의 권Ayodhyākāṇḍa」, 「숲의 권Araṇyakāṇḍa」, 「끼슈낀다의 권Kiṣkindhākāṇḍa」, 「순다라의 권Sundarakāṇḍa」, 「전쟁의 권Yuddhakāṇḍa」, 「후권Uttarakāṇḍa」으로 구성되어 있습니다. 각 권券, kāṇḍa은 다시 편篇, sarga으로 나뉘며, 그 분량은 2만 4천여 송입니다. 『라마야나』 이전에도 라마

이야기가 존재했지만 다소 파편적이거나 신화와 민담에 가까웠고, 서사구조나 인물 등이 이 작품에 와서야 비로소 문학적 형태를 갖추게 되었다고 볼 수 있습니다. 『라마야나』를 토대로 서사시 양식이 정립되었기 때문에 발미끼는 인도 문학사에서 '최초의 시인ādikavi'이라고도 불립니다.

  라마는 부유하고 강대한 꼬살라Kośala 왕국의 왕자로 태어납니다. 라마는 동생들과 함께 학문과 무예에 정진하며 자라났습니다. 라마가 열여섯이 되던 해에 선인 비슈와미뜨라가 왕국을 찾아와 락샤사Rākṣasa 무리의 방해로부터 제사를 지내기 어려우니 락샤사를 해치우기 위해 라마를 데려가겠다고 합니다. 락샤사는 불교에서 말하는 나찰羅刹을 가리킵니다. 라마는 사실 락샤사의 우두머리인 라바나Rāvaṇa를 무찔러야 한다는 소명을 가지고 태어났습니다. 라바나는 오래전 지극한 고행을 통해 창조주인 브라흐마를 기쁘게 하여 신, 아수라, 락샤사, 간다르바Gandharva, 낀나라Kinnara, 약샤Yakṣa, 뱀Nāga 중 누구에게도 패하지 않는 존재가 되게 해달라는 소원을 빌었습니다. 브라흐마 신의 은총으로 소원이 이루어진 라바나는 마음 놓고 세상을 어지럽히고 다녔습니다. 그런데 라바나는 소원을 빌 때 인간을 언급하지 않았습니다. 그에게 인간은 너무 하찮은 존재였기 때문입니다. 결국 인간만이 그를 없앨 수 있었고, 이를 위해 비슈누 신이 지상에 내려와 라마와 그 형제들에게 나뉘어 화현化現하게 된 것입니다. 라마는 그와 제일 가까운 동생 락슈마나Lakṣmaṇa와 함께 비슈와미뜨라를 따라나섭니다. 그리고 비슈와미뜨라는 라마에게 모든 지혜와 천상의 무기를 사용하는 기술을 전수합니다. 라마는 비슈와미뜨라의 제사를 방해하는 락샤사들을 해치운 뒤 이웃 비데하Videha 왕국의 공주 씨따를 아내로 맞아 왕국으로 돌아옵니다. 라마의 아버지 다샤라타^{Daśaratha}는 장성한 첫째 아들 라마의 책봉식을 준비합니다. 그러나 두 번째 왕비인 까이께이^{Kaikeyī}가 오래전 약속을 근거로 그녀의 아들인 바라따^{Bharata}에게 왕위를 물려주고, 라마는 14년 동안 숲으로 유배 보내라고 종용합니다. 라마는 그 뜻을 받들어 씨따와 락슈마나와 함께 왕국을 떠났고, 다샤라타는 슬퍼하다 숨을 거두고 맙니다.

숲에서 머무르던 라마 일행에게 바라따가 백성들과 찾아와 다샤라타가 세상을 떠났음을 알립니다. 바라따는 자신은 왕이 될 자격이 없다며 라마에게 왕국으로 돌아와 달라고 청합니다. 그러나 라마는 아버지의 말씀을 따라야 한다며 이를 거절한 뒤 더 깊은 숲속으로 들어갑니다. 평화로운 숲속 생활이 이어지던 어느 날 라바나의 여동생인 슈르빠나카^{Śūrpaṇakhā}가 사냥을 나온 라마를 유혹하지만, 라마가 단호하게 거절하자 슈르빠나카는 흉측한 제 본성을 드러내며 라마를 저주하고, 락슈마나는 그녀의 코와 귀를 베어냅니다. 분개한 슈르빠나카는 오빠인 라바나를 찾아가 라마를 죽이고 세상에서 가장 아름다운 씨따를 취하라고 부추깁니다. 라바나는 숙부인 마리짜^{Mārīca}로 하여금 보석 같은 뿔과 털을 지닌 사슴으로 변하게 하여 라마와 락슈마나를 꾀어낸 뒤, 홀로 남은 씨따에게 고행자 차림으로 접근하여 그녀를 납치합니다.

라마와 락슈마나는 씨따가 납치되었음을 알고 크게 슬퍼하며 그녀를 찾아 나섭니다. 그 과정에서 원숭이족의 전 우두머리인 쑤그리바^{Sugrīva}를 만나게 됩니다. 쑤그리바는 자신의 형에게 쫓겨나 산속에 은신하고 있었는데, 라마는 쑤그리바의 형을 죽이고 그가 다시 왕위를 차지할 수 있도록 도와줍니다. 그리고 그 대가로 쑤그리바는 원숭이들을 사방으로 보내 씨따의 행방을 찾게 합니다. 남쪽으로 간 하누만^{Hanumān}

라마 이야기의 주요 등장인물. (왼쪽부터) 라마, 씨따, 락슈마나

일행이 씨따가 바다 건너 락샤사들이 모여 사는 섬 랑까(오늘날의 스리랑카)에 있다는 사실을 알아냅니다. 하누만은 랑까에 잠입하여 아쇼까^{Aśoka} 정원에 갇힌 씨따의 안위를 확인하고, 라마의 소식을 알린 뒤 돌아옵니다.

씨따를 찾았다는 소식을 전해 들은 라마는 원숭이와 곰으로 이루어진 군대를 이끌고 랑까로 향하고, 대전투가 시작됩니다. 치열한 접전 끝에 결국 라마가 라바나를 죽인 뒤 승리를 거두고 씨따를 구해냅니다. 이제 씨따를 데리고 왕국으로 돌아가 행복하게 오래오래 사는 결말만 남은 줄 알았지만, 라마는 라바나에게 붙잡혀 있던 씨따의 정절이 의심스럽다고 하며, 그녀를 받아들일 수 없으니 자유롭게 어디로든 떠나라고 말합니다. 라마의 말을 들은 씨따는 락슈마나를 시켜 불을 피운 뒤 자신의 정절을 주장하며 그 속으로 뛰어듭니다. 씨따가 불길에 뛰어들자 하늘에서 꽃비가 내리며 여러 신과 천상의 존재들이 땅으로 내려와 라마 앞에 섭니다. 이윽고 불의 신 아그니^{Agni}가 씨따를 팔에 안은 채 불길 속에서 나타났고, 씨따는 부활하게 됩니다. 이것이 그 유명한 '불의 시험^{agniparikṣa}'입니다. 이 시험을 통해 씨따의 순결이 입증되었고, 라마는 씨따와 함께 왕국으로 돌아옵니다. 바라따는 라마에게 기꺼이 왕위를 넘기고, 라마를 위한 성대한 대관식이 치러집니다.

여기까지가 여섯 번째 「전쟁의 권」에 담긴 이야기입니다. 언뜻 해피엔딩처럼 보이시나요? 그런데 「후 권」에서 라마는 다시 한번 씨따를 포기합니다. 「후 권」에는 라마가 아요댜에 돌아가 왕위에 오른 후의 이야기가 마치 후일담처럼 그려집니다. 씨따가 랑까에서 불의 시험을 통해 자신의 정절을 이미 입증했음에도 백성들은 의심을 거두지 않습니다. 결국 라마는 그녀를 포기하고, 씨따는 라마의 아이를 가진 채로 왕국에서 쫓겨나며, 성자 발미끼의 아슈람에 머무르며 꾸샤^{Kuśa}와 라바^{Lava}를 낳습니다. 시간이 흘러 라마가 대규모의 말 희생제$^{Aśvāmedha\ Yajña}$를 열었을 때, 발미끼는 꾸샤와 라바를 데려가 라마와 씨따의 이야기를 노래로 부르게 합니다. 이 노래를 듣고 라마는 꾸샤와 라바가 자신의 아들임을 알게 됩니다. 그는 씨따에게 서약을 통해 다시 한 번 정절을 입증한 뒤 왕국으로 돌아오라 합니다. 그러나 서약을 마친 그녀는 대지의 여신 품에 안겨 지하세계로 사라집니다. 이후 라마는 꾸샤와 라바에게 왕위를 물려준 뒤 왕국을 떠나 유랑기를 보내다가 죽음을 맞습니다.

『라마야나』를 끝까지 읽은 사람들은 이 이야기의 결말에 놀라곤 합니다. 라마가 씨따를 버린 것은 '씨따 포기^{Sitātyāga}'라 하여 라마 이야기를 통틀어 가장 큰 논란의 대상이 되어 왔습니다. 씨따는 왕국을 떠나며 "나는 이전에 숲에서의 유배 생활도 라마를 따르면서 기꺼이 버텨냈습니다. 그런데 이제 사랑하는 사람들에게서 떨어진 채 어찌 살라는 것인가요?"라고 말합니다. 이미 불의 시험을 통해 씨따의 순결이 입증되었음에도 라마가 다른 사람들의 시선이 두려워 그녀를 왕국에서 쫓아내는 것은 이해하기 어렵습니다. 씨따의 말마따나 힘이 들 때 곁에서 힘이 되어준 그녀인데 말입니다. 주인공이지만 어쩐지 비겁해 보이기도 한데, 라마는 어째서 씨따를 버린 것일까요?

라마 이야기는 결국 다르마에 관한 이야기입니다. 이 이야기에서 다르마는 주인공들이 내리는 선택의 기준이 되어 줍니다. 씨따를 둘러싼 백성들의 근거 없는 중상中傷을 들었을 때 라마는 씨따가 무결함을 알고 있었습니다. 라마는 씨따의 순결을 진심으로 믿고 있었기에 그녀와 함께 왕국에 돌아왔습니다. 그러나 백성들은 그 말을 믿지 않았고, 씨따가 정절을 지키지 않아도 용서할 수밖에 없을 것이라며 라마의 행동을 비난했습니다. 그래서 만인의 본보기가 되어야 하는 라마는 왕으로서의 다르마를 지키기 위해 씨따를 버릴 수밖에 없었던 것입니다. 다르마의 종류는 하나가 아니고 모두에게 같은 다르마의 원리가 적용되지 않습니다. 때로는 한 사람에게 둘 이상의 다르마가 동시에 요구되어 그 중 어느 하나를 선택하지 않을 수 없는 난감한 상황이 생기기도 하지요. 라마는 아내인 씨따를 보호해야 하는 남편으로서의 다르마와 백성들의 목소리에 귀를 기울이고 민심을 수습해야 하는 왕으로서의 다르마 사이에서 딜레마에 빠졌고, 결국은 왕으로서의 다르마를 선택하게 된 것입니다. 개인을 위한 다르마보다 모두를 이롭게 하는 다르마가 우선시되었기 때문입니다.

비록 라마가 왕의 다르마를 선택함으로써 씨따를 버렸고, 두 번이나 정절을 입증하기 위한 시험으로 내몰았으나 그는 그녀를 진심으로 사랑했습니다. 씨따가 떠난 뒤 라마는 죽을 때까지 다른 여성을 왕비로 들이지 않고 평생을 혼자 살았다고 합니다. 여러분은 같은 상황에서 어떤 선택을 했을까요? 딜레마는 예기치 않은 순간 불쑥 찾아옵니다. 인간에게 딜레마를 피하는 것이 불가능하다면 우리는 더 나은 선택으로 그 상황을 극복해야 할 것입니다. 라마는 선택의 갈림길에서 자기 행복과 안위보다 다르마를 우선시했습니다. 설령 그것이 사랑하는 사람들과의 이별로 이어지더라도 그는 한결같이 다르마를 실천했지요. 인간으로 태어난 라마가 윤회의 굴레에서 벗어나 신의 길을 걷게 된 데에는 이러한 선택들이 있었습니다. 귀에 걸면 귀걸이, 코에 걸면 코걸이 식의 선택은 당장의 만족을 줄 수 있을지 모르지만, 딜레마의 궁극적인 해결책이 되지는 않을 것입니다. 결국 흔들리지 않는 확고한 기준을 바탕으로 한 선택이야말로 가장 후회 없는 선택이 아닐까요?

하누만은 어떻게 신이 되었나요?

중국의 장편 신괴神怪 소설 『서유기西遊記』의 '손오공'을 모르는 사람은 없을 것입니다. 『서유기』는 삼장 법사가 세 요괴인 손오공, 저팔계, 사오정을 데리고 불경을 구하러 천축天竺, 그러니까 인도에 다녀오는 이야기를 그린 작품입니다. 이 작품에서 손오공은 둔갑술과 분신술에 통달했다고 묘사됩니다. 마음대로 자기 몸을 감추거나 다른 것으로 변하게 하거나 자신을 여러 몸으로 나타나게 할 수 있으며, 여의봉을 들고 근두운을 타고 어디든지 이동할 수도 있습니다. 손오공은 중국 역사상 가장 인기 있는 캐릭터라 할 수 있습니다. 우리나라에서도 유명 만화 영화의 주인공으로 재탄생하였고, 최근에는 케이팝 아이돌의 노래에 등장할 만큼 잘 알려져 있는데요. 손오공이라는 캐릭터의 모태가 인도의 하누만이라는 사실을 아는 사람은 그리 많지 않을 것입니다.

하누만은 앞서 살펴본 '라마 이야기'에 나오는 주인공 라마의 듬직한 조력자로 나오는 원숭이입니다. 하누만은 원숭이족의 우두머리인 쑤그리바의 충직한 신하입니다. 쑤그리바는 원숭이족의 전 우두머리로, 그의 형 왈리^{Vali}와의 오해와 대립으로 인해 왕국에서 쫓겨나 산속에서 네 명의 책사策士들과 살고 있었습니다. 하누만은 이때 쑤그리바 곁에 있었던 책사 중 하나였습니다. 이후 라마의 도움을 받아 쑤그리바가 왕국을 되찾게 되고, 하누만은 라마에게도 충성을 바치게 됩니다. 라바나에게 납치된 씨따의 행방을 찾는 데에 결정적인 역할을 한 것도 바로 하누만이죠.

라마의 군대에 속하여 락샤사들과 맞서 싸운 원숭이와 곰은 모두 뛰어난 기량과 투혼을 지닌 타고난 전사들이었습니다. 라마 이야기 속에서 "그들은 산봉우리를 부술 만큼 힘이 셌고, 큰 나무와 바윗덩이를 무기로 삼았다. 그들의 몸은 금강석과 같이 부서지지 않고 단단했으며, 어마어마한 위력을 담고 있었다. 그들은 바라는 대로 위력과 용맹을 드러내곤 했으며, 모든 전투에 숙련되어 있었다. 그들의 힘은 만 마리 코끼리와 같았고, 바람이 차마 속도를 겨룰 수 없을 정도로 빨랐다. 그들은 머무르고자 하는 곳 어디서든 살 수 있었고, 몇몇은 숲에서만 살기도 했다."고 묘사됩니다. 원숭이와 곰이 지닌 특별한 능력에는 자신의 모습을 원하는 대로 바꾸는 환상술도 있었습니다.

하누만은 그중에서도 특히 뛰어났습니다. 하누만은 원하는 곳은 어디든 원하는 모습을 하고 갈 수 있어, 씨따의 안위를 확인하러 바다 건너 랑까에 잠입할 수 있었습니다. 100요자나^{yojana}(약 120~150km)나 되는 광활한 바다를 앞에 두고 같이 간 일행 중 누구도 그것을 뛰어넘을 엄두를 못 내고 있을 때 하누만은 자신의 몸을 산처럼 크게 부풀린 뒤 바다를 한걸음에 뛰어넘습니다. 하누만은 라바나의 정원에 갇혀 있던 씨따에게 라마가 그녀를 애타게 찾고 있으니 조금만 기다리라는 소식을 전합니다. 그러던 중 락샤사들에게 발각되어 붙잡히게 됩니다. 이

때 락샤사들이 하누만을 묶어 두고 그의 꼬리에 불을 지폈는데, 그는 자신의 몸을 다시 한번 크게 부풀렸다가 순식간에 작게 줄임으로써 결박에서 빠져나옵니다. 그리고 거센 바람을 일으켜 꼬리에 붙은 불로 랑까에 불을 지른 뒤 왕국으로 돌아옵니다.

위력 넘치는 위대한 전사이기도 한 하누만은 랑까에서 벌어진 전투에서도 많은 활약을 합니다. 하누만은 원숭이 군대를 이끌며 산봉우리를 뽑아 무기로 삼은 뒤 적을 해치웁니다. 격전 중 라마와 락슈마나, 그리고 라마의 편에서 싸우던 원숭이들이 라바나의 아들인 인드라지뜨Indrajit의 공격을 받아 의식을 잃고 쓰러지는 위기가 찾아옵니다. 이들의 의식을 되돌릴 방법은 히말라야에서 나는 약초의 향기를 맡는 것뿐이고, 지금 전투가 벌어진 곳은 랑까, 오늘날의 스리랑카입니다. 분초를 다투는 이 상황에서 머나먼 북쪽 히말라야까지 어떻게 다녀올 수 있을까요? 이때 하누만은 바람보다 빠른 속도로 히말라야까지 단숨에 날아가 신비한 약초의 산을 통째로 가져와 버립니다. 그리고 그 향기로 의식을 잃은 자들을 구합니다.

오늘날 하누만은 인도에서 가장 인기 있는 힌두 신 중 하나입니다. 커다란 원숭이 상이 세워진 사원을 보신 적 있지 않나요? 하누만이 라마의 충직한 신하로서 그의 승리에 혁혁한 공을 세운 것은 맞지만 어떻게 숭배 전통으로까지 이어지게 되었을까요? 하누만 숭배는 토착 신앙의 원숭이

약초가 자라는 산을 통째로 옮기는 하누만

숭배 전통에서 시작된 것으로 보입니다. 토착 원숭이 신이 시간이 흐르면서 힌두교에 편입되었고, 라마 이야기, 특히 『라마야나』를 통해 구체화되었습니다.

그렇지만 하누만 숭배가 본격화된 것은 『라마야나』가 나오고도 한참 뒤인 16~17세기의 일입니다. 박띠bhakti 운동의 영향입니다. 박띠 운동은 중세 인도에서 성행한 대중적 성격의 종교·사회·문학 운동으로, '박띠'는 힌두교의 핵심 요소로 신에 대한 절대적인 사랑을 가리킵니다. 이것은 더할 수 없이 높은 경지의 사랑이자 사라지지 않는 지복至福입니다. 이 사랑을 통해서 신이 완전한 하나의 실재임을 깨달을 수 있다고 여겨집니다. 박띠는 힌두교에서 말하는 해탈에 이르는 세 가지 길 중 하나입니다. 나머지 둘은 지식의 길과 행위의 길입니다. 박띠 운동 이전까지 박띠는 종교적 지식과 행위에 곁딸린 부차적 방법으로 여겨졌습니다. 해탈에 이르려면 베다를 학습하거나 제사를 지냄으로써 공덕을 쌓아야 했습니다. 공부는 늘 어렵고 제사를 지내는 데에는 돈이 들기 마련인데, 보통 사람들에게 이 두 길은 절대 쉽지 않았고, 그러다 보니 해탈은 남의 이야기처럼 요원하게만 느껴졌을 것입니다. 그래서 박띠 운동은 해탈에 이르려면 종교적 지식이나 행위가 아닌 신에 대한 철저한 사랑이라는 종교적 감정이 훨씬 중요하다고 보았습니다. 아무런 대가를 바라지 않고 신에게 헌신적 사랑을 바침으로써 지고의 목표인 해탈에 도달할 수 있다는 것입니다. 이 획기적인 사상은 6세기 남부 인도에서 이론적 틀을 갖추게 되었고, 14~15세기 무렵 북부 인도를 중심으로 종교사회운동으로 발전했으며, 그 대중성과 진보성을 토대로 중세 인도 전역에서 성행하게 됩니다.

박띠의 주요 갈래 중의 하나로 람rāma 박띠가 등장하게 됩니다. 람

하누만 사원

라마 박띠의 중심에는 뚤시다스^{Tulasīdāsa}가 아와디어^{Awadhi}로 쓴 라마 이야기인 『람짜리뜨마나쓰^{Rāmacaritamānasa}』가 있었습니다. 뚤시다쓰는 라마의 생애에서 삶과 사회의 이상과 규범을 취해서 그것을 사회에 널리 펴고자 했습니다. 그래서 라마가 비슈누 신의 아바따라로서 완전한 신성을 갖춘 최고의 존재임을 강조하지요. 발미끼의 『라마야나』의 라마는 어디까지나 초자연적인 힘을 지닌 인간적 존재였다는 점과 비교되는 부분입니다. 이 작품을 통해 라마는 숭배의 대상으로 완전히 자리 잡습니다. 그리고 이와 더불어 하누만 역시 람라마 박띠의 상징으로 급부상합니다. 그는 라마에게 헌신하는 이상적인 신도^{bhakt}였고, 나아가 그 자체로 헌신을 받을 자격을 인정받게 되었습니다. 이후 하누만은 바람의 신 와유^{Vāyu}의 후손이나 시바 신의 아바따라로 여겨지기 시작했습니다. 그리고 그 외양도 원숭이의 모습에서 점점 더 인간에 가까운 모습으로 바뀌게 되었습니다. 다른 모든 신도에게 본보기가 되는 박띠의 이상을 보여준 하누만, 신을 향한 그의 헌신적인 사랑이 바로 그를 신으로 만들어 주었습니다.

손오공과 하누만의 성격은 다소 다른 것 같습니다. 손오공은 신통력을 얻은 뒤 천상계로 가서 말썽을 부리다가 붓다의 법력으로 산에 봉인되고, 이후 삼장 법사에 의해 구출되어 그의 제자가 된 다음에도 여기저기 도망을 다니다가 결국 긴고아繁箍兒라는 이름의 족쇄가 머리에 씌워지게 됩니다. 이처럼 손오공은 장난기 넘치는 성격을 지녔습니다. 그에 반해 하누만은 다르마를 알고 지혜로우며 영웅적이고 용맹스러운 기상을 지닌 자로, 사고를 치기는커녕 오히려 뛰어난 자기 통제력으로 존경받습니다.

비록 성격에는 차이가 있지만, 손오공은 불경을 구하러 서역으로 가는 삼장법사를 도와 요괴를 물리쳐 불법을 수호하고, 하누만은 납치된 씨따를 구하러 랑까로 가는 라마를 도와 라바나의 군대를 물리쳐 다르마를 수호하는 데 일조합니다. 이처럼 손오공과 하누만 모두 다른 누군가를 돕기 위해 헌신과 위력을 보여준 영웅이었기에 지금까지도 모두에게 사랑받는 존재가 아닌가 싶습니다.

왜 힌두는 꿈브 멜라에 목숨을 걸까요?

인도의 다양한 축제 가운데 코로나 시대 감염 확산의 우려를 낳았던 축제가 있습니다. 바로 꿈브 멜라Kumbh Mela인데요. 꿈브kumbh는 물항아, 멜라mela는 축제를 가리킵니다. 다른 축제와 마찬가지로 꿈브 멜라 역시 신화에서 그 유래를 찾을 수 있습니다. 힌두 신화에 따르면 천상의 신들과 악마들이 생명의 물이 담긴 항아리를 서로 차지하려고 12일 동안 싸움을 벌이던 중 생명의 물 몇 방울이 지상에 떨어졌다고 합니다. 바로 쁘라야그라즈Prayagraj, 하리드와르Haridwar, 나식Nashik, 그리고 웃자인Ujjain입니다. 이후 이 네 도시에서 3년마다 번갈아 가며 꿈브 멜라 축제로 이를 기념합니다. 한 도시에서는 12년에 한 번씩 꿈브 멜라가 열리게 되는데, 천상의 12일이 지상의 12년에 해당되기 때문입니다.

이 중 가장 커다란 규모의 꿈브 멜라가 열리는 도시는 바로 웃따르쁘라데시주에 있는 쁘라야그라즈입니다. 그래서 이곳의 꿈브 멜라는 도시 이름을 딴 '쁘라야그 꿈브 멜라' 외에도 '마하 꿈브 멜라', 즉 위대한 꿈브 멜라라고 불립니다. 쁘라야그라즈는 갠지스강, 야무나강, 그리고 지금은 사라졌지만 신화로 전해지는 싸라스와띠강이 합류하는 지점인 뜨리베니 쌍감Triveni Sangam 근처에 있습니다. 신성한 세 강이 만나

쌍감의 성스러운 물에 몸을 담그는 순례자들

8 인도는 신화의 나라다? | 235

는 쌍감에서 꿈브 멜라 기간에 목욕을 하면 현생에서 지은 모든 악업이 씻기고 천상에 태어나게 된다는 종교적 믿음 때문에 마하 꿈브 멜라 때 엄청난 사람들이 쁘라야그라즈로 이동합니다.

2000년대 초반까지는 대략 5천만 명 정도가 꿈브 멜라에 참가했는데 참가자가 점점 많아지면서 마하 꿈브 멜라에는 1억 명 정도가 모이기도 합니다. 대규모 인원이 여러 날 머무를 수 있도록 근처에 임시 도시가 만들어지기도 하지요. 2020년 초에 코로나가 발생했고 2021년은 하리드와르 꿈브 멜라가 열리는 해였습니다. 갠지스강에서 열리는 하리드와르 꿈브 멜라는 마하 꿈브 멜라 다음으로 큰 꿈브 멜라입니다. 하리드와르 꿈브 멜라는 1–2월에 해당하는 힌두력 마가^{Māgha}에 시작되어 4월까지 이어집니다. 그러나 2021년에는 코로나로 인해 4월 한 달 안에 일주일 간격으로 4회(12일, 14일, 21일, 27일) 입욕하는 것으로 조정하였습니다. 관계자에 따르면 2021년 1월 14일부터 4월 27일까지 910만 명의 순례자가 입욕했다고 합니다.

2021년 4월 15일에 인도의 코로나 확진자 수는 20만 명을 넘어섰는데 확진자 급증의 주요 요인이 꿈브 멜라였던 것입니다. 그 무렵 전 세계 뉴스에서 인도의 확진자 수의 급증과 처리되지 못한 시신들이 산더미를 이룬 모습이 보도되었습니다. 이를 보고 '왜 위험한 줄 알면서 축제에 참가하지?'라는 질문이 쏟아졌지요. 인도의 축제를 영어로 festival로 표기하면서 '놀고 즐기는' 인상을 주고 있었기 때문입니다. 그러나 인도인들에게 색의 축제, 빛의 축제, 물의 축제 모두 단순한 페스티벌이 아니라 의례^{ritual}와 마찬가지입니다. 홀리보다는 디왈리가, 디왈리보다는 꿈브 멜라가 훨씬 더 종교성을 띠고 있습니다. 그런데 꿈브 멜라만 가장 큰 코로나 확산 요인으로 부각 된 것은 바로 '입욕' 때문입

2021년 4월 21일 하리드와르 꿈브 멜라 축제의 세 번째 입욕 동안 기도하는 사람들

니다. 수많은 사람이 함께 물에 들어가서 입을 헹구고 그 물을 마시기도 합니다. 꿈브 멜라 기간의 강물은 그냥 물이 아니라 성스러운 물 즉 성수聖水로 여기기 때문에 그 물로 입을 헹궈 악업을 씻어 내고 때로는 그 물을 통에 담아 집으로 가지고 가서 가정의 결혼식을 비롯한 주요 의식에 사용하기도 합니다.

그래서 다른 어떤 행사보다도 코로나 확산의 위험성이 높은 것이 꿈브 멜라였습니다. 그럼에도 불구하고 인도인들은 꿈브 멜라에 왜 굳이 참가했을까요? 인도인들은 윤회를 믿습니다. 수천 년의 전생, 앞으로 다가올 수천 년의 내생에 비하면 현생은 길어야 100년이기에, 이생에서 전염병에 걸리더라도 내세에 천상에 태어날 수 있다면 여러분들은 어떤 선택을 하게 될까요?

9
인도는 위험하다?

왜 아요댜에서는 분쟁이 계속 될까요? / 왜 성폭력이 빈번한가요? / 왜 테러가 자주 발생할까요? / 명예살인은 도대체 무엇일까요? / 왜 지참금을 법으로 금지했을까요? / 왜 과부는 싸띠를 했을까요?

왜 아요댜에서는 분쟁이 계속 될까요?

금관가야의 시조인 수로왕이 아직 왕비를 맞지 않았을 때의 일입니다. 어느 날 수로왕은 자신의 혼사를 걱정하는 신하들에게 망산도에 가면 경사스러운 일이 생길 것이라 일렀고, 그곳에 간 신하들은 먼바다에서 나타난 낯선 배를 발견하였습니다. 배에는 시종을 거느린 한 여성이 타고 있었습니다. 그 여성은 수로왕이 직접 나와 자신을 맞이할 것을 요청했고, 수로왕은 의장을 갖추어 그녀를 영접한 뒤 왕비로 맞이하였습니다. 그녀가 바로 수로왕비 허황옥許黃玉입니다. 수로왕과 허황옥 사이에는 열 명의 아들이 있었고, 그중 둘은 어머니의 성을 따라 허씨를 쓰게 되었습니다. 이것이 오늘날 우리나라 성씨인 허씨의 유래입니다.

『삼국유사』의 가락국기에는 허황옥이 자신을 인도 아유타국의 공주라고 밝혔다고 기록되어 있습니다. 아유타는 발음의 유사성을 근거로 인도 북부에 있는 아요댜로 여겨지곤 합니다. 이 기록의 역사적 사실성 입증 여부는 차치하고, 아유타와 아요댜를 연결시키는 것은 한국과 인도 문화교류에 있어서 긍정적 역할을 하고 있습니다. 2000년에 김해와 아요댜 두 도시는 자매결연을 하였습니다. 그리고 2021년 10월, 아요댜의 람 까타 공원Ram Katha Park에 허황옥 기념비가 세워지면서 공원의 이름이 허황옥 왕비 기념 공원Queen Heo Hwang-ok Memorial Park으로 바뀌었습니다.

오늘날 아요댜는 힌두민족주의 세력 확산과 함께 힌두-무슬림 분쟁의 핵심이 되는 지역이기도 합니다. 아요댜는 『라마야나』의 주인공인 라마의 탄생지로서 전통적으로 커다란 종교적 상징성을 지닌 곳입니다. 그런데 무갈 제국 시대에 이곳에 바브리 사원Babri Masjid이 건설되었습니다. 그리고 언제부턴가 이 이슬람 사원이 본래 라마 신을 모시던 힌두 사원을 파괴한 뒤, 그 자리에 지은 것이라는 이야기가 사람들 사이에 퍼지기 시작했습니다. 물론 이것이 진실인지 아닌지는 학자들 간에도 서로 다른 의견이 첨예하게 대립하는 민감한 사안입니다.

앞서 살펴본 것처럼 힌두와 무슬림 간 갈등의 뿌리는 영국 식민지 시대부터 생겨났습니다. 독립 이후 인도는 국교가 없는 나라, 즉 세속 국가임을 헌법으로 명시했고, 정부는 특정 종교에 치우치는 국가를 만들지 않고자 노력했습니다. 그 과정에서 다수인 힌두에 비해 소수인 무슬림을 보호하는 정책이 시행되었고, 힌두들은 오히려 자신들이 차별받는다고 여기는 상황이 생기게 되었습니다. 일부 힌두민족주의자들 사이에서 이러한 불만이 극에 다다르게 되었고, 이들은 공모하여 간디를 암살했습니다. 이 사건으로 인해 힌두민족주의는 한동안 침체 상태에 놓이게 됩니다. 이후 1980년 현재의 집권당인 BJP가 창당하면서 다시 힌두민족주의 세력이 확산하기 시작합니다. 힌두가 다수인 인도에서 힌두의 이익을 대변하며 그들의 관심을 끌어내는 것은 정당 지지율을 높이고 세력을 확대하는 데에 도움이 되었습니다. 이러한 분위기를 인식한 BJP는 구자라뜨의 쏨나트Somnath에서 웃따르쁘라데시의 아요댜까지 행진을 진행합니다. 그냥 무리를 지어 걷는 것이 아니라 라마로 분장한 BJP 당수 아드바니L. K. Advani가 라마의 전차를 타고 행진을 한 것입니다. 이를 계기로 소규모 지역 정당으로 출발한 BJP는 명성을 얻고 전국 규모의 정당이 되고, 이어 웃따르쁘라데시 주정부 집권당의 자리를 차지하게 됩니다.

1992년 12월 6일에 BJP의 주축 세력이기도 한 극우 힌두민족주의 단체인 세계힌두연맹Vishva Hindu Parishad: VHP과 민족봉사단Rashtriya Swayamsevak Sangh: RSS이 아요댜의 바브리 사원을 파괴하는 사건이 벌어졌습니다. 이 사건은 학살에 가까운 유혈 사태로 이어지며 수천 명의 사상자를 냅니다. 결국 인도 연방정부는 종교 갈등을 막기 위해 바브리 사원을 파괴한 자리에 접근을 막았고, 모든 종교 행위를 금지했습니다. 그러나 이는 미봉책에 불과했습니다. 힌두와 무슬림 간 갈등이 해소되지 않은 채 다시 2002년 구자라뜨 폭동 사태가 발생했습니다. 람 사원Ram Mandir 건립을 위해 아요댜에 갔던 극우 힌두 세력이 정부의 접근 금지 명령으로 아무런 진전 없이 돌아오는 기차에서 무슬림 여성들을 희롱했고, 그 소식을 접한 무슬림들이 그 열차에 불을 질렀습니다. 이 사건으로 기차 안에 있던 58명이 사망했고, 이어진 상호 보복으로 2천 여 명의 사상자가 발생했습니다.

이후 라마의 탄생지인 아요댜에 힌두 사원을 지어야 한다는 힌두 민족주의자들의 요구와 시위는 끊이지 않았습니다. 그러나 수차례에 걸친 법원의 판결과 이어지는 항소에도 종교 충돌의 위험이 다분한 아요댜에 람 사원이 건립되는 것은 허용되지 않았습니다. 이러한 상황에서 BJP는 2014년 총선에 이어 2019년 총선에서도 람 사원 건립을 공약으로 내세우며 인도의 집권당이 됩니다. 2기 집권에 성공한 BJP는 마침내 2020년 2월 5일에 인도 의회에서 람 사원 건립을 공표했고, 2020년 8월 5일에 착공했습니다.

2021년 11월 디왈리 축제가 열리는 기간 동안 웃따르쁘라데시 주

허황옥 이야기를 소재로 한국과 인도가 공동 발행한 기념 우표(2019년 7월 30일)

정부는 아요댜에 1,200,000개의 등불을 밝히며 아요댜 람 사원 건립을 홍보했습니다. 하늘에는 라마의 이야기를 담은 레이저 쇼가 펼쳐졌을 뿐만 아니라 500대의 드론을 사용한 3D 영상도 공개되었습니다. 람 사원 착공과 함께 아요댜는 축제 분위기가 절정에 이르렀고, 등불의 수를 세기 위해 기네스북 관계자들도 참석했습니다.

그리고 마침내 2024년 1월 22일에 람 사원 개관식이 거행되었습니다. 인도 각 주에서는 이날을 공휴일로 지정하거나, 반나절 공휴일로 지정할 정도였고, 모디 인도 총리, 요기 아디뜨야나트Yogi Adityanath 웃따르쁘라데시 주총리를 비롯한 고위 인사들의 참석과 연설 그리고 라마야나 TV 시리즈에 출연했던 배우들도 참석했습니다. 개관식에 전국적 관심이 집중되었을 뿐만 아니라, 일반에게 공개된 첫날인 1월 13일에 방문객 50만 명을 기록했다고 합니다.

아요댜는 이제 역사적 사실 여부와 관계없이 한국과 인도의 오랜 교류를 상징하는 도시로 자리 잡았으며, 양국의 관계 증진을 위한 디딤돌 역할을 하고 있습니다. 하지만 이곳은 동시에 종교 갈등의 도화선이 될 가능성도 내포하고 있습니다. 앞으로 이 도시가 서로 다른 배경을 가진 사람들이 이해하고 소통하는 장이 되어, 평화로운 공존의 상징으로 남기를 진심으로 바랍니다.

왜 성폭력이 빈번한가요?

성폭력은 성과 관련된 말이나 행동으로 상대방에게 성적 불쾌감이나 수치심, 혐오 등의 피해를 입히는 성희롱과 강제적인 신체적인 접촉까지 가해지는 성추행 그리고 상대방의 동의 없이 성관계를 강요하는 성적 가해 행위인 성폭행을 모두 포괄하는 개념입니다.

우리나라에서도 한때 성폭력을 '정조에 관한 죄'로 인식하며, 이를 여성의 성적 자기 결정권에 대한 침해가 아니라 개인이나 가족의 명예 문제로 여기는 경향이 있었습니다. 온 국민이 분노할 수밖에 없는 성폭력 사건들이 발생하는 가운데에도 성에 대한 무지와 은폐가 만연했지요. 그러나 이제는 여성운동의 끊임없는 노력과 관련 법 제정, 성적 권리에 대한 사회적 인식 변화, 그리고 성교육을 통해 상황이 많이 개선되고 있습니다. 무엇보다 피해자들이 더 이상 피해 사실을 숨기지 않고 용기를 내어 떳떳하게 공론화하면서, 사회는 이에 공감하고 경각심을 갖고 있습니다.

한편, 여성에 대한 성폭력 사건 중 인도의 사례가 자주 보도되면서, 인도는 '여성에게 위험한 나라'라는 오명을 얻게 되었습니다. 특히 2018년 6월, 런던에 본부를 둔 톰슨 로이터 재단 Thomson Reuters Foundation 의 보고서 『세계에서 여성에게 가장 위험한 국가, 2018 *The World's Most Dangerous Countries for Women, 2018*』가 발표되면서, 인도는 여성 안전과 관련한 부정적인 이미지를 더욱 굳히게 되었습니다. 2011년 조사에서 4위였던 인도가 2018년에는 1위에 올랐기 때문입니다. 여성의 안전 악화 요인에 대한 분석이 잇따르는 한편 인도에서는 '데이터 표본'의 공정성에 대해 이의를 제기하기도 했습니다.

톰슨 로이터 재단 세계에서 여성에게 가장 위험한 국가 보고서

	2011	2018
1위	아프가니스탄	인도
2위	콩고	아프가니스탄
3위	파키스탄	시리아
4위	인도	소말리아
5위	소말리아	사우디아라비아

출처 : Thomson Reuters Foundation (https://news.trust.org/item/20110615000000-hurik, https://news.trust.org/item/20180612142134-9jrem/)

여기서 우리가 짚고 넘어갈 것은 여성을 대상으로 한 성폭력 사건이 인도에서만 발생하는 것은 아니라는 점입니다. 어느 나라에서나 여성의 안전 문제는 단순하지도 않고, 단기간에 해결될 수 있는 문제도 아닙니다. 따라서 여성 성폭력 문제에서 인도가 우리보다 훨씬 심각한 상황인 것은 사실이지만 '인도는 성폭력의 나라'라고 일반화하는 것은 바람직하지 않습니다.

인도에서 성폭력이 많이 일어나는 가장 큰 요인은 성차별이라 할 수 있습니다. 교육, 취업, 사회적 이동 등 삶의 여러 영역에서 여성에 대한 차별은 여성의 자립을 제한하고, 이로 인해 폭력에 더욱 쉽게 노출되도록 만들기 때문입니다. 이러한 성차별 인식의 근저에는 가부장적 사회 구조가 자리하고 있습니다. 카스트 제도와 종교적 관념에 기반한 뿌리 깊은 가부장적 문화가 성 불평등을 지속시키는 중요한 요인이 되고 있는 것입니다.

2012년 12월 16일, 전 세계를 경악하게 한 강간 사건이 델리에서 발생했습니다. 델리의 무니르까Munirka에서 22세의 여성이 남자 친구와 함께 버스를 타고 가던 중에 여섯 명의 남성에게 무자비한 구타, 집

단 강간, 고문을 당했고, 병원으로 이송되었으나 바로 사망했습니다. 이 끔찍한 사건은 인도뿐 아니라 전 세계에 큰 충격을 주었고, 거센 비난과 항의 시위가 곳곳에서 이어졌습니다. 2013년 9월 13일, 델리의 패스트 트랙 법원fast track court은 가해자 중 미성년자를 제외한 성인 네 명에게 강간, 살인, 잔혹 행위 등의 죄목으로 교수형 판결을 내렸습니다. 인도 법원에서는 대부분의 사건이 신속하게 처리되지 않지만, 사회적 공분을 일으킨 사건, 특히 성폭력 사건은 빠른 처리를 위해 패스트 트랙 법원이 운영됩니다. 이 사건도 비교적 신속하게 진행되어 10개월 만에 판결이 내려진 것입니다. 그런데 가해자들이 이 판결에 이의를 제기하며 무려 8년에 걸쳐 항소, 상고, 대통령 청원 등 감형을 위해 온갖 방법을 시도하면서 사형 집행일이 계속 미루어졌습니다. 모든 청원이 기각됨으로써 사건 발생 7년 3개월이 지난 후인 2020년 3월 20일 교수형이 집행되었습니다. 그리고 이 사건은 피해 여성의 이름 대신 '두려움이 없다'는 뜻의 단어를 붙여 '니르바야 사건 Nirbhaya case'으로 명명되었습니다.

　　니르바야 사건의 재판은 빠르게 진행되었지만, 법 집행에 8년 가까이 걸렸습니다. 또한, 인도는 성폭력을 다루는 법이 있음에도, 그 시행과 집행에 있어 일관성이 부족한 경우가 많으며, 성폭력 사건에 대한 유죄 판결률도 낮은 편입니다. 이러한 법적 시스템과 결과는 성범죄가 빈번히 발생하는 원인 중 하나가 되기도 합니다. 가해자들이 처벌을 피할 수 있다는 인식은 성폭력에 대한 죄의식을 약화시키고, 범죄를 저지르는 데 대한 억제력을 떨어뜨리기 때문입니다. 가해자가 아닌 피해자에게 책임을 묻는 경우도 많습니다. 니르바야 사건을 두고도 '여성이 늦은 시간에 집 밖에 있었기 때문에 발생한 사건'이라고 말하는 사람들도 있습니다. 이러한 태도는 성폭력에 대한 이해와 인식 부족에서 비롯됩니다. 피해자는 결코 범죄의 원인이 아니며, 그들의 고통을 외면하고 비난하는 것은 문제의 본질을 왜곡하는 것입니다.

인도에서 발생하는 성폭력 사건은 때때로 집단 폭력의 형태로 나타나기도 합니다. 종교적 갈등이 심해질 때, 갈등을 겪는 쌍방이 서로에 대한 공격의 일종으로 상대 종교의 여성들을 집단 강간하는 경우도 있기 때문입니다. 나아가서 최근에는 외국인 여성에 대한 성폭행도 발생하고 있어서 인도를 여행하는 여성들에게 주의할 것을 당부할 필요가 있다고 합니다. 이러한 요인들로 인해 국제적인 단체들이 인도에서 발생한 성폭력 사건의 경우 유죄 판결률이 낮고, 젠더 평등에 대한 인식이 부족하며, 사건을 다루는 경찰의 위법 행위, 사법 제도의 미비와 재판의 장기화 등을 지적하며 중앙과 지방 정부의 강력한 대응책 시행을 촉구하고 있습니다. 그러나 성폭력은 법적 처벌에 앞서 사건이 발생하지 않도록 남녀 상호 평등과 존중의 인식 확산을 위한 노력이 병행되지 않으면 '여성이 위험한 나라 인도'라는 오명을 벗기 어려울 것입니다.

성적 자기 결정권은 본인에게 있는 것으로 자신의 의사나 의지에 상관 없이 타인이나 집단에 의해 심리적 또는 신체적으로 고통을 야기하는 모든 행위는 범죄입니다. 피해자가 피해 사실을 숨기도록 만드는 사회적 분위기는 사라져야 하며, 오히려 피해자를 따뜻하게 가족과 사회의 품으로 받아들이고, 가해자의 지위 여부와 상관없이 반드시 속전속결로 죗값을 치르게 하며, 우리는 일상생활 속에서 성차별적 요소를 감지하고 그 불균형과 불평등을 극복하고자 노력하는 성인지 감수성을 가져야 할 것입니다.

왜 테러가 자주 발생할까요?

최근 우리나라에서는 '흉기 난동'이 문제로 등장하고 있습니다. 예전에는 누군가에게 흉기를 휘둘러 상처를 입히거나 살해하는 경우 가해자와 피해자가 서로 아는 사이이고 상대에게 원한을 가져 보복하는 양상이었다고 합니다. 그런데 최근에는 일면식도 없는 불특정 상대를 대상으로 흉기를 휘두르기 때문에 큰 사회문제가 되는 것입니다.

그런데 다종교, 다인종 사회인 인도에서는 종교와 관련된 테러가 자주 발생하여 문제가 되고 있습니다. 이러한 테러에는 주로 종교적 극단주의자들이 관련되어 있습니다. 사실 어떤 종교에서도 테러를 정당한 것으로 인정하지는 않지요. 그러나 역사적 불만, 정치·사회적 소외, 권력욕 등에 의해 종교 극단주의자들이 등장하고 이들에 의한 테러는 해당 종교를 믿는 모든 사람을 테러리스트로 인식하게 하는 부정적 영향을 미칩니다.

2001년 9월 11일 미국에서 일어난 일련의 조직적인 테러 공격 이후 이슬람교는 가장 폭력적인 종교로 인식되고 있습니다. 특히 이슬람 극단주의자들이 사용하는 지하드Jihad라는 말은 마치 테러 강령처럼 전달되었지요. 그러나 지하드는 테러나 공격을 의미하는 단어는 아닙니다. 이슬람교의 지하드를 성스러운 전쟁聖戰으로 번역하면서 종교의 이름으로 수행하는 전쟁이라는 뉘앙스로 전달되었습니다. 원래 지하드는 정신적, 육체적으로 최선을 다하여 노력하는 것, 신의 길에서 헌신하는 노력을 의미하는 말입니다. 다시 말해서 일상생활에서 자신의 발전을 위해 노력하는 모든 것을 포함하는 개념입니다. 물론 자신의 신념에 따라 전쟁을 일으킨 것 역시 지하드에 포함되겠지요.

인도에서도 종교 갈등으로 인한 테러가 자주 발생합니다. 힌두에 의해 발생한 테러의 예로는 앞에서 언급한 아요댜의 바브리 사원 폭파를 들 수 있고, 무슬림에 의해 발생한 예로는 뭄바이 테러Mumbai Attacks를 들 수 있습니다. 뭄바이 테러는 2008년 11월 26일, 파키스탄에 기반을 둔 테러단체 라슈까레 따이바Lashkar-e-Taiba: LeT와 관련된 10명의 테러리스트 그룹이 인도의 금융 수도인 뭄바이 전역에 테러를 가한 사건입니다. 이 테러는 4일 동안 지속되었으며 고급 호텔, 유대인 센터, 기차역, 병원 등 도시의 유명 장소를 표적으로 삼았습니다. 테러리스트는 총, 수류탄, 즉석 폭발 장치를 사용하여 공격을 감행하여, 166명이 사망하고 300명 이상이 부상을 입었습니다. 희생자 중에는 인도인뿐만 아니라 미국, 영국, 이스라엘에서 온 외국인도 있었습니다. 뭄바이 테러는 인도에서는 물론 국제적으로도 큰 비난을 받았습니다. 이 사건을 계기로 인도 정부와 군부는 국내 테러에 대한 경각심을 갖게 되었고, 정보 수집, 보안 기관 간 협조, 테러 대응을 위한 보다 효과적인 조치 등의 필요성을 드러냈습니다. 이 외에도 2001년 인도 연방의회 테러, 2006년 뭄바이 열차 폭파, 2011년 뭄바이 폭격, 2019년 까슈미르 자살 폭탄 테러 등 여러 테러가 이슬람 극단주의자 혹은 까슈미르 분리주의자에 의해 발생했습니다.

인도의 종교 테러는 종교 집단 간, 종파 간 긴장과 갈등으로 촉발되거나 악화되기도 합니다. 때로는 개종, 차별, 장소 분쟁 등의 요인으로 발생하지만 정치적 영향으로 갈등이 증폭되어 발생하기도 합니다. 인도의 총선을 앞두고 벌어진 2019년 까슈미르 자살 폭탄 테러를 비롯하여 힌두 극우 정당의 집권을 막으려는 무슬림들과 파키스탄이 연계된 경우도 있기 때문입니다.

대부분의 경우 종교 테러리스트는 경제적 불평등이나 차별과 같은 기존의 사회적 분열과 분노를 이용하여 추종자를 모집하고 그들의 대의에 대한 지지를 얻습니다. 또한 인도의 일부 종교 테러리스트 그룹은 국가 외부의 조직이나 네트워크와 연결되어 있어 자원, 교육 또는 이데올로기적 지원을 받기도 합니다. 그렇기 때문에 인도의 종교를 바탕으로 한 테러는 단순한 테러로 보기 어렵고 복합적 요인으로 인해 발생하는 것이기 때문에 대응이 쉽지 않습니다. 인도에서 테러를 예방하기 위해서는 정보, 대응 매뉴얼을 마련하기에 앞서 극단주의, 근본주의를 극복할 수 있는 방안 마련이 필요할 것입니다.

인도를 설명할 때 '다양성 속의 통일성'이라는 문구를 자주 사용합니다. 많은 인종, 종교, 지역 특성을 가진 인도이지만 이들이 '하나의 인도'라는 통일성을 유지하고 있다는 의미입니다. 그러나 자신의 종교, 자신의 집단 중심으로 세상을 바라보고 평가하는 극단주의가 사라지지 않는다면 다양성과 통일성은 공존할 수 없을 것입니다.

우리나라 역시 다종교의 사회이며, 다양한 인종이 공존하는 다문화 사회로 변해가고 있습니다. 자신의 신념이든, 세상에 대한 소외감이든 폭력으로 타인을 해치는 것은 공존을 어렵게 만들 수 있겠지요. 인도나 우리나라 모두 경제적 발전에 치중하면서 인간다움을 챙기지 못해서 테러나 난동이 발생하는 것은 아닐까요? 한국과 인도 모두 20세기에는 경제 발전이 중요 과제였지만 이제는 인간다움을 회복하기 위한 노력이 필요한 때라는 인식을 강조할 때가 된 것 같습니다.

명예살인은 도대체 무엇일까요?

명예^{名譽}는 대외적인 평판이나 자긍심 같은 추상적인 가치나 사람의 품성, 덕행, 명성, 신용 등의 가치를 일컫는 말로 돈과 권력보다 더 소중하게 지켜야 할 사회적 지위입니다. 사람들은 동서고금을 막론하고 때로는 명예를 위해 죽음을 무릅쓰기도 하며, 명예를 잃어버리는 것은 목숨을 잃는 것으로 인생의 전부를 잃는 것과 같다고 생각하여, 때로는 살인도 서슴지 않았습니다.

고려 경종 때는 더럽혀진 명예 회복을 위한 복수가 일부 허용되었었지만, 살인이 빈번하게 발생하여 1년 만에 폐지되었다고 합니다. 조선시대에도 가문의 명예를 더럽힌 원수에 대한 살인은 그 명예훼손의 정도에 따라 처벌 수위가 달라지기도 하였습니다. 그리고 '도모지'는 몸을 묶고 얼굴에 물을 묻힌 종이를 겹겹이 발라 질식시키는 조선시대의 사형 방식 중의 하나인데, 대개는 가문의 이름을 더럽힌 자손들에게만 행해졌다고 합니다. 그리고 조선시대 후기에 들어서는 과부를 열녀로 만들기 위해 굶겨 죽이기도 하였고, 정조를 지키지 못한 여성의 반강제적인 자살도 있었다고 합니다. 이처럼 자신 가문, 공동체 등의 명예를 더럽힌 사람들을 죽이는 명예살인이 한 때 우리나라에도 있었던 것은 사실입니다.

그런데 이러한 명예살인이 오늘날에도 세계 곳곳에서 자행되고 있습니다. 유엔인구기금^{United Nations Population Fund: UNFPA}에 따르면 전 세계적으로 연간 5,000여 명이 명예살인으로 희생된다고 합니다.

인도 역시 명예살인이 발생하는 국가 중 하나입니다. 2016년에 따밀나두주에서 벌어진 까우살랴^{Kausalya}와 샹까르^{Shankar}의 명예살인을 예로 들 수 있습니다. 까우샬랴는 2014년에 망갈로르에 있는 PA 공대$^{P.A.}$ College of Engineering: PACE에 입학한 후 샹까르를 만나 교제하기 시작했습니다. 까우샬랴는 부유한 금융가 집안에서 태어난 상층 카스트 여성이었습니다. 이에 반해 샹까르는 여타후진계층에 속하는 벨라르^{velar}라는 하층 카스트 남성이었습니다. 두 사람의 교제를 알게 된 까우샬랴의 아버지는 분노했고 딸과 심한 언쟁을 하기도 했습니다. 이를 견디기 힘들었던 까우샬랴는 2015년에 학교를 중퇴하고 샹까르와 결혼하여 샹까르의 동네에서 살았습니다. 이들이 결혼한 다음 해에 까우샬랴의 아버지는 이들 부부를 갈라놓으려 했으나 실패했답니다. 그러자 까우샬랴의 아버지는 2016년 3월 12일에 여섯 명을 고용하여 많은 사람들이 보는 곳에서 이 부부를 공격하고 긴 칼로 베었습니다. 구급차로 두 사람을 병원에 후송했으나 병원에 도착할 무렵 샹까르는 까우샬랴의 품에 안긴 채 사망했고 다행히 까우샬랴는 목숨을 건졌습니다. 법정에서는 까우샬랴의 아버지를 포함한 네 명에게 사형을 선고했고 다른 두 명에게는 종신형을 선고했습니다. 목숨을 건진 까우샬랴는 남인도 전역에서 카스트 차별과 명예살인의 피해자를 찾아 다니며 달리뜨의 권리와 카스트 폐지를 위한 활동을 하고 있습니다.

명예살인은 서로 다른 종교의 남녀가 결혼하는 상황에서도 발생합니다. 자동차 세일즈맨인 힌두 지정카스트 출신 나가라주$^{Billipuram\ Nagaraju}$는 무슬림 여성 술따나$^{Syed\ Ashrin\ Sultana}$와 결혼했습니다. 술따나는 결혼 후 힌두교로 개종했고 빨라비^{Pallavi}라는 힌두 이름으로 개명했답니다. 그런데 술따나의 오빠와 친구가 이들을 계속 추적하여 2022년 5월 4일에 나가라주를 구타하고 칼로 찔러 살해했습니다. 이를 말리던 술따나도 폭행을 당했지만 목숨은 건졌습니다. 그런데 공개적인 장소에서 살해 사건이 발생했고, 도와달라는 외침에도 구경하던 사람들은 아무도 나서지 않았다고 합니다.

가문이나 공동체에서 가문의 명예에 피해를 준다는 이유로 여성을 살해하는 명예살인도 있습니다. 대표적으로는 전통의상이 아닌 서양식 복장을 했다는 이유로 명예살인을 당하는 것이라 할 수 있습니다. 최근의 경우로는 청바지를 입었다는 이유로 명예살해를 당하는 것을 들 수 있습니다. 2021년 7월 21일에 17세의 소녀 네하 빠스완Neha Paswan은 몸에 딱 붙는 청바지를 입었다는 이유로 할아버지와 삼촌들에게 심한 채찍질을 당했습니다. 빠스완이 의식을 잃자 친척들은 그녀를 병원으로 데리고 가는 척하면서 강 위에 있는 다리에 목을 매달아 죽게 했습니다. 현지 경찰은 할아버지, 삼촌들, 숙모들, 그녀를 다리에 매달러 갈 때 운전을 한 사람 등을 포함하여 10명을 살인과 증거인멸 혐의로 입건했습니다.

그리고 가장 최근에 일어난 명예살인으로는 2022년 11월 17일에 발생한 아유시 짜우다리Aayushi Chaudhary 사건을 들 수 있습니다. 다른 카스트 남성과 결혼하겠다는 딸과 언쟁을 하던 아버지가 딸을 총으로 쏘아 죽인 후에 딸의 시신을 빨간 여행 가방에 넣어 고속도로를 달리다가 창밖으로 던졌는데, 이후 이 시신이 발견되어 아버지는 체포되었습니다.

명예와 불명예의 기준은 매우 주관적이고, 지역에 따라서도 달라집니다. 도시에서는 대체로 현대 문명과 문화에 개방적인 편입니다. 그러나 농촌을 비롯한 지방에서는 전통을 고수하면서 현대화된 다른 문화적 간섭에 배타적이지요. 이러한 지역에서는 남성은 가문의 명예를 지킬 의무가 강조되는 반면에 여성은 순종적이고 온순하며 주어진 행동의 범주를 지키는 의무가 강조됩니다. 따라서 가장家長인 남성은 여성들이 가문을 수치스럽게 하지 않도록 보호하고 지켜야 하며, 가문의 불명예가 발생하면 이것을 해결하여 가문의 명예를 회복해야 한다는 의식이 강합니다. 명예살인과 관련하여 한몫을 하는 단체로는 마을원로회Khap Panchayat를 들 수 있습니다. 인도에는 빤짜야뜨라는 공식적인 지방 자치 기구가 있지만, 이와 별개로 존재하는 마을원로회는 비공식 전통 기구입니다. 그러나 마을원로회의 위력이 강하여 이들이 불명예로 결정하면 해당 가문에서는 그 불명예 발생 대상을 제거하여 명예를 회복해야 합니다.

인도의 명예살인은 대부분 배우자 선택과 관련하여 발생합니다. 『마누법전』에는 카스트에 따른 적합한 혼인 대상을 못박고 있습니다. 남성의 카스트가 여성의 카스트보다 높은 혼인은 괜찮지만, 반대로 여성의 카스트가 남성의 카스트보다 높은 혼인은 금지하고 있습니다. 오늘날에도 많은 인도인은 집에서 정해주는 적합한 짝과 결혼합니다. 그런데 여성이 어울리지 않은 배우자, 즉 더 낮은 카스트의 남성과 교제하거나 혼전 관계를 가지는 경우 가문의 불명예로 간주하여 명예살인을 자행하기도 합니다.

인도에서는 여전히 명예살인이 발생하고 있지만, 이에 대한 특별법이 없고, 관련 재판 역시 매우 느리게 진행됩니다. 그래서 여성단체는 물론 인권단체에서 명예살인 방지에 대한 다양한 목소리를 내고 있지만 획기적인 개선은 이루어지지 않고 있습니다.

명예살인이나 폭력 위험에 처한 부부들을 보호하는 시설은 드물고 러브 커맨즈Love Commandos를 비롯한 비영리 단체에서 운영하는 보호소들이 있습니다. 이 단체들은 위험에 처한 부부들이 자신들의 결혼에 부모들이 관여하는 것을 금지하는 명령서나 결혼 허가증을 신청하는

데 큰 도움을 주고 있습니다. 결혼 허가증이 없으면 여성의 집안에서는 '납치' 혐의로 신랑을 기소할 수 있고, 그러한 경우 경찰은 여성을 부모에게 돌려보내고 있기 때문에 이러한 도움은 자신들이 결정한 결혼을 유지하는 데 매우 중요한 것입니다. 그러나 무엇보다도 자녀들이 스스로 배우자를 선택하는 것을 인정하는 생각이 중요하며 인간의 생명, 인간 개개인의 존엄성보다 중요한 명예라는 것은 없다는 인식이 확산되도록 노력해야 할 것으로 보입니다. 그나마 2019년에 인도에서 처음으로 라자스탄주에서 명예살인에 관한 법Rajasthan Prohibition of Interference with the Freedom of Matrimonial Alliances in the Name of Honour and Tradition Bill, 2019이 제정된 것은 상당히 고무적이라 할 수 있을 것입니다.

호랑이는 죽어서 가죽을 남기고, 사람은 죽어서 이름을 남긴다고 하였습니다. 살아생전에 착하고 훌륭한 일을 하여 후세에 빛나는 이름을 남기라는 뜻으로, 결국 죽으면 썩어 문드러질 몸, 부끄럽지 않게 이름값 하며 살아야 할 것입니다. 그래서 명예를 지키는 것은 중요하고 더럽혀진 명예를 회복하는 것은 더더욱 중요합니다. 그러나 그 더럽혀진 명예도 인권을 짓밟고 되찾을 수는 없습니다. 태어나면서부터 주어진 당연한 기본 권리를 설사 가족이라도 함부로 빼앗을 수는 없습니다. 우리가 가족 간에 지켜야 할 것은 허울뿐인 명예가 아니라 숭고한 사랑이 아닐까요?

왜 지참금을 법으로 금지했을까요?

결혼을 앞둔 커플은 신혼집, 혼수, 결혼식 등으로 고민이 이만저만이 아닐 것입니다. 이제는 부모의 도움 없이 신혼집을 장만하기가 하늘의 별 따기만큼 어려워졌으며, 가전제품, 가구, 생활용품 등 살림살이 비용도 만만치 않으며, 웨딩 촬영부터 식장까지 결혼식에 들어가는 비용도 꽤 들어가며, 예단, 봉채, 예물도 예외는 아닙니다. 시대에 따라 혼수의 의미도 변하고 그 품목도 변하고 있지만, 예단은 일생일대의 가장 중요한 시점에 신부집에서 신랑집에 보내는 첫 선물이라는 점에서 여간 신경 쓰이는 게 아닙니다. 물론 신랑집에서도 신부집으로 채단과 예장을 보내는 봉채도 마찬가지일 것입니다. 이처럼 결혼을 함에 있어서 서로 주고받는 마음만으로는 전달이 잘 안되는지 아니면 그 마음을 더 잘 전달하기에 그러는지는 모르겠지만 여간 힘든 게 아니기에, 서로 상처를 주고받기도 하며 때로는 파혼까지 이르게 됩니다. 우리나라에서는 혼수 때문에 파혼하는 경우는 있지만, 혼수 때문에 죽는 경우는 거의 없습니다.

　그러나 인도는 이와 관련하여서는 불명예국가입니다. 인도는 결혼식 지참금 때문에 신부의 결혼이 힘들기도 하고 신부가 괴로워하며 심지어는 살인까지 발생하는 국가입니다.

　지참금이란 무엇일까요? 결혼할 때 가지고 가는 돈입니다. 그런데 예로부터 결혼할 때 신랑 집에서 신부의 집에 돈을 주는 경우와 그 반대의 경우가 있었습니다. 신랑 집에서 신부의 집에 주는 돈은 신부대新婦代라고 했습니다. 신부의 집에서 신랑의 집에 주는 돈이 바로 지참금입니다. 신부대와 지참금의 유래에 대한 여러 학설들이 있습니다. 초기 모계사회에서는 신부를 데려오는 것이 아니라 신랑이 신부의 집으로 가서 살게 되었습니다. 그러다가 아들을 떠나보내고 싶지 않은 집에서 신부의 집에 토지나 재산을 나누어 주면서 신부를 데려오기 시작했는데 이

것이 신부대의 유래라고 합니다. 또한 남녀 성비에서 여성의 비율이 낮은 경우 신랑 측에서 신부대를 치르고 신부를 데려 오는 경우도 있었답니다. 그 반대의 경우인 지참금의 유래는 낮은 가문에서 높은 가문으로 신분을 상승하려는 목적으로 신부의 집에서 재물을 신랑 측에 주면서 딸을 높은 가문으로 시집 보내는 것에서 시작되었다고 합니다.

인도의 지참금은 어떠할까요? 현재를 기준으로 보면 남성의 성비가 높고 여성이 부족합니다. 그러면 신부대의 풍속이 생겨야 하겠지만, 인도는 지참금 풍습이 성행하여, 딸을 낳으면 지참금 걱정부터 해야 하는 것이 현실입니다. 이에 대한 여러 이론이 있지만 간단히 보자면, 남성은 자신보다 낮은 카스트 여성과 결혼할 수 있지만, 여성은 자신보다 낮은 카스트와 결혼하면 명예살인이 발생할 수 있습니다. 그렇기 때문에 현대 인도의 가족법에서 일부일처제를 규정하기 전까지는, 딸을 자신의 카스트 내에서 혹은 더 높은 카스트의 남성과 결혼시키기 위해 첫째 아내가 아닌 둘째, 셋째 아내로 결혼시키는 경우도 흔했습니다. 이러한 과정에서 지참금이 발생했는데, 물론 이러한 풍습은 상층 카스트에서 발생했습니다. 그러다가 그러한 풍습이 카스트에 상관없이 전반적인 관례로 자리 잡게 됩니다.

그래서 딸을 시집보내면서 지참금이라는 이름으로 신랑 집안에 재물을 보내는 것이 관행이 되었습니다. 그런데 이 지참금이 적정한 예물 형태로 그치면 사회적 파장은 좀 적겠지만, 결혼할 때 지참금을 주었는데도 불구하고, 신랑의 집에서는 끊임없이 지참금을 요구하기도 합니다. 결혼할 때 받은 지참금이 부족하다는 것인데, 지참금을 요구하면서 그에 상응하는 지참금을 받지 못하는 경우 신부를 괴롭히고, 구타하고 때로는 살해하기도 합니다. 이렇게 지참금 문제로 아내가 살해되

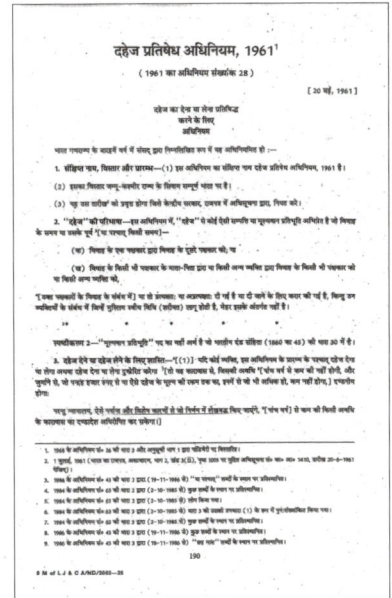 

(좌) 지참금 금지법(1961), (우) 까르나따까 존엄성 포럼(Karnataka Forum for Dignity, 2006) 포스터에 적힌 지참금 반대 슬로건

면 신랑은 어떻게 할까요? 다시 결혼할 수 있습니다. 재혼에서 역시 지참금을 또 받게 되지요. 그래서 현재 지참금으로 인한 여성 차별과 학대의 악순환이 계속되고 있습니다.

물론 지참금을 금지하는 법은 있습니다. 지참금 금지법Dowry Prohibition Act, 1961이 처음 제정된 것은 1961년입니다. 이 법에 따르면 직접적이거나 간접적으로 결혼과 관련하여 금품·재산 등을 결혼 전이든 이후이든 주고받는 경우 모두 처벌의 대상이 됩니다. 그러나 이 법은 실질적인 효과를 거두지 못했습니다. 쌍방처벌 규정이기 때문에 강요된 것이라도 딸의 지참금을 준 사람 역시 처벌의 대상이므로 신고를 하기 어려운 것입니다.

1980년대부터 지참금 문제로 아내를 구타하거나 살해하는 사건이 자주 발생했습니다. 딸이 지참금 문제로 살해되었다고 신고를 하더라도 살해 현장에 있던 목격자는 모두 남편이나 남편의 가족이기 때문에 살해의 증언이나 증거를 확보하기 어려웠습니다. 이 때문에 여성이 결혼한 후 7년 이내에 비정상적인 사인으로 사망한 경우 '지참금 사망Dowry death'을 검토하며, 고발된 사건에 대한 입증의 책임을 피고에게 부과하는 것을 골자로 한 개정법인 The Dowry Prohibition (Amendment) Act, 1986을 공포했지만 실효를 거두지 못했습니다. 통계에 따르면 지참금 사망은 1995년에 4,668명, 2005년에 6,787명, 2015년에는 7,634명으로 증가했으며 2016년 통계에 따르면 하루 평균 21명이 지참금으로 인해 사망하는 것으로 나타났습니다.

한편으로 1990년대에는 개방 경제 정책이 실시됨으로써 빈부의 격차가 훨씬 심해졌고 일부 부유층에서는 부를 과시하기 위해 지참금을 더욱 확대하는 경향도 나타났습니다. 이러한 것들이 일부 부유층에 국한된다면 그나마 다행이겠지요. 그러나 이러한 추세가 중산층과 하층 계층의 결혼에도 영향을 미치는 것은 큰 문제가 아닐 수 없습니다. 또한 지참금 문제는 결혼에만 영향을 미치는 것이 아니라 딸의 지참금 부담 때문에 남아 선호사상이 더욱 기승을 부려 태아 감별과 여아 낙태 현상으로 남녀 성비에 영향을 미치고 있습니다. 물론 인도에는 태아감별 금지법과 여아 낙태 금지법 등이 제정되어 있지만, 부담스러운 지참금으로 인한 남아선호 사상을 개선하기에는 역부족인 것으로 보입니다.

인도의 지참금 관행은 사라질 수 있을까요? 지참금은 관습에 따라 딸에게는 유산 상속권이 없는 경우가 많기 때문에라도 딸에게 미리 재산을 증여하는 것이기도 하며, 딸을 시집보내어 차별없이 행복하게 살게 하고픈 부모의 마음에서 나온 것입니다. 그런데 시댁과 신랑은 딸을 가진 부모의 마음을 이용하여 결혼을 재산 축적의 한 수단으로 생각하고 그들의 며느리이자 신부를 돈의 화수분으로만 여기는 그릇된 인식 때문에 그리고 연애결혼보다는 중매결혼이 압도적인 상황 속에서 당분간 사라지기는 힘들어 보입니다. 잘못된 관행인 줄 알지만 내가 먼저 모범을 보이기가 결코 쉬워 보이지는 않습니다. 또한 국가범죄기록국 NCRB에 따르면 지난 2019년부터 3년간 약 130여 만명 이상의 어린 여자아이를 포함한 여성이 실종되었다고 합니다. 대다수는 성범죄와 연루되었을 가능성이 매우 높으나 일부는 결혼하지 못하고 있는 남성들의 강제 결혼과 관련된 인신매매이기도 합니다. 남아선호사상, 지참금, 여성 대상 범죄 등은 여아 낙태로 이어져 결국 여성 비율이 남성보다 떨어지게 되며, 결국은 남성의 결혼이 어려워지는 모순이 되기도 합니다.

결혼을 앞둔 신랑의 마음은 어떨까요? 기쁠 때나 슬플 때나 함께 할 수 있는 평생의 반려자 앞에 그들의 마음은 두근두근해야 하지 않을까요? 그러나 일부 파렴치한 인도 신랑은 얼마의 돈이 들어오며 어떻게 하면 더 많은 돈을 받을 궁리에만 설레는 것 같습니다. 그리고 이 남자와 함께 라면 내 인생은 행복해질 것이라 믿는 사람, 그 사람 앞에 신부도 신부의 부모도 가슴이 떨리기를 바라며, 지참금을 요구하는 곳에는 내 딸을 줄 수 없다는 부모의 결단도 필요해 보입니다.

왜 과부는 싸띠를 했을까요?

순장殉葬을 들어보신 적이 있나요? 순장은 고대 장례 풍습 중의 하나로 왕과 같은 높은 지위에 있는 사람이 죽으면, 그를 모시던 신하, 첩, 노예

등을 강제적으로 혹은 자발적으로 함께 매장하는 것으로, 가부장제가 성립되고 절대왕권이 확립된 고대문명과 그 영향권에 있던 지역에서 행해졌다고 합니다. 2007년에 창녕의 송현동에서, 3~5세기 가야 수장급의 무덤으로 추정되는 고분에서 인골 네 구가 발견되었는데, 모두 순장한 것으로 추정됩니다. 이처럼 우리나라는 신라 지증왕 때 폐지되기 전까지 부여, 가야, 고구려, 신라 등에서 순장이 있었다고 합니다.

순장 풍습은 비단 우리나라뿐만 아니라 중국, 베트남, 이집트 등 많은 나라에 있었는데, 인도에는 일종의 순장인 싸띠$^{sati,\ suttee}$가 있었습니다. 싸띠는 군주가 죽었을 때 신하들이 따라 죽거나 함께 화장된 예가 없지는 않으나 기본적으로 남편이 사망했을 때 아내를 함께 화장하는 풍습입니다. 싸띠가 순장과 다른 점은, 지배계층의 남자가 사망했을 때로 한정되지 않는다는 점과 현대까지도 일부 지역에서 행해졌기 때문에 싸띠를 금지하는 법들이 현대 인도에서 제정되었다는 것입니다.

인도의 전통적인 장례는 화장^{火葬}입니다. 장작을 쌓아 놓고 그 위에 시신을 올린 다음 불을 붙여 태우는 장례 방식입니다. 그러니까 싸띠는 남편의 시신을 눕힌 장작더미 위에 살아 있는 아내가 나란히 누워서 함께 불에 타는 것입니다. 상상만 해도 끔찍하지 않습니까? 그런데 여성들이 자발적으로 이러한 싸띠를 시행하기도 하였습니다.

싸띠가 대체 무엇이기에 여성이 죽은 남편과 함께 불에 탈까요? 전통적으로 인도인은 어머니의 몸에서 태어나는 것이 첫 번째 탄생이고, 학문을 시작하는 입문식이 두 번째 탄생이라고 합니다. 이들은 두 번 태어난다는 의미로 드비자^{dvija}라 합니다. 브라흐마나, 끄샤뜨리야, 바이샤는 드비자에 속합니다. 슈드라와 그 아래 계층은 어머니의 몸에서 태어나는 것이 전부인 단생족이라고 합니다. 그와 비슷한 개념으로 살아 있는 남녀의 결혼이 첫 번째 결혼이고 죽어서 남편과 함께 불에 탐으로써 두 번째 결혼하는 것이며, 두 번의 결혼으로써 비로소 결혼이 완성된다고 여겼다고 합니다.

『마하바라따』에는 빤두^{Pāṇḍu} 왕이 죽자 둘째 왕비인 마드리^{Mādrī}가 첫째 왕비인 꾼띠^{Kuntī}에게 자식을 맡기고 함께 화장되었다는 기록이 있습니다. 그렇지만 싸띠가 일반의 여성에게로 확대된 시기는 대략 굽따^{Gupta} 시대 말기인 기원후 500년경으로 추정된다고 합니다. 왜 이 무렵에 싸띠가 확산하였을까요?

싸띠가 성행된 요인 가운데 하나는 여성의 정절과 관련이 있습니다. 굽따 시대 말기에 훈족이 인도를 침략하면서 굽따 왕조가 멸망하게 됩니다. 이 시기에 전쟁에서 죽은 남편들이 많았을 것이고, 살아남은 아내들은 남편에 대한 정절을 지키기 위해 스스로 남편과 함께 화장되는 사람들도 있었지만, 여성들이 정절을 잃게 되면 가문의 명예가 실추되는 것이므로 강제적인 싸띠도 많이 이루어진 것으로 보고 있습니다. 심지어는 장작더미 위에 죽은 남편과 나란히 누워있던 아내가 도망치려 하는 경우 이를 저지하기 위해 막대기를 들고 지킬 정도로 강제적이었다고 합니다.

여성이 자발적으로 싸띠를 행하는 이유는 무엇일까요? 당연히 죽은 남편과 함께 화장되어야 한다는 교육을 받았기 때문에 일종의 사회적 세뇌가 작용하기도 합니다. 그러나 남편이 죽은 이후 아내의 삶이 죽는 것보다 못한 상황이라면 어떨까요? 『마누법전』에는 '과부는 청정한 꽃과 뿌리와 열매들로 욕망 어린 몸을 쇠약하게 하는 것이 좋으며. 남편이 죽은 후에는 다른 남자의 이름조차 거론해서는 안 된다.', '단 한 명의 남편을 갖는 여자에게 생기는 가장 뛰어난 공덕을 바란다면 여자

싸띠를 묘사한 17세기의 그림

는 죽을 때까지 인욕하고, 자제하며 순결을 지켜야 한다.'고 적혀 있습니다. 또한 남편이 먼저 죽은 아내는 결혼할 때 칠한 붉은 색 꿈꿈을 지워야 하고, 몸에는 어떠한 장식도 할 수 없고, 흰색의 싸리만 입고, 튀긴 음식이나 꿀이 들은 음식도 먹어서는 안 되는 등의 관습이 있습니다. 그리고 과부는 불길한 존재로 인식되어 그들과 접촉하지 않기 위해, 때로는 그녀를 부양할 부담을 줄이기 위해 과부들만 모여 사는 과부촌으로 보내기도 합니다. 과부촌에 사는 여성들은 평생 남편과 남편 가문의 안녕을 비는 기도를 하며, 겨우 연명하는 정도의 삶을 삽니다. 때로는 사원의 사제들이 기도, 기부를 이유로 과부촌에 사는 여성들을 성적으로 농락하기도 합니다.

　남편을 잃고 남은 생을 이렇게 살아야 하는 여성의 입장에서는 남편과 함께 화장되어 다음 생에 천상에 태어나고, 싸띠를 행한 여신으로 추앙받는 것이 훨씬 낫다고 여길 수도 있겠습니다. 그래서 자발적인 싸띠도 적지 않게 발생했을 것으로 추정하고 있습니다.

1987년 인도 라자스탄의 데오랄라Deorala 마을에 살던 루쁘 깐와르Roop Kanwar라는 18세 과부가 싸띠를 했습니다. 이 싸띠가 강제로 진행된 것이라는 주장이 제기되고 관련자 11명이 기소되었지만, 결국 증거불충분으로 무죄판결을 받았습니다. 루프 칸와르 싸띠를 계기로 인도 정부에서는 '자발적, 비자발적' 싸띠를 금지하기 위해 〈싸띠 시행 방지법The Commission of Sati(Prevention) Act, 1987〉을 제정했지만, 이후에도 가끔 싸띠에 대한 보도가 있었으며, 가장 최근 보도된 사건은 2008년에 있었던 랄마띠 베르마Lalmati Verma라는 78세 과부의 싸띠였습니다.

여성의 정절, 순결을 강조하는 풍습과 그러한 여성이 가문을 빛낸다고 생각하는 의식은 우리나라에도 있었습니다. 아내가 남편을 위해 희생하고 정절을 지킨 여성을 '열녀烈女'라 하였고, 그러한 여성이 있는 경우 고을에는 열녀문을 세워줬습니다. 열녀문이 세워진 고을에는 세금을 면제해주었고, 열녀가 있는 것을 가문의 영광으로 여겼습니다. 그래서 자발적으로 열녀가 된 여성도 있지만, 스스로 목숨을 끊어 열녀가 되기를 강요하는 경우나 심지어 죽이는 일도 있었습니다. 물론 일반 백성이라기보다 사대부 가문에서 열녀가 생기고 열녀가 있는 사대부 가문이 영광을 차지하는 것이었습니다.

그러나 이제 우리나라에는 '열녀문'이 가문의 영광이라는 의식, 여성이 정절을 지키기 위해 죽음을 선택하는 풍습은 더 이상 없습니다. 인도에서도 여성의 순결, 정절, 싸띠가 가문의 영광이라는 인식, 싸띠를 행하면 천국에 태어난다는 종교적 믿음, 과부라는 부정적 인식도 분명 사라질 것으로 믿습니다.

10
인도는 거대하다?

인도를 통일한 최초의 왕은 누구일까요? / 세계 최대 사랑의 무덤은 무엇일까요? / 왜 티베트 망명정부가 인도에 있을까요? / 인도의 총선은 어떻게 진행되나요? / 인도 최고 통치권자는 누구일까요?

인도를 통일한 최초의 왕은 누구일까요?

고대 통일 제국이라는 말을 들어보셨을 것입니다. 역사 초기 국가들의 규모는 작은 도시 정도였기 때문에 도시국가라고 칭하기도 합니다. 우리나라의 경우는 부족 단위의 국가들이 있었기 때문에 부족국가라고도 합니다. 그런 작은 규모의 국가들이 성장하면 이웃나라를 탐내게 됩니다. 그래서 경제적으로나 정치적으로 군대를 양성할 수 있는 나라들은 영토를 넓혀 더욱 큰 나라, 힘 있는 나라가 되고자 합니다. 그렇게 전쟁이 확대되면서 큰 나라에 패한 작은 나라들이 사라지고 몇 개의 도시를 합한 정도의 영역을 차지하는데, 이러한 국가를 영역국가라고도 합니다.

우리나라의 경우 고구려, 백제, 신라가 영역국가에 해당합니다. 부족국가를 정복하여 영역국가로 성장한 고구려, 백제, 신라 삼국의 고대 국가 혹은 영역국가의 성립의 기준으로 삼는 것 가운데 하나가 불교 수용입니다. 신라의 경우를 보면 마한, 진한, 변한, 가야 등 여러 국가가 있었는데 신라가 이들을 정복한 후에 법흥왕이 불교를 받아들이려 하자 신하들이 반대하였는데 이차돈이 하얀 피를 흘리며 순교함으로써 불교가 공인되었다고 합니다. 이 이야기는 다양하게 해석될 수 있지만, 국가의 사상 통일이라는 측면에서 보자면 이렇게 해석할 수 있습니다. 이웃 나라를 정복하여 큰 나라가 된 경우, 각 지역의 부족 종교를 믿는 백성들을 하나의 사상으로 통일하고자 했지요. 그런데 기존의 특정 부족 종교를 강요하면 다른 부족들의 반발이 일어나기 때문에, 외래 종교인 불교를 받아들이려 했으나 각 부족 출신의 귀족들이 반발했다는 것입니다. 그런데 이차돈이 불교의 위력을 보이고자 자신의 목을 베라고 요청했고, 이차돈의 목을 베자 하얀 피를 흘리는 신통력을 보이자 모두 불교를 받아들였다는 것입니다.

인도에는 문헌이나 유적을 토대로 추정하면 수많은 도시국가가 있었고, 기원전 6세기쯤에는 16개의 강대국이 있었으며, 그 이후에는 마가다Magadha, 꼬살라, 밧지Vajji, 밧싸Vatsa라는 네 개의 영역국가가 있었습니다. 이들 영역국가 역시 다시 전쟁을 시작하여 그 지역에 유일한 국가 즉 통일국가를 만들고자 하였고, 결국 마가다에 의해 통일의 발판이 만들어졌으며, 짠드라굽따 마우랴Chandragupta Maurya가 건설한 마우랴 제국에 이르러 통일제국이 형성되었습니다.

도시국가시대부터 통일제국이 완성되는 시기까지는 끝없는 전쟁의 시대였습니다. 마우랴 제국이 세워지고도 영토 통일의 완성은 아쇼까 왕 8년에 이루어졌습니다. 지금의 오디샤 지역에 깔링가Kalinga 왕국이 남아 있었는데 아쇼까 8년에 깔링가 정복을 시도하여 엄청난 살상이 벌어졌고 통일은 완성되었습니다. 통일이 완성되면 이제 전쟁이 목표가 아니라 통일한 제국을 어떻게 운영할 것인가에 몰두해야 합니다. 넓은 지역에 각기 다른 문화와 종교를 가진 사람들을 '하나의 제국 백성'으로 만들기 위한 행정 체제 정비도 중요할 것입니다. 아울러 제 각기 다른 사상과 종교를 가진 사람들을 하나로 묶을 사상의 통일도 필요합니다. 이 무렵 아쇼까는 새로운 정책인 다르마 정책을 공포했습니다.

이 정책을 공포하면서 왕이 무엇을 바라는지, 백성을 어떻게 대해야 하는지를 관리들에게 알리는 내용을 담은 비문을 인도 전역에 세웠습니다. 그 비문의 내용 가운데, 그리고 다르마 정책의 내용 가운데 가장 주목받는 것 중 하나가 '왕이 불교로 개종했고, 불교를 제국 사상의 기초로 삼겠다'는 것이었습니다.

아쇼까 왕은 왜 불교를 선택했을까요? 우리나라 삼국시대에는 부족의 신앙을 넘어설 수 있는 것으로써 외래 종교인 불교를 선택한 것이라고 본다면, 불교는 인도에서 발생한 종교이니 아쇼까 왕이 외래 종교를 선택한 것은 아닙니다. 기원전 6세기 무렵 인도에서는 신흥사상이 발흥하여 자이나교, 불교 등이 탄생했고 그 외에도 많은 사상가들이 등장했습니다. 그러나 아쇼까 왕이 즉위하던 기원전 3세기 무렵 가장 널리 퍼진 것은 브라흐만교였습니다. 기원전 후한 시기에 형성된 힌두교는 브라흐만교를 바탕으로 하고 있습니다. 브라흐만교의 특징 가운데 가장 중요한 요소를 꼽으라면 차별주의라 할 수 있습니다. 카스트의 정점에 있는 브라흐마나 사제 계층은 하층에 자리한 다른 카스트와는 당연히 다르다는 차별 의식입니다.

마우랴 제국을 건설하는 데 중요한 역할을 했던 재상 짜나꺄Chanakya(또는 까우띨랴Kauṭilya) 브라흐마나로 제국의 기본 통치술을 담은 『아르타샤스뜨라』를 저술했는데, 이 내용 역시 브라흐마나 중심주의와 차별주의를 바탕으로 하고 있습니다. 이후 제국을 통일한 아쇼까 왕은 이런 차별적 종교와 사상으로는 백성을 하나로 묶기 힘들다는 것을 인식한 것이라고 볼 수도 있었고, 왕의 권위 위에 있는 브라흐마나의 존재는 왕권 강화에도 부정적 영향을 미칠 수 있었기에 아쇼까는 '평등'을 설파한 불교를 선택했을 것으로도 보입니다.

세계적으로 통일 제국의 영토 확장을 완성하고 나면 사상의 통일을 꾀하는 노력을 볼 수 있습니다. 중국의 경우 '분서갱유'라는 것이 있었습니다. 춘추전국시대에는 전쟁이 확대되는 시대였기 때문에 공을 세운 사람에게는 상을, 잘못을 저지른 사람에게는 엄한 처벌을 주장하는 법가 사상이 힘을 갖고 있었습니다. 그런데 진시황에 의해 통일이 완성되고 나니 이런 엄벌주의로는 백성을 안정시킬 수 없다고 여겨 각자의 역할을 강조하는 유교로 사상을 통일하려고 했습니다. 그런데 다른 사상을 찬양하는 자들이 시황제를 비판하자, 옛 사상을 칭송하는 자는 일족을 몰살하고, 그런 사상을 담은 책들은 모두 불살라 버렸습니다. 그것이 분서갱유입니다. 이 분서갱유 역시 역사적으로 다양한 평가를 할 수 있지만, 제국의 사상 통일이 그만큼 중요했다는 것을 보여주는 역사적 예라 할 수 있을 것입니다.

아쇼카 왕이 불교를 선택한 이유 역시 사상의 통일과 백성의 평등한 대우를 위한 것일 수도 있습니다. 그러나 아쇼카 왕은 진시황처럼 다른 사상을 억압하지는 않았습니다. 아쇼카 왕은 자신의 의지를 담은 비문을 세운 후에 각 지역의 상황을 살펴보기 위한 순례를 했습니다. 물론 종교적 순례의 의미를 담고 있기도 하지만 일종의 '시찰'입니다. 이 순례의 기록에 의하면 붓다 탄생지는 물론, 자이나교, 아지비까교 등의 기념지와 사찰을 방문하여 많은 보시를 했다는 기록이 있습니다. 아쇼까가 불교를 제국 사상의 기초로 삼은 것은 영토 통일을 완성한 왕으로서 사상의 통일이 필요했고, 왕이 선택해야 할 사상은 편을 가르거나 차별하지 않는 사상이었기에 카스트를 반대하고, 모든 인간의 평등을 설파했던 붓다의 사상인 불교를 선택했으나 기존의 종교를 억압하거나 배척하지는 않았습니다.

그러나 왕이 직접 내치지 않았다고 해도 기존의 브라흐마나들은 자신들이 이전에 비해 소외되었다고 생각합니다. 마우랴 제국을 멸망시키고 슝가 제국Shunga Empire을 창건한 뿌샤미뜨라 슝가Pusyamitra Sunga, 슝가 제국을 무너뜨리고 깐바 왕조Kanva dynasty를 건설한 바수데바 깐바Vasudeva Kanva 모두 브라흐마나였기 때문에 이들이 마우랴 제국의 불교 정책에 불만을 품었던 것으로 해석되기도 합니다. 그러나 아쇼까 왕은 종교의 발전을 위해서는 '때 아닌 때에 자신의 종교를 칭송하거나 다른 종교를 비난해서는 안 된다'고 말하며 종교적인 평등을 늘 강조했기 때문에, 아쇼까 왕이 브라흐마나를 억압하여 생긴 반발로 마우랴 제국이 붕괴되었다는 평가는 다시 생각할 필요가 있을 것입니다. 아쇼까 왕은 제국의 통일, 사상의 통일을 위해 불교를 선택했지만, 자신의 종교를 제국 백성들에게 강요하지 않았고 모든 백성의 평등과 마찬가지로 모든 종교의 평등도 강조했습니다.

붓다의 초전법륜지인 사르나트(녹야원) 아쇼까 비문의 기둥머리

인도 국기

그러나 특권을 누리던 사람들은 평등으로 자신의 입지가 약해졌다고 느끼는 상황이 발생했을 가능성이 없지는 않습니다. 그러나 아쇼까 왕을 상징하는 법륜이 현재 인도 국기 한가운데 자리 잡고 있는 것은 현재에도 여전히 아쇼까의 평등 정신을 높이 평가하기 때문일 것입니다.

통일제국을 완성한 나라들은 자신들이 정복한 지역에 많은 비문을 세웠습니다. 그 목적은 '내가 여기까지 정복했노라'를 선포하기 위한 것이었습니다. 우리나라의 광개토대왕비, 진흥왕 순수비 역시 그러한 내용을 담고 있습니다. 그러나 아쇼까 왕이 세운 엄청난 비문에는 정복의 내용이 아니라 정복하면서 발생한 참상에 대한 참회와 각 지역 관리들에게 어떻게 백성을 다스려야 하는지를 지시하는 내용을 담고 있습니다. 정복 후에 전쟁에 대한 참상을 참회하는 비문으로는 아쇼까 왕의 비문이 유일할 것입니다. 자신의 업적을 드러내기보다는 피할 수 없는 전쟁이었으나 그로 인해 피해를 입은 백성들을 위무하려는 아쇼까의 위대한 정신을 이 시대에 우리 모두 되새길 필요가 있을 것입니다.

세계 최대 사랑의 무덤은 무엇일까요?

이집트 기자의 대피라미드는 현존하는 고대 7대 불가사의로 기원전 2560년경 높이 147미터에 밑변 각 203미터의 정사각형으로 만들어진 쿠푸왕의 무덤입니다. 중국 산시성의 진시황릉은 기원전 3세기경 동서 485미터, 남북 515미터, 높이 76미터의 지상의 궁전을 재현하여 아직도 제대로 발굴되지 않은 지상 최대 크기의 진시황 무덤입니다. 비록 규모는 피라미드와 진시황릉에 비할 수는 없지만, 우리나라에는 선사시대 무덤의 일종인 고인돌이 있으며, 그 이후에는 왕과 왕비의 무덤인 능陵이 있습니다. 그리고 여기 인도의 무덤이 있으니, 바로 따즈마할입니다. 따즈마할은 무갈 제국 5대 황제인 샤자한의 왕비 뭄따즈 마할 Mumtaz Mahal의 무덤입니다.

샤 자한은 무갈 제국의 4대 황제인 자항기르의 아들로, 왕자 시절 이름은 쿠람Khurram이었으며, 뭄따즈 마할의 본래의 이름은 아르주만드 바노Arjumand Bano로 왕비 누르자한Nur Jahan의 조카였습니다. 쿠람은 어느 날 우연히 마주친 아르주만드를 보고 한눈에 반했고, 당시 15세였던 쿠람 왕자는 14세였던 아르주만드와 1607년 4월에 약혼하고, 5년 후인 1612년에 결혼합니다. 그러나 쿠람 왕자의 첫째 부인은 아르주만드가 아니었습니다. 아르주만드와 약혼한 후인 1610년에 깐다하리Kandahari를 첫 부인으로 맞이하고, 1612년에 아르즈만드를 둘째 부인으로 맞이하게 됩니다. 그리고 1617년에는 이즈-운-니사Izz-un-Nissa를 셋째 부인으로 맞이합니다.

샤 자한은 아르주만드와 결혼한 후 그녀에게 '왕궁에서 가장 고귀한 사람'이라는 뜻에서 뭄따즈 마할이라는 이름을 지어 주었습니다. 쿠람 왕자의 지극한 사랑을 받은 것으로 알려진 뭄따즈는 결혼 생활 19년 동안 한시도 그의 곁에서 떨어진 적이 없었다고 전해집니다. 쿠람 왕자는 여러 전장에 출전했는데, 그때도 뭄따즈는 항상 동행했다고 합니다. 쿠람의 왕자 시절은 물론이고 황제가 된 후에도 왕궁에서나 전쟁터에서나 그 둘은 늘 함께 있었기에, 시인들은 그녀의 아름다움, 우아함 그리고 사랑을 칭송하는 시를 지었고, 궁정 역사가들도 그들의 사랑에 관한 이야기를 기록했던 것입니다.

샤 자한과 뭄따즈의 사랑 이야기와 더불어 19년의 결혼생활 동안 14명의 아이를 낳은 것도 세간의 이목을 끕니다. 왜냐하면 임신 기간, 출산 후 회복기를 고려하면 샤 자한의 곁에 있는 뭄따즈는 늘 임신 상태였기 때문입니다. 임신한 몸으로도 샤 자한이 가는 곳은 어디든지 동행하는 뭄따즈는 반란이 일어나자 진압을 위해 다깐Deccan 원정을 나설

샤 자한과 뭄따즈 세밀화 기념품

때도 샤 자한의 곁을 지켰습니다. 그러나 다간 원정은 비극의 서막이었습니다. 당시 열네 번째 임신을 한 뭄따즈는 부르한뿌르Burhanpur에서 출산 후 출혈이 멈추지 않아 1631년 6월 17일에 숨을 거둡니다. 그곳에 임시로 뭄따즈를 매장하고 아그라 황궁으로 돌아온 샤 자한은 이후 1년 동안 아무도 만나지 않았고, 뭄따즈를 그리워하며 지냈는데 황제의 슬픔을 위로할 수 있는 사람은 아무도 없었습니다. 1년 후 사람들 앞에 나타난 샤 자한의 머리카락은 희게 변하였고, 얼굴에는 주름이 가득했으며, 허리는 굽은 모습이었다고 합니다. 뭄따즈를 잃은 그의 슬픔이 그만큼 깊었음을 보여줍니다.

뭄따즈에 대한 그의 애도는 그것으로 끝나지 않았고, 샤 자한은 뭄따즈를 기리기 위한 따즈마할을 지을 것을 명합니다. 1632년에 착공하여 뛰어난 석공, 조각가, 화가, 서예가, 돔 건축업자 등을 전 무갈 제국은 물론 중앙아시아에서도 동원하여 1648년에 영묘를 완공합니다. 그리고 1653년 부속 건물인 모스크, 남쪽의 정문, 외부 안뜰, 회랑 등을 건설하여 현재와 같은 모습이 되었습니다.

따즈마할은 인도-이슬람 건축 전체에서 가장 위대한 건축물로 평가받고 있습니다. 흰 대리석으로 지은 따즈마할은 날씨에 따라 혹은 보는 시간에 따라 다양한 아름다움을 드러냅니다. 흐린 날에는 회색 하늘을 배경으로 흰 대리석이 더욱 희게 도드라지고, 화창한 날에는 하늘색 하늘을 배경으로 따즈마할의 흰색과 떠다니는 흰 구름이 어우러져 그 아름다움을 이루다 표현할 수 없을 정도입니다.

뭄따즈 마할과 함께 19년의 결혼 생활을 했고, 그녀에 대한 사랑과 그리움을 담은 영묘 건설에 23년이 넘게 걸린 셈입니다. 샤 자한에게 뭄따즈는 세상의 중심이었고, 가장 고귀한 사람이었으며, 가장 사랑하는 왕비였습니다. 물론 다른 왕비들이 있었지만 그 왕비들과는 '왕과 왕비'라는 의례적 관계에 지나지 않았습니다. 샤 자한에게 뭄따즈는 '사랑하고 사랑받는 유일한 왕비'였습니다. 뭄따즈의 유골은 지하 묘소에 안치되어 있지만, 샤 자한의 세상의 중심이었던 뭄따즈의 묘석은 따즈마할의 중앙에 놓여 있습니다.

따즈마할은 1983년에 "인도 무슬림 예술의 보석이자 세계문화유산의 걸작 중 하나"라고 평가받으며 유네스코 세계문화유산으로 지정되었습니다. 예술성이 뛰어난 건축물이며 무갈 제국을 대표하는 건축물이기도 한 따즈마할, 그것은 샤 자한과 뭄따즈의 사랑, 뭄따즈를 그리워하는 샤 자한의 슬픔이 깃들어 있는 사랑의 무덤임에는 틀림이 없습니다.

야무나강 건너 편에서 바라본 따즈마할의 모습

    그러나 피라미드, 진시황릉, 고인돌, 능 그리고 따즈마할 모두 자신들의 권위를 사후에도 과시하거나 기록하기 위해 백성의 피와 땀을 담보로 만들어진 거대하고 화려한 무덤일지도 모릅니다. 비록 따즈마할처럼 웅장하지 않고, 오히려 초라해 보이는 무덤이 우리에게는 하나 있으니, 바로 세계 유일의 수중왕릉인 문무대왕릉입니다. 자신과 가족이 아닌 나라의 안위와 백성을 걱정하여 만든 문무대왕릉이야말로 어쩌면 가장 숭고한 사랑의 무덤은 아닐까요?

왜 티베트 망명정부가 인도에 있을까요?

    우리나라는 1919년 4월 11일에 중국 상하이에 임시정부를 수립한 적이 있습니다. 그 임시정부를 거점으로 국내외 7개의 임시정부가 통합되어 대한민국임시정부로 개편되었습니다. 윤봉길 의거를 비롯한 일제에 항거한 행위에 대한 보복과 탄압이 거세지자 1932년부터 여기저기로 이동하다가 1940년에 충칭에 자리를 잡으면서 광복군을 창설하기도 했습니다. 우리나라 임시정부가 이처럼 이동하며, 임시정부로서의 역할이 어렵게 된 것은, 당시 중국 역시 국민당과 공산당이 대립하고 있었을 뿐만 아니라 일본의 침략을 받았기 때문입니다. 중국에는 우리나라의 독립을 지원하려는 세력이 있었지만 그렇지 않은 세력과 일본의 영향력이 더 컸었습니다. 그리고 우리는 1945년 독립을 맞이하고 대한민국 정부를 수립함으로써 임시정부를 해산하게 됩니다. 이처럼 임시정부는 주권을 빼앗긴 한 나라의 구심점으로 독립과 훗날을 도모하기 위한 기관입니다.

인도의 다람샬라Dharamshala에는 임시정부가 아닌 티베트 망명정부가 있습니다. 18세기까지 티베트는 어느 정도 자치권을 갖기는 했으나 외형상 중국 청나라에 편입되어 있었습니다. 그러다가 1911년에 신해혁명이 일어나 청나라가 멸망하자, 티베트는 독립을 선언하고 13대 달라이 라마Dalai Lama인 뚭뗀 갸쵸Thubten Gyatso가 공식 통치자가 되었습니다. 달라이 라마는 티베트의 정치적, 정신적 수장입니다. 그리고 1940년에 뗀진 갸쵸Tenzin Gyatso가 14대 달라이 라마가 됩니다. 현재 우리가 알고 있는 달라이 라마가 바로 14대 달라이 라마입니다. 14대 달라이 라마가 1959년에 인도로 망명하여 세운 정부가 바로 티베트 망명 정부Tibetan Government-in-Exile입니다. 티베트는 왜 인도에 망명정부를 세웠을까요?

1945년 제2차 세계대전이 끝나고 중국에서는 일명 국공내전이라는 국민당과 공산당의 내전이 있었습니다. 이 내전에서 공산당이 승리하여 1949년 1월에 중화인민공화국이 탄생합니다. 신해혁명 이후 국공내전까지 중국에서는 티베트 문제에 신경을 쓸 여력이 없었지만, 중화인민공화국을 선포하고 바로 그다음 해에 티베트 침공을 시작합니다.

티베트는 중국의 상대가 되지 못했습니다. 중국은 티베트를 점령한 후 14대 달라이 라마를 회유하여 중국 지배에 협조하기를 원했습니다. 그러나 공산정권과 불교국가인 티베트가 조화를 이루기는 애초부터 불가능한 것이었습니다. 그렇지만 침략당한 티베트인은 중국에 복속된 채로 살 수밖에 없었습니다. 그러다가 공산당의 압제에 항거하는 봉기가 1959년에 일어나고, 이때 달라이 라마는 인도로 망명하게 됩니다. 당시 인도 총리였던 네루는 달라이 라마를 받아들이고, 달라이 라마가 망명정부를 세울 장소를 제공합니다.

티베트 망명정부는 1959년 4월 29일 인도 북부 산간지역의 마수리Mussoorie에 자리를 잡았다가 이듬해 5월 다람살라로 옮겼습니다. 현재는 독립 티베트 정부를 이어 받은 정부라는 의미에서 '중앙 티베트 정부Central Tibetan Administration: CTA'로 그 이름을 바꾸었습니다. CTA는 비록 망명정부이지만 입법, 사법, 행정부가 분립된 완전한 민주주의 체제를 갖추고 있습니다. 티베트 의회는 1960년 9월에 '티베트 인민 대표 위원회Commission of Tibetan People's Deputies'로 출범했으나 티베트 망명 의회Tibetan Parliament-in-Exile로 개명하여 총 45명의 의원을 선출하고 있습니다. 초기에는 행정부를 이끄는 총리Kalön Tripa를 의회에서 선출하고, 총리가 내각 각료Kalön를 지명하는 방식이었지만, 지금은 망명한 모든 티베트인이 직접 선거로 총리를 선출합니다.

1963년에 공포된 티베트 망명정부 헌법에 따라 달라이 라마는 종신 국가원수이자 행정부의 수반이 되었습니다. 그러나 어떠한 정치적·행정적 권한도 맡지 않겠다는 달라이 라마의 의견을 반영하여 2011년

다람살라의 티베트 망명 의회를 방문한 인도-티베트 상그(Bharat Tibbat Sangh) 대표단과 돌마 쩨링 떼캉(Dolma Tsering Teikhang) 부의장(앞줄 가운데)(2023.09)

헌법이 개정됩니다. 그 이후 그는 티베트 망명정부의 세속적인 일을 행정부에 넘긴 뒤 세계 평화와 불교 전파에 전념하고 있습니다.

달라이 라마가 망명할 당시 총리였던 네루는 외교적 식견이 뛰어난 인물이었습니다. 중국과 관계가 원만하지 않았지만 달라이 라마와 티베트 망명정부를 지원함으로써 평화를 추구하는 인도의 모습을 세계에 알리는 역할을 하기도 했습니다.

달라이 라마는 자신이 죽으면 환생 제도를 통한 라마 승계는 없으며, 후계자는 민주적인 절차에 의해 뽑힐 수 있다는 발언을 하기도 하였습니다. 달라이 라마는 여전히 티베트인들의 정신적 의지처입니다. 마치 입헌군주제 국가의 왕처럼 달라이 라마는 티베트 망명정부의 정신적 지주로서의 상징적 역할을 하고 있습니다.

희망이 없는 미래는 있을 수 없습니다. 비록 지금은 망명정부이지만 노력하고 간절히 소망하면 언젠가는 독립 티베트의 온전한 정부가 될 것이라 그들은 믿고 있습니다. 우리도 순국열사들의 피와 부모님의 땀으로 일군 이 아름다운 땅을 굳건히 지키고 더욱더 아름답게 가꾸어 지금 이 순간 누리는 값진 시간을 후세에도 물려주어야 할 것입니다.

인도의 총선은 어떻게 진행되나요?

한반도 최초의 국민투표는 새로운 조세제도, 즉 전분6등법과 연분9등법의 시행 여부를 묻는 세종대왕에 의해서 실시되었다고 합니다. 기록에 의하면 그때 당시 여자, 어린이, 노비를 제외한 백성과 관리를 대상으로 호구에 등록된 약 4분의 1에 해당하는 17만 3천여 명이 투표하였고 57.1%가 찬성하였다고 합니다.

우리나라 최초의 선거는 1948년 5월 10일, 국회의원을 선출하기 위해 실시된 5·15총선거로 여성을 포함한 만 21세 이상 국민이 참여할 수 있었습니다. 8·15광복 이후 유엔 한국 임시 위원단은 남북한 총선거를 통해 통일 정부를 수립한다는 결의안을 통과시켰지만, 결국 북한의 선거 거부로 남한만 위원단의 감시하에 단독 선거를 진행하게 됩니다. 물론 남한만의 단독 선거를 반대하는 사람들도 많았지만 5·15총선거는 77.1%의 높은 투표율을 통해 국회의원을 선출하게 됩니다. 또한 같은 해 7월 17일에 헌법을 공포하고 국호를 대한민국으로 정하기로 하였고 7월 20일 간접 선거를 통해 대통령도 선출합니다.

이처럼 우리나라는 일제 강점기에는 우리 국민을 대표할 인물을 선출하는 제도가 없었고 독립 이후에 처음으로 실시하였습니다. 물론 1927년에 '조선재주자의 국정 및 지방행정 참여에 관한 의견', 1929년 '조선에서의 참정에 관한 제도의 방책', 1939년 '제도개정에 관한 제자료', 1943년경의 '조선에서의 참정제도 방책안' 등을 만들기는 했지만, 조선인의 제국의회 참여 혹은 식민지 의회 설치 등은 사실상 추진되지 않았다고 합니다.

그러면 인도의 경우는 어떠했을까요? 1895년 인도인들의 의견을 모을 구심점으로서 INC가 창립됩니다. INC를 중심으로 인도인들의 정치 참여 확대 요구가 이루어졌습니다. 영국은 이를 받아들여 1909년 인도통치법부터 선거제를 도입하고 1919년과 1935년 통치법에서는 선거로 선출하는 인원을 더 늘립니다. 물론 지금의 선거처럼 누구나 출마할 수 있고, 누구나 선거권을 갖는 '보통선거' 혹은 평등한 선거권 제도는 아니었습니다. 일정한 재산, 세금, 토지 소유를 기준으로 선거권을 주었고, 초기에는 여성에게는 선거나 출마할 수 있는 권리를 주지 않았습니다. 1920년대부터 여성의 선거권과 출마권이 인정되었지만, 그 역시 제한적이어서 여성이 재산을 소유했거나 남편이 선거권을 가진 경우의 여성들에게만 선거권을 주었습니다.

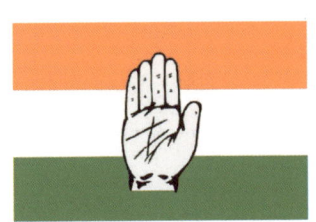

INC

BJP

영국 본토에서는 1928년 국민평등선거법Representation of the People Equal Franchise

Act이 제정되며 남녀 모두 21세 이상이라면 선거권을 가지게 되었고, 1969년에는 18세 이상으로 그 범위가 확대되었습니다. 그러나 인도에서는 독립 이후 제정된 헌법에서 평등 선거권을 규정하여 1951년에 치러진 독립 후 첫 선거에서부터 일정한 나이 이상이 된 성인 모두에게 평등한 선거권이 부여되었습니다. 우리나라의 경우 1948년 3월 17일 공포된 '미군정 법령 제175호'의 규정에서 평등 선거권이 규정되었고 이에 따라 5·15총선거는 보통선거제에 근거하여 실시되었습니다.

이후 여러 굴곡이 있었으나 한국과 인도 모두 성인 모두 선거권을 갖는 보통선거권에 기초한 선거가 치러지고 있습니다. 우리나라의 지방자치제는 1991년의 시·군·자치구의회(기초의회) 의원선거를 시작으로 1995년에는 광역 및 기초단체장 선거로 확대되었습니다. 인도의 경우는 식민지 시대부터 연방제를 염두에 둔 지방 자치가 실시되어 주(州)마다 의원을 선출하는 주의원 선거와 중앙정부의 의원 선거가 따로 치러졌습니다. 현재는 중앙의회 선거인 총선, 각 주의 의회 선거인 주의회 선거가 5년 주기로 실시되고 있습니다.

우리나라는 지방 자치 단체 기초의원, 단체장 선거, 국회의원 선거, 대통령 선거를 통해 국민의 대표를 선출합니다. 인도는 국정 운영을 책임지는 연방 총리 선거를 따로 하지 않습니다. 왜냐하면 우리는 대통령 책임제이고, 인도는 내각 책임제이기 때문입니다. 물론 인도에도 대통령이 있지만, 그 권한은 우리나라 대통령과는 다른 제한적 권한만 있고, 실질적으로 우리나라 대통령이 수행하는 실질적인 직무는 연방 총리가 맡고 있습니다. 연방 총리는 누가 되는 것일까요? 연방의회 선거에서 다수를 차지한 당총재가 연방 총리에 취임합니다. 각 주의 총리 역시 주의원 선거에서 다수 의석을 차지하는 당에서 주총리를 내세웁니다.

요즈음 선거의 전 세계적인 문제는 선거 참여율이 낮다는 것입니다. 인도의 경우 특히 여성 참여율이 낮은 편입니다. 인도에서는 아직도 여성들이 공공장소에 모습을 드러내기를 꺼리는 경우도 적지 않아서 투표율이 높아지지 않는다는 분석도 있습니다. 그래서 2019년 총선에서는 여성의 참여율을 높이기 위해 여성 전용 투표소를 만들었습니다. 선거 관련 담당자들 모두 여성이며, 여성들만 투표하는 장소로 분홍색 투표소를 만들어 풍선으로 장식했습니다. 물론 이렇게 함으로써 여성 투표율이 높아질 수도 있지만, 한편으로 '여성을 위한 공약'보다는 투표소의 장식만으로 여성 투표율을 높일 수 있다는 발상에서 젠더 차별 의식의 실상을 엿볼 수 있기도 합니다.

인도의 선거 현장에서 우리나라 선거와는 다른 모습을 볼 수 있는데 그것이 무엇일까요? 첫째로는 투표 방식의 차이를 들 수 있습니다. 우리나라의 경우 투표 용지는 번호/정당/후보이름/기표 칸 등으로 구성되어 있습니다. 그런데 인도의 선거에서는 이러한 용지를 사용하지 않고 전자투표기electronic voting machine를 사용합니다. 그리고 특이한 점은 전자투표기에서 볼 수 있듯이 정당과 후보 이름 옆에 그림이 그려져 있습니다.

이처럼 인도는 우리와는 다른 선거의 역사가 있고, 투표소의 모습 역시 다르지만, 국민의 대표를 선거를 통해 선출하는 민주주의 방식을 택하고 있다는 점은 다르지 않습니다. 인

전자 투표기

도의 2024년 총선의 유권자는 9억 6800만 명을 웃돌았고, 투표기간은 2024년 4월 19일부터 6월 1일까지 7단계에 걸쳐 진행되었습니다. 그렇기 때문에 현실적으로 정치·문화·젠더의 민주주의 수준은 별개로 치고, 선거만을 기준으로 한다면 '세계 최대의 민주주의 국가'라는 말을 하게 되는 것입니다.

　　국민은 국가의 주인이며, 나라의 정책을 결정하고 참여해야 할 권리와 의무가 있습니다. 그러나 모든 국민의 참여가 현실적으로 불가능하므로 그 권리와 의무를 행사할 대리자를 선출해야 합니다. 그래서 다양한 소리를 반영하고 국민을 아우를 수 있는 선거를 민주주의의 꽃이라 합니다. 꽃을 피우기 위해 그간 얼마나 많은 피와 노력이 있었는지 모릅니다. 어렵게 피운 꽃의 향기는 대리자만이 아닌 국민 모두가 함께 맡아야 하며, 그 향기가 지속될 수 있도록 국민은 꽃을 가꾸어야 합니다. 꽃을 피우는 사람이 많아서가 아니라, 피운 꽃을 가꾸는 사람이 많은 최대 민주주의를 기대합니다.

인도 최고 통치권자는 누구일까요?

현대 입헌민주국가의 정부 형태는 크게 대통령제와 의원내각제로 나뉩니다. 우리나라 헌법 제1조 1항에는 '대한민국은 민주 공화국이다.'라고 명시되어 있습니다. 우리나라는 삼권분립 주의에 기초하여, 국민이 선출한 대통령을 중심으로 한 행정부와 입법부 그리고 사법부가 있으며, 삼권 기관이 상호 견제와 균형을 유지함으로써 국민의 자유와 권리를 보호하고 있는 대통령제 국가입니다. 다만 우리나라의 대통령제는 삼권분립을 원칙으로 하지만, 국회의원이 장관이나 비서관 등 행정부를 구성할 수 있도록 겸직이 허용되고, 행정부에서 법률안 발의권을 갖는 등 일부 의원내각제의 요소도 들어 있습니다. 우리나라처럼 민주주의 국가이지만 일본은 대통령제가 아닌 의원내각제를 채택하고 있는 국가입니다. 의원내각제는 정부의 성립과 존립이 국회의 신임을 필수 조건으로 하는 정부 형태로, 국회 내 다수당이 수상과 각료를 구성하기에 국회의원으로 구성되는 내각이 행정권과 입법권의 중심을 이루는 형태입니다.

인도는 어떨까요? 인도는 미국처럼 하나의 국가 내에 여러 주가 행정, 입법, 사법 등의 독립적인 체제를 갖추고 있는 연방공화국입니다. 그런데 인도처럼 영국의 식민지를 거쳐 공화제 국가로 독립한 나라들은 국가의 체계가 영국과 유사합니다. 우선 '내각 책임제'라는 공통점이 있습니다. 인도는 국회의원을 선출하는 선거를 실시하여 다수 의석을 차지한 당의 당수 혹은 그 당에서 지명한 사람이 행정부의 최고 지위인 총리가 됩니다. 우리나라의 경우 대통령에게 일신상의 문제가 생기거나 탄핵이 되었을 때, 대통령 선거를 다시 해야 하지만, 내각 책임제 국가에서는 해당 총리가 사퇴하고 다른 사람을 다수당에서 지명하여 총리에 취임하게 됩니다.

영국에는 국왕이 있고, 행정부의 최고 책임자인 총리가 있습니다. 인도는 영국의 국왕을 공통의 국왕으로 인정하지 않는 공화제 국가이자 내각 책임제 국가입니다. 다시 말해서 영국처럼 국왕과 같은 국가 전체의 대표자가 존재하지 않습니다. 그렇지만 일종의 대통령제를 도입하여, 대통령을 영국 국왕과 같은 상징적 역할을 하게 하며 총리가 국가의 행정부를 이끌게 되는 것입니다.

앞에서 언급했듯이 인도 하원 총선에서 다수당이 된 당의 대표가 총리가 되고, 대통령은 따로 선거합니다. 대통령 선출은 온 국민이 투표하는 총선이나 직접 선거의 절차를 거치지 않고 간접 선거 형태로 진행됩니다. 대통령 선거인단은 상원과 하원 의원, 각 주의 지방의회 의원 그리고 직할지 입법의회 의원 등으로 구성됩니다. 선거인단 50명의 추천과 50명의 재청이 있어야 대통령으로 출마할 수 있습니다. 출마자는 15,000루피를 공탁금으로 내는데, 기준이 되는 최소 득표를 하지 못했을 때 돌려받지 못합니다.

대통령 선거의 득표수 계산은 비례대표제 방식으로 좀 복잡합니다. 기본적인 원칙은 연방정부 하원 의원의 총 투표가치와 지방 입법의회 의원의 총 투표가치를 같게 한다는 것입니다. 또한 각 지방 입법의회의 균형을 맞추기 위해 각 주의 의원 숫자가 다르더라도 그들의 총 투표가치를 동일하게 계산한다는 것입니다. 예를 들어 A라는 주에는 50명의 입법의회 의원이 있고 B라는 주에는 100명이 있다면, A 주의 의원의 1표의 값은 B 주의원의 값의 두 배로 계산하여 A, B 주의 총 투표가치는 동등하게 100이 됩니다. 균형을 맞추는 점에서는 상당히 세심한 제도이면서 계산 방식은 매우 복잡한 것이 대통령 선거득표수 계산 방식입니다.

인도의 대통령과 총리는 역할과 임무가 엄연히 다릅니다. 가장 먼저 취임식에서 대통령은 대법원장 앞에서 선서하지만, 총리는 대통령 앞에서 선서합니다. 다수당에서 총리를 정하지만, 총리의 임명은 대통령이 하기 때문입니다. 만약 다수당에서 지정한 총리 후보에 문제가 있다면 대통령은 이를 반려할 수 있습니다. 총리의 경우 하원에서 다수 의석을 유지하지 못하는 경우 물러나야 합니다. 예를 들어, 여러 당이 연

대통령궁 전경(위)과 후면(아래)

합하여 과반수 의석을 차지하여 집권하였을 때 혹시 일부 당이 연합을 취소하여 다수 의석을 유지하지 못하게 되면 총리는 총리직에서 물러나야 합니다. 대통령의 경우는 상원과 하원의 2/3 이상이 의결하여 탄핵하는 경우에만 대통령 자격이 상실됩니다.

　인도의 총리에 불가촉천민이 선출된 적은 없지만, 불가촉천민 출신으로 대통령에 선출된 사람은 2명이 있습니다. 그리고 현재 인도의 제15대 대통령 드라우빠디 무르무Droupadi Murmu는 부족민 출신입니다. 부족민은 불가촉천민처럼 사회적으로 보호 대상으로 헌법이 정한 할당제 7.5%를 적용하는 지정부족Scheduled Tribe: ST에 속합니다.

인도의 대통령에 사회 구성원의 최하층인 불가촉천민 출신과 부족민 출신이 당선됨으로써 계급제의 벽이 무너지고 있다는 논평이 나오고 있지만, 경제적으로나 사회적 지위에 있어서 하층민과는 다른 삶을 살아온 사람들입니다. 그렇기 때문에 최하층의 대통령 당선이 상징성은 있으나 실질적인 계급의 벽이 무너지는 신호라고 보기는 어렵습니다.

대통령이 상징적 존재이기는 하지만 권한은 적지 않습니다. 총리 임명권, 법무부 장관 임명권, 대법원장과 판사 임명권 등을 갖고 있기 때문입니다. 또한 대통령은 인도군 통수권자이며, 비상사태를 선포하고 의회를 해산할 권리도 가진 권력자입니다. 따라서 인도의 총리는 국가 행정을 총괄하는 사람이지만 입법, 행정, 사법, 군대의 최고 통수권자인 동시에 인도를 대표하는 사람은 대통령입니다. 그러나 인도인 그 누구도 인도의 권력이 대통령에게 있다는 것에 동의하는 사람은 없을 것입니다.

11
인도는 강하다?

인도 교육 체계는 우리와 다른가요? / 입시 도시 꼬따를 아시나요? / 왜 네루는 IIT를 세웠을까요? / 왜 IT 기업 CEO에 인도인이 많은가요? / 주가드 정신을 들어 보셨나요? / 인도는 어떻게 우주 강국이 되었을까요? / 인도의 힘은 무엇인가요?

인도 교육 체계는 우리와 다른가요?

우리나라의 교육제도는 초등학교 6년, 중학교 3년, 고등학교 3년 그리고 대학교 4년(전문대학 2년)으로 구성되었으며, 초등학교와 중학교는 의무교육으로 무상교육입니다. 한국의 초중고 학제는 대한민국 정부 수립 후 달라진 것이 없으나, 교육의 방향 및 주요 교과목은 시대의 변화를 반영하여 개편되고 있습니다. 최근 우리나라 2022 개정교육과정을 보면 '개인별 맞춤 교육'이 눈에 띕니다. 초등학교에서는 3학년부터 6학년까지 학년별 최대 68시간을 학생들이 스스로 과목을 선택하여 수업을 들을 수 있고, 중학교 3학년 2학기에는 고등학교 입학 전에 고교학점제를 이해하고 대비할 수 있는 진로 연계 학기가 운영되며, 고등학교에서는 고교학점제 시행으로 교육과정이 전면 개편되어 총 192학점을 이수해야 졸업할 수 있게 되었습니다.

인도는 연방제 국가입니다. 중앙의 연방정부 산하의 교육부가 있고, 각 주에는 주의 교육부가 있습니다. 국가 교육 과정 체계는 국립교육연구훈련원 National Council for Educational Research and Training: NCERT에서 수립하고, 각 주의 교육 과정 체계는 주립교육연구훈련원 State Council for Educational Research and Training: SCERT에서 마련합니다. 각 주의 교육정책은 독립적이지만 국립교육연구훈련원에서 마련한 체제를 바탕으로 만들어집니다.

교복을 입은 학생들

독립 이후에 여러 차례 교육 체계가 개편되었는데, 가장 최근에 이루어진 교육 개편안은 국가교육정책 2020 National Education Policy 2020입니다. 2020년 7월 31일 승인된 교육정책은 이전과 비교했을 때 어떻게 달라졌을까요? 인도의 교육 단계는 10+2이었습니다. 만 6세에 정규학교에 입학하여 10학년까지의 기본 단계 수업을 마치면 10학년 인증시험 Class 10 Board Exam을 치르게 됩니다. 보통 이 단계까지가 우리나라의 초등학교와 중학교 과정에 해당합니다. 10학년까지의 수업은 대부분의 주에서 무상교육을 실시하고 있습니다. 10학년 인증시험 결과에 따라 11학년, 12학년 과정으로 진학하게 되는데, 이 2년이 우리나라 고등학교 과정에 해당합니다. 12학년 과정을 마치면 다시 12학년 인증시험 Class 12 Board Exam을 치르고 그 성적에 따라 다음 단계인 대학으로 진학하게 됩니다.

그런데 '국가교육정책 2020'에서는 5+3+3+4 제도로 변경했습니다. 12년의 교육이 15년으로 늘어났는데, 그것은 가장 기초단계인 유아교육을 정규 교육에 편입했기 때문입니다. 유아·아동 단계라 할 수 있는 기초단계Foundational Stage 5년에는 유아교육 3년과 초등 교육 2년이 포함됩니다. 예비단계Preparatory Stage 3년 동안에는 고학년 초등 과정에 해당하는 교육을 받고, 중등 교육Middle Stage을 3년 동안 받게 됩니다. 그리고 고등교육에 해당하는 둘째 단계 교육Secondary Stage은 2년의 주니어Junior 과정과 2년의 시니어Senior 과정으로 구성되어 있으며 주니어 과정이 끝날 때와 시니어 과정이 끝날 때마다 인증시험을 치르게 됩니다.

다소 복잡해 보일 수도 있지만 우리나라의 공교육 12년과 유사하며, 우리처럼 중학교 1학년, 고등학교 1학년 이렇게 학년 명칭이 바뀌는 것이 아니라 1-12학년으로 구성되어 있고 그것에 앞서 유아교육 3년을 정규 교육에 포함한 것뿐입니다. 물론 유아교육 단계가 정규 교육 과정으로 편입되기는 했으나, 현재 모든 인도의 아동이 유아교육을 받고 있지는 못한 실정입니다. 인도 정부의 목표는 2025년까지 만 3-6세 유아 모두가 정규 교육을 받을 수 있게 한다는 것입니다.

이렇게 보면 우리나라 교육제도와 크게 달라 보이지는 않습니다. 그런데 인도의 교육과정에는 우리와는 다른 특이한 점이 있습니다. 우리나라는 하나의 언어를 사용하는 국가이지만 인도는 다언어 사회로 2개의 중앙 공용어가 있고 주마다 공용어가 다르기도 합니다. 우리나라는 한국어로 교육하지만, 인도는 지역마다 언어가 상이하여 지역 공용어를 통해 교육합니다. 우리나라는 국어 이외에 필수 교과목인 영어를 비롯하여 선택적으로 제2외국어를 학습하지만, 인도는 주별로 지역 공용어뿐만 아니라 서로 다른 2개의 공용어를 이수하는 것이 필수입니다. 그리고 중등 교육 단계에 진입하면 제2외국어를 선택하여 배울 수 있습니다. 여기에는 여러 언어가 포함되어 있는데, 국가교육정책 2020에서는 한국어도 선택할 수 있고 권장하는 과목에 포함되어 있습니다.

그리고 인도와 우리나라의 교육 현실을 비교해 볼 때 눈에 띄는 것이 문맹률일 것입니다. 우리나라도 독립 직후에는 성인 77.8%가 문맹이었고, 1966년 조사에서는 8.9%만이 문맹이었으며, 현재는 문맹자가 거의 없어졌기 때문에 문맹률 조사 자체가 사라졌다고 합니다. 그러나 인도의 문맹률은 아직도 매우 높은 편으로, 2011년 인구조사에 따르면, 전체 학령기 이후 인구의 23% 정도가 문맹 상태이며 남성의 문맹률은 15%인데 비하여 여성의 문맹률은 30%가 넘는다고 합니다.

우리나라는 초중고 교육이 대학으로 이어져야 한다는 무언의 압박 속에서 고등학생의 약 73% 이상이 대학으로 진학하고 있습니다. 대학에 진학하기 위해서는 교육부로부터 중등교육과정에 대한 평가 권한을 위임받은 국무조정실 예하 한국교육과정평가원에서 주관하는 대학수학능력시험(수능)을 잘 치러야 합니다. 물론 우리나라 대학입시는 수능뿐만 아니라 학생부종합, 논술전형 등을 통해서도 가능한데, 수능은 미국의 SAT를, 학생부종합전형은 미국의 입학사정관제를 그리고 논술전형은 프랑스의 바칼로레아를 모태로 하고 있습니다.

인도의 상황은 어떨까요? 인도 학생들이 치러야 하는 시험은 대략 두 단계 또는 대학의 유형에 따라 세 단계로 볼 수 있습니다. 10학년 인증시험, 12학년 인증시험 그리고 대학별 입학시험이 있습니다. 학생들은 10학년과 12학년의 인증시험을 기준으로 대학교에 진학합니다. 특히 12학년 인증시험은 대학에 진학하는 지표가 되기 때문에 12학년 인증시험은 학생들에게 큰 부담이 됩니다. 우리나라의 수능시험과 비슷한 양상이지만, 우리는 재수, 삼수를 통해 다시 수능 시험을 볼 수 있는 기회가 있습니다. 그러나 인도 학생들에게 12학년 인증시험은 평생 딱 한 번의 기회밖에 없기에 그들은 우리나라 수능시험을 치르는 학생들보다 더 심한 부담을 느낄 것입니다. 2020년에 개편된 '국가교육정책 2020'에서는 12학년 인증시험을 1년에 두 차례 치름으로써 12학년 인증시험의 기회를 두 번 제공한다는 방향으로 나아갈 것이라고 밝히고 있습니다. 이러한 교육정책의 변화는 단 한 번의 시험 스트레스가 그만큼 크다는 것을 반영한 것입니다.

　이처럼 한국과 인도의 초중고 교육제도는 12년이라는 틀 안에서 다소 상이하며, 교육의 방향과 역량 함양 목표 등에 따라 교과목도 일부 다르기도 합니다. 다양한 입학전형을 통해 우수한 학생들을 선발하는 우리와 달리 인도는 오직 시험만을 통해 입학을 결정합니다. 이는 인도의 현실, 즉 학령 인구의 증가와 방대한 국토, 수많은 유형의 초중고 학교들을 고려하면 인도에서는 학생부종합전형이라는 입학제도는 불가능할지도 모릅니다. 그래서 인도에서는 12학년 인증시험과 대학의 유형 및 전공에 따른 별도의 입학시험을 통해 대학에 진학할 수밖에 없습니다. 그러나 한국과 인도 수험생 모두 하나같이 공교육보다는 사교육에 의존한 입시지옥을 겪고 있는 것은 매한가지인 것 같습니다.

입시 도시 꼬따를 아시나요?

대학입시를 준비하는 사람이나 그 가족들은 입시지옥이라는 말을 자주 하거나 듣습니다. 입시 준비가 지옥만큼 고통스럽다는 뜻입니다. 입시가 고난의 길이 된 이유는 무엇일까요? 초중고 시절을 거쳐 자신이 배운 것, 쌓아 놓은 지식을 바탕으로 시험을 보고, 그 시험 점수에 따라 진로를 결정하는 일이 반드시 지옥이 될 정도는 아닐 것입니다. 그런데 그 시험 하나가 자신의 미래를 결정하는 핵심 요소가 될 때는 입시에 매달리게 될 것입니다. 대학을 졸업해야 만 취업을 할 수 있고, 자신이 입학한 대학의 수준에 따라 현재보다 나은 계층 이동이 가능한 상황 속에 살고 있다면 모든 것을 포기하고 시험에만 집중하면서 살게 될 것입니다. 그래서 '배운 것을 평가'하는 시험이 아니라 '남들보다 나은 점수'를 받아야 하는 시험이기 때문에 입시가 전쟁이 되고 지옥이 되는 것입니다.

우리나라는 독립 이후 50년 동안은 대학을 나오면 미래가 보장되는 시대였다고 해도 과언이 아니었습니다. 그러나 이제는 여러 상황이 변화되면서 대학을 졸업해도 취업하기 어렵고, 좋은 대학에 입학했다고 해서 미래가 보장되는 것도 아닙니다. 또 다른 한편으로는 반드시 대학을 졸업하지 않아도 자신의 특기를 계발하여 세상의 잣대가 아니라 자신의 잣대로 행복을 추구하는 사람들도 많아졌습니다.

인도는 어떨까요? 인도는 워낙 큰 나라이기에 우리나라처럼 어느 특정 대학이 최고의 명문대학이라고 말하기가 힘듭니다. 주별로 명문대학이 있기에 굳이 시간과 비용을 들여 수도로 상경하지는 않습니다. 또한 인도 전체에 산재하여 있는 수많은 특화 대학, 다시 말해서 공과대학, 경영대학, 의과대학 등이 있습니다. 물론 각 특화 대학의 서열은 알게 모르게 분명 존재하고, 학생들은 그 상위권 대학에 입학하려고 합니다.

일반적으로 인도의 수험생들은 12학년 인증시험을 통해 대학에 입학할 자격을 얻습니다. 그러나 대학의 유형 및 전공에 따라 입학시험이 추가될 수 있습니다. 예를 들어 공과대학에 들어가기 위해서는 공동입학시험Joint Entrance Examination: JEE에 응시해야 합니다. JEE는 본시험JEE-Main, 상급시험JEE-Advanced 두 가지 다른 유형으로 구성됩니다. 어떤 학교는 본시험 성적만 요구하기도 하고 어떤 학교는 상급시험 성적을 요구하기도 합니다. 그렇다고 본시험에 응시했던 학생이 다시 상급시험에 응시할 수는 없습니다. 둘 중 하나만 선택해서 시험을 치르게 됩니다. 이렇게 시험을 치르고 나면 응시 커트라인에 해당하는 최소 요구 점수인 'JEE Cutoff'가 발표됩니다. 학생들은 JEE에서 취득한 점수에 따라 인도공과대학Indian Institute of Technology: IIT, 국립공과대학National Institute of Technology: NIT, 인도정보기술대학 및 기타 정부지원기술대학에 지원할 수 있습니다.

인도에서는 IIT에 입학하면 거의 미래가 보장됩니다. 세계적인 공과대학이라고 하면 MIT라고 불리는 미국의 매사추세츠 공과대학교를 꼽을 수 있는데, 인도 IIT에 탈락한 학생들이 MIT에는 쉽게 들어갔다는 이야기가 있을 정도로 IIT 입학이 어렵다고 합니다. 입학이 어려운 만큼 IIT를 졸업하면 미국의 실리콘 밸리 혹은 인도의 대형 IT기업에 취직하기 어렵지 않고 보수도 일반 기업의 몇 배 혹은 수십 배까지도 받을 수 있다고 합니다. 2017년 통계에 의하면 인도의 1인당 GDP는 2,000달러 정도인데 IT 분야에 종사하는 IIT 졸업생들의 연평균 소득은 40,000달러가 넘는다고 합니다.

이처럼 미래가 입시에 달려는 인도에서는 입시가 치열한 만큼 입시학원들도 많이 생겼습니다. 그중에서도 가장 유명한 곳은 반살 학원Bansal Classes입니다. 1985년 무렵 라자스탄의 꼬따Kota에서 당시 엔지니어였던 비노드 꾸마르 반살Vinod Kumar Bansal은 8명의 학생을 대상으로 입시 개인 지도를 시작했습니다. 그 학생들이 모두 좋은 성적을 받아 IIT에 입학하게 되었고 그 소문이 퍼지면서 학생들이 반살을 찾아와 지도받기 시작했습니다. 그래서 반살은 1991년에 정식으로 반살 학원을 설립하게 되었지요. 그를 기점으로 꼬따에는 여러 입시학원이 설립되어 꼬따는 입시학원의 중심지로 자리를 잡았습니다. 지금 꼬따에 있는 입시학원이 40개가 넘고 매년 150,000명 이상의 학생들이 입시를 준비하고 있습니다. 꼬따는 이제 지명의 이름보다는 '인도의 입시 도시'로 불리고 있습니다.

그러나 한편으로 인도의 입시지옥과 꼬따의 강도 높은 입시 지도는 학생들의 스트레스를 가중시켜 꼬따에서만 2014년에 45명, 2015년에 17명, 2022년에는 15명의 학생이 스스로 목숨을 끊었습니다. 물론 어느 나라에나 입시 중압감으로 학생들이 불행한 선택을 하기도 하지만 인도 학생들이 느끼는 중압감은 남다른 면이 있습니다. 왜 그럴까요? 잘 알려진 바와 같이 인도는 비록 법으로는 카스트에 의한 차별이 엄격히 금지되었지만, 일상에서 종교와 카스트에 의한 차별은 여전히 존재합니다. 하층 카스트 학생이 사회에서 성공하고 카스트 차별을 받지 않는 삶을 살 수 있는 길이 바로 IIT와 같은 명문대학에 가는 것입니다. 또한 상위 카스트의 학생도 경제적으로 부유하지 못한 집안을 일으키겠다는 일념으로 명문대학을 갈구합니다. 그런데 하층 카스트 학생이나 경제적으로 풍요롭지 못한 상위 카스트 학생들은 꼬따에 있는 입시학원의 비용을 감당하기가 쉽지 않습니다. 그러니 말하자면 '가문의 성공'을 위해 작게는 부모와 형제, 크게는 대가족 전체, 더 크게는 카스트 단위 전체가 경제력을 총동원하여 한 명의 학생을 뒷바라지합니다.

그 한 명의 학생이 꼬따에서 공부하는 동안 느낄 부담감, 중압감은 여느 나라의 학생들과는 비교가 안 될 것입니다.

입시지옥을 통과하기 위한 꼬따 학생들의 삶, 그것이 얼마나 고난의 길일까요? 그런 관심이 커지다 보니 인도의 온라인 스트리밍 회사인 TVF$^{The\ Viral\ Fever}$에서는 「꼬따 팩토리$^{Kota\ Factory}$」 시리즈를 제작하여 꼬따 학생들의 삶을 조명하여 온라인 서비스에서 방영하고 있습니다.

입시를 치러야만 하는 한국과 인도 수험생들은 한결같이 살벌한 경쟁 속에서 공교육 이외에 사교육도 받으며 입시지옥에서 하루하루를 보내고 있습니다. 한국과 인도 사회에서 입학 경쟁은 학습한 것에 대한 성취도 측정과 일반적인 학습 능력 평가 이상의 지나친 과열이며, 학생과 부모 그리고 사회 모두에게 부담되는 것 같습니다. 노력의 대가가 정정당당한 경쟁을 통해 대학 입학으로 이어질 수는 있습니다. 그러나 교육과 인생의 끝이 대학은 아닙니다. 대학을 통해 낙인이 찍히면 안 될 것입니다. 언제 즈음 이러한 과도한 입시 경쟁이 사라지고 운동장에서 뛰어노는 학생들을 볼 수 있는 날이 올까요? 대학 입학만으로 미래가 보장되는 사회, 한두 번의 시험이 인생을 좌우하는 사회를 벗어나 다양한 능력을 발휘할 수 있는 사회가 되면 입시지옥이라는 말도 사라질 것입니다.

왜 네루는 IIT를 세웠을까요?

교육은 미래의 국가와 사회를 이끌어갈 인재를 양성하고 학문에 관한 지속적인 연구가 가능하도록 학문생태계를 조성하는 국가의 미래를 결정짓는 가장 중요한 요소입니다. 따라서 교육정책은 당장의 현실이 아니라 먼 장래를 내다보면서 세워야 합니다. 그래서 교육정책은 백년대계라고 합니다. 그렇지만 실제로 100년을 내다 본 교육 체계를 마련하기는 쉽지 않을 것입니다.

식민지 시대를 거쳐 독립한 신생국가들의 경우 정치적으로 국내외적으로 혼란의 시기였기 때문에 미래를 내다보는 교육 체계를 수립하기 어려웠습니다. 그러나 인도는 독립 후 초대 총리를 맡은 네루가 두뇌 기술 양성에 관심을 기울이며, 1951년 카락뿌르Kharagpur에 최초의 IIT를 설립했습니다. 네루는 IIT의 출범을 가리켜 "인도의 미래를 보여줄 상징"이라고 했습니다. 이후 1956년 9월에 '인도공과대학법Indian Institute of Technology Act'이 제정되었고, 지금까지 인도 전역에 모두 23개의 IIT가 설립되었습니다.

IIT 설립이 교육의 백년대계라고 할 수 있는 이유는 무엇일까요? 공과대학의 설립은 인도뿐만 아니라 신생국가는 물론 선진국에서도 심혈을 기울이고 있는데 말입니다. 요즈음 뉴스를 보면 인도의 IT 기술력의 성장과 세계적 인물 배출에 대한 기사가 많습니다. 인도가 IT 강국이 된 것, 세계적으로 IT 관련 산업의 주역은 인도인이라는 현실이 바로 네루가 세운 IIT의 결과라는 것입니다. 23개 IIT를 통해 매년 배출되는 IT 인력이 12만 명이 넘는다고 합니다. IIT에서 배출된 인재들은 당시 IT 산업의 심장이라 할 수 있는 미국의 실리콘밸리로 진출했습니다. 전액 장학금으로 대학을 졸업한 학생들이 해외로 진출하여 실력을 발휘함은 물론 새로운 기술을 습득하여 오늘날 우리가 흔히 사용하는 소프트웨어 개발에 중요한 역할을 했습니다. 현재 IIT 출신 유명인에는 구글Google의 최고경영자CEO인 쑨다르 피차이Sundar Picha, 마이크로소프트Microsoft의 CEO 싸땨 나델라Satya Nadella, 어도비Adobe의 CEO 싼따누 나라옌Shantanu Narayen 등이 있습니다. 2014년 통계 기준으로 세계 유수 기업인 IBM 엔지니어의 28%, NASA 직원의 32%, 실리콘밸리 창업자의 15%가 IIT 출신이었다고 합니다. 이러한 추세는 계속 증가하고 있으며, 미국을 비롯한 세계적인 활동을 하던 IIT 출신 IT 전문가들이 지금은 인도로 돌아와 인도를 IT 강국으로 만들어가고 있습니다.

1951년에 첫 삽을 뜬 네루의 IIT 설립은 70년이 지난 지금 엄청난 효과를 발휘하고 있는 셈이니, 네루 정부가 제정한 인도공과대학법이라는 교육법이 50년 후인 2000년대 접어들면서 세계 유수 기업의 핵심 인재의 배출과 현재 인도를 IT 강국으로 끌어올린 백년대계라 하지 않을 수 없을 것입니다.

우리나라가 독립 이후 그리고 한국전쟁 이후 폐허 속에서 지금의 반열에 오를 수 있었던 가장 큰 요인은 아마도 부모의 헌신 속에서 피어난 교육일 것입니다. 그렇다고 그 누구도 대한민국 정부 수립 이후 우리나라의 교육정책이 백년대계를 의식하며 수립된 것이라고는 생각하지 않을 것입니다. 교육기관, 교육 평가 방식, 교과목 설정 등이 눈앞에 당장 나타날 결과만을 생각하면서 수립되는 것이 현실이었기에 백년대계는 꿈도 꿀 수 없었을 것입니다. 그러나 그러한 현실 속에서도 부모들의

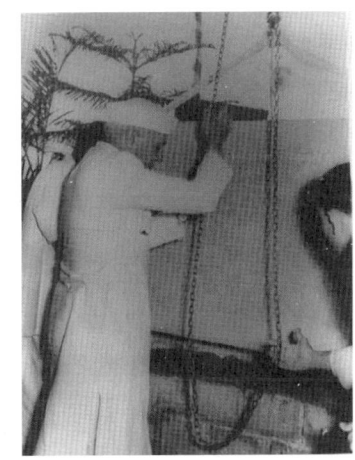

봄베이 IIT의 초석을 놓는 네루(1959년)

자녀 교육에 대한 열정 덕분에 우리나라의 교육 수준은 그 어느 나라에도 뒤지지 않습니다. 이제 우리는 때와 장소에 맞춰 대처하는 권의지계權宜之計가 아니라 먼 훗날까지 고려하여 세우는 만년지계의 교육정책을 수립해야 할 것이며, 능력을 갖춘 사람의 등용을 넘어, 사람다운 사람, 즉 '된 사람'을 등용할 수 있는 미래를 꿈꾸어야 할 것입니다.

왜 IT 기업 CEO에 인도인이 많은가요?

가끔 TV에서 세계적으로 인정받는 한국인들의 활약상을 접할 때마다 얼마나 뿌듯한지 모르겠습니다. 최근에는 케이팝, 드라마, 영화, 웹툰, 만화, 게임, 댄스 등 모든 엔터테인먼트 산업뿐만 아니라 국제 콩쿠르 입상, 한식, 스포츠 등 한류 열풍으로 그 자랑스러움은 더해지는 것 같습니다.

최근엔 한류의 불모지라 여겨졌던 인도에서도 한국 노래와 춤을 따라 하고 한국 영화와 드라마를 즐겨보는 세대가 증가하고 있습니다. 이제 인도인들도 한국 기업의 제품뿐만 아니라 한국 문화에도 관심을 두게 되었고, 최근에는 MZ세대를 중심으로 한국어 배우기 열풍도 일어나, 인도 명문대 중의 하나인 네루대학교Jawaharlal Nehru University: JNU 한국어과의 2022년도 입학 경쟁률은 3,300대 1이라는 사상 초유의 대박을 터뜨리게 되었습니다. 이제 대한민국은 해외원조를 받던 동아시아의 변방 국가가 아닌 경제뿐만 아니라 문화강국으로 우뚝 솟은 세계인이 주목하고 있는 국가입니다.

2022년 인도는 자국을 강제로 통치했던 영국을 경제 규모에서 드디어 앞서고 세계 5위 대국으로 올라섰고, 같은 해 10월 인도계 영국인 리시 수낵Rishi Sunak이 영국 총리로 임명되었을 때 인도 국민은 들뜨지 않을 수 없었을 것입니다. 그러나 그 흥분은 우리의 예상보다는 다소 차분하였습니다. 한국이 일본보다 경제 규모에 앞서고 한국계 일본인이 일본 총리가 된다는 상상이 그들에게는 현실이 되었는데도, 그들은 크게 동요하지 않았습니다. 왜 그랬을까요? 리시 수낵이 인도계이지만 결국은 영국인일뿐이라고 생각했을 수도 있고, 인적 자원이 풍부한 인도에는 수많은 리시 수낵과 같은 사람들이 있는데 별거 아닌 일로 호들갑을 떤다고 생각했을지도 모릅니다. 실제로 인도계 정치인은 리시 수낵뿐만 아니라 미국의 부통령인 카멀라 해리스Kamala Devi Harris, 포르투갈 총리인 안토니우 코스타António Luís Santos da Costa, 아일랜드 총리인 리오 버라드카Leo Eric Varadkar, 모리셔스 총리인 프라빈드 주그노트Pravind Jugnauth도 있습니다. 물론 이들은 인도계 이민자의 후손들로 인도가 아닌 새로운 환경 속에서 교육받고 자란 어찌 보면 인도인이 아닐 수도 있습니다.

2021년 세계은행의 보고서에 따르면 해외 거주민들의 모국 송금액 1위는 바로 인도계 사람들로 그 규모가 무려 113조 원에 이른다고 합니다. 특히 미국에 거주하는 인도계 이민자는 80% 이상이 학사 학위를 그리고 49% 이상이 석사 학위를 취득한 고학력자로 약 2억 원에 육박하는 평균 소득을 올리고 있어, 전체 송금액 규모를 끌어올리고 있습니다. 미국 전체 이민자 4천 4백만 명 중에 인도계는 약 6%인 2백 7십만 명으로 집계되는데(한국계 이민자는 1백 8십만 명), 이들의 명성은 오히려 인도계 정치인들보다 더 높습니다. 특히 인도인은 소프트 엔지니어로서 두각을 드러냈는데, 미국 IT의 메카인 실리콘밸리는 인도인 없이는 돌아가지 않는다고 합니다. 그런데 이제 인도인은 비단 소프트 엔지니어뿐만 아니라 기업의 최고경영자로서도 이름을 떨치고 있습니다.

스탠더드앤푸어스S&P에 따르면 미국 포춘지 선정 500대 기업 중에 인도계 최고경영자CEO 기업은 58개라고 합니다. 구글의 쑨다르 피차이, 마이크로소프트의 싸땨 나델라, 어도비의 싼따누 나라엔, IBM의 아르빈드 끄리슈나Arvind Krishna, 트위터(현재의 X)의 빠라그 아그라왈Parag Agrawal, 샌디스크의 싼자이 자Sanjay Jha, 노키아의 라지브 쑤리Rajeev Suri, 딜로이트의 뿌닛 렌젠Punit Renjen, 펩시코의 인드라 누이Indra Krishnamurthy Nooyi, 마이크론의 싼자이 메흐로뜨라Sanjay Mehrotra, 스타벅스의 락슈만 나라싱한Laxman Narasimhan, 샤넬의 리나 나이르Leena Nair 등 내로라하는 글로벌 기업의 CEO가 인도계입니다. 또한 CEO 외에도 그 수를 셀 수 없을 만큼 수많은 최고기술책임자CTO, 최고전략책임자CSO, 최고디지털책임자CDO 등이 인도계로 그 능력을 인정받고 있습니다.

어떻게 인도인은 IT 및 공학 등의 엔지니어뿐만 아니라 조직을 이끄는 경영자, 전략가 등으로서도 인정받을 수 있었을까요? 인구가 많은 나라이니 당연히 똑똑한 사람도 많아서 그런 것일까요? 14억의 인구 대국이니 천재도 많을 수밖에 없다고 말할 수도 있지만, 인도 밖의 다른 나라에도 천재는 많을 텐데, 왜 유난히 인도 출신이 자국도 아닌 미국 등지에서 맹활약하고 있을까요?

가장 큰 이유는 아마도 개인적 자질일 것입니다. 총명하고 비상한 두뇌, 기초 및 이론 중심의 수학과 과학 능력, 폭넓고 깊은 전문적 지식, 논리적 사고 능력, 자유자재로 구사하는 영어 능력, 다양성을 받아들여 공존하는 포용성, 열악한 환경과 혼돈을 극복하는 문제 해결 능력, 제

나델라 CEO 취임 첫날. 나델라(중앙), 전 CEO 빌게이츠(왼쪽), 스티브 발머(오른쪽)

한된 기회 속에서 경쟁하며 배운 인내심, 특유의 인도 가족 사회에서 몸에 밴 가족애와 책임감 등을 꼽을 수 있을 것입니다. 물론 이러한 개인적 자질은 타고난 것일 수도 있지만, 특유의 인도 사회가 가져다준 선물일 수도 있습니다.

　인도는 고대에 이미 문자를 사용했음에도 불구하고, 경전을 기록하지 않고 구전으로 전달하는 독특한 전통을 유지해 왔습니다. 이는 고대 인도에서 경전이 신의 말씀으로 간주되었기 때문에, 글로 적는 것이 신성함을 훼손하는 행위로 여겨졌을 가능성이 큽니다. 또한 구전 전통은 단순한 암송이 아니라 발음, 억양, 리듬까지 정확하게 지켜야 하는 엄격한 방식으로 이루어졌으며, 이를 통해 경전의 내용을 왜곡 없이 후대에 전달하는 효과적인 방법으로 인식되었습니다. 무엇보다 구전을 통한 지식의 전달은 상위 계층이 지식을 독점하고 보호하는 수단이기도 했습니다. 문서화할 경우 지식이 더 널리 퍼지거나 외부에 유출될 위험이 있었지만, 구전 방식은 그 지식의 접근을 제한할 수 있었습니다. 이러한 이유로 수많은 경전을 토씨 하나 틀리지 않고 후대에 전해 온 인도인들은 그야말로 지상 최고의 암기력을 지닌 두뇌들이라고 할 수 있을 것입니다.

그러나 이렇게 타고난 인재들이 상위 계층에만 한정된 것이 아닙니다. 척박한 환경과 불리한 조건 속에서도 끊임없이 노력하여 학문적 성취를 이루어낸 수재들이 인도 전역에 존재합니다. 이들은 카스트 제도의 제약을 극복하기 위해 더욱 노력하며, 자신의 능력을 입증해 나갔습니다. 학문과 지식에 대한 열정을 키워나가는 이들 덕분에 인도는 다양한 분야에서 수많은 지적 인재를 배출해 왔습니다. 인도의 지적 전통은 이러한 사회적 제약을 넘어선 개인의 노력과 학문에 대한 열정에 크게 의존하고 있습니다.

인도의 다소 열악한 교육환경은 어쩔 수 없이 이론과 기초 중심의 수업으로 이루어졌을지도 모릅니다. 응용과 실습보다는 기초를 다지고 다지는 이론 위주의 수업, 관련된 모든 이론을 확인하며 말도 안 되게 세세한 것조차도 물어보는 시험, 시대의 변화에 따른 유행보다는 다소 고지식한 전통과 클래식을 선호하고 지켜내려는 교육문화가 그들의 기초를 다져줬을지도 모릅니다.

유구한 역사 속에 다양한 인종과 문화가 섞여 있고 심오한 철학과 사상으로 무장된 인도 사회 속에서 그들은 얽히고설킨 지식을 습득하며 서로 논쟁하고 발달시키는 논리적 사고를 키웠고, 수많은 사람 속에서 다양하게 생각하며 때로는 같지만 때로는 다른 접근을 통해 또 다른 전통을 창출할 수 있었고, 그러기 위해 해당 분야의 전문성을 키울 수밖에 없었을 것입니다. 공허는 없는 게 아니라 있는 것으로 생각하고, 그 공허를 0으로 그리고 무한대의 개념을 창조한 인도의 철학적인 수학 전통도 그들의 사고력을 키워줬을 것입니다.

　인도의 다언어 사회 속에서 다른 언어를 접하고 배우는 것은 일상적인 일이었으므로 영국 지배 시기에 영어를 접하고 습득하는 것은 어려운 일도 아니었으며, 특히 영어는 좋은 직업과 많은 정보와 지식을 가져다주는 언어이기에 그들의 영어 구사 능력은 마치 모어 수준과 같을 것입니다.

　다양한 카스트, 인종, 언어, 지역 등 서로가 다름이 익숙하며 오랫동안 유지될 수 있었던 것은 설사 그 속에서 차별이 있었어도 공존하며 받아들이는 그들만의 특유한 포용성이 있었기 때문입니다. 자신이 가는 길이 다른 사람과 다르더라도 이상하지 않고 그럴 수도 있으며, 그렇게 사는 데는 충분한 이유가 있으며 멀리 보면 그 또한 인간의 삶이기에 그들은 상대적인 개념보다는 절대적인 다름을 인정하는 것 같습니다.

　열악한 인프라와 무한경쟁 체계 속에서 겪는 그들의 고충도 이만저만이 아닙니다. 그러나 한 치 앞도 내다보기 힘든 그 사회 속에서 많은 사람이 쉽게 포기하지만, 그들은 인내를 갖고 목표를 이루기 위해 제2의, 제3의 무수한 시나리오를 기획하고 창조하는 문제 해결 능력마저 갖추게 됩니다. 늘 그러하듯이 예기치 못한 상황 속에서 제한된 자원을 가지고 기발한 발상으로 최고는 아니지만 어떻게든 이루어내려는 주가드Jugaad 정신이 특화·내재된 그들의 무기이기도 합니다.

　혈통을 중시하며 네트워크를 형성하고 가족 안에서의 '나'가 중요하며 늘 겸손하게 가족을 사랑하는 마음 또한 근면과 책임감을 북돋아주며 가문과 조직을 이끌 수 있는 리더십을 심어주었을 것입니다. 국내이든 국외이든 그들은 혈통, 지역, 종교 등 어떻게든 관계를 형성하고 서로를 이끌어주려고 합니다.

이처럼 그들은 타고난 자질을 바탕으로 인도 사회의 문화와 환경 속에서 터득한 특유의 DNA를 발달시켰을지도 모릅니다. 그런데 그 DNA는 이상하게도 IIT 출신들에게 많은 것 같습니다. 우리에게 널리 알려진 영화 〈세 얼간이〉의 배경이 바로 IIT입니다. 그리고 IIT와 유사한 31개의 국립공과대학, 25개의 인도정보통신대학 등도 있습니다. 이처럼 인도에서는 의사보다는 공학자의 꿈을 키우는 학생들이 많지만, 수학과 과학 등에 매진하여 경쟁에 성공한 소수만이 IIT의 문을 열게 됩니다.

IIT를 졸업한 학생들은 또 다른 시작을 위해 기회의 땅인 미국으로 갑니다. 다양한 인종과 문화가 공존하며 경쟁하는 미국에서 그들은 자신을 낮추면서 겸손하고 인정받기 위해 성실히 노력하고 다름을 쉽게 받아들이며 어울리고, 살아남기 위해 창의적으로 도전하려고 합니다. 물론 그 조직과 사회에서는 인도인에게 내재된 그들의 특출한 역량을 필요로 합니다. 게다가 언어 및 문화 소통에는 전혀 문제가 없습니다. 아무리 미국이 인종과 문화의 용광로라고 하여도 인도보다 덜 복잡하며 다양하지 않습니다. 급변화의 사회이어도 인도보다 체계적이고 변수 또한 많지 않습니다. 인종 및 빈부 갈등이 있더라도 인도의 수많은 갈등보다 심하지 않습니다. 미국은 풍부한 자원을 바탕으로 그 어떤 환경에서도 도전과 혁신을 장려하는 나라입니다. 인도인들은 이러한 환경 속에서 다양성을 존중하며, 서로 다른 배경과 시각을 공존의 가치로 받아들여 새로운 해결책을 모색하는 능력을 키워왔습니다. 특히 제한된 자원 속에서도 문제 해결을 넘어 창의적인 혁신을 이끌어내는 그들의 능력은, 미국 사회에 더욱 필요한 자질이라고 할 수 있습니다.

아마도 그들은 미국 이외의 다른 나라에서는 그처럼 인정받기는 힘들지도 모릅니다. 다름보다는 하나임을 추구하고, 인내보다는 재빨리 변화하고, 기초보다는 응용을 요구하며, 갈등 조정보다는 자신의 목소리를 키우며, 도전보다는 개인의 희생이 우선인 사회에서 그들은 적응하기 힘들 수도 있습니다. 그렇다고 미국이 올바르며 다른 나라는 그렇지 않다는 것은 결코 아닙니다. 그들에게 미국은 다른 나라보다는 타고난 개인적 자질과 인도 환경 속에서 터득한 지식과 지혜가 더 쓸모가 있는 나라라는 것입니다. 또한 한국계 CEO가 없음을 부끄러워하거나 아쉬워할 필요도 없습니다. 이미 한국의 기업들은 미국 IT 회사 못지않은 글로벌 기업이며, 그 기업의 CEO는 한국인입니다. 비록 재벌 총수는 아니더라도 기업의 CEO는 누구에게나 열려있습니다.

다른 나라의 정치 지도자가 된다는 것은 현재 이민을 준비하고 있는 당사자들에게는 불가능한 일입니다. 그러나 기회의 땅 미국에서 엔지니어로 그리고 CEO로 인정받는 일은 결코 남의 일이 아닐 것입니다. 그래서 인도에서는 성공한 인도계 지도자보다 IT 업계에서 성공한 인도인의 스토리에 더 열광하고 자긍심을 느낄 수밖에 없지 않을까요?

주가드 정신을 들어 보셨나요?

우리나라 사람들은 세계에서 가장 역동적인 DNA를 가졌다고 해도 과언이 아닐 정도로 우리는 일제 강점기와 한국 전쟁 이후 폐허 속에서 우뚝이 일어난 기적의 성장 드라마를 써내고 있습니다. 물론 타고난 근면 성실, 교육을 통한 우수한 자질, 무엇이든 해내고자 하는 강한 집념과 승부사적 기질, 위기 속에서도 빛나는 단합과 희생정신, 역경을 이겨내는 강하고 질긴 생존 본능, 자유로운 사고와 비판적 태도 등도 우리의 자랑스러운 DNA가 아닐 수 없습니다. 특히 주어진 일은 어떻게든 반드시 해내려는 사명감과 무엇이든 다 해낼 수 있다는 도전정신 그리고 신속하게 해결책을 찾고 싶은 우리의 빨리빨리 문화는 한강의 기적을 일구어내기도 하였습니다. 물론 성장의 이면에는 분배, 대립과 갈등, 불신, 이분법적 사고 등의 문제도 있으며, 끊임없는 경쟁 속에서 지치고 힘든 하루하루를 살도록 만들고 있기도 합니다. 그리고 오늘의 희생을 통해 더 나은 내일을 꿈꾸는 우리는 남의 시선도 매우 중요하게 생각하며 실패에 대한 두려움과 엉성하거나 잘못된 결과에 대한 부끄러움도 많이 느끼며, 다름에 대해 다소 관용적이지 못하기도 합니다. 그러나 인도는 주어진 것을 받아들이며 뭔가 다른 것에 대해 부끄러워하지 않고 인정하며 사는 것 같습니다.

찌는 듯한 더위에 지친 한 남자가 창고에 들어와 캐비넷 모양의 작은 냉장고에서 음료를 꺼내 마시는데, 이 냉장고는 조금 특이합니다. 어디에도 전선은 보이지 않으며, 창고에도 전기가 들어오지 않습니다. 그런데 냉장고라니. 어떻게 된 일일까요? 이 냉장고는 '밋띠 쿨Mitti Cool'이라고 합니다. 기화열 원리를 이용하여 전기가 없어도 사용할 수 있게 만든 냉장고입니다. 아이들 소꿉놀이 장난으로 보일지 모르지만 밋띠 쿨은 내부 온도를 8℃까지 낮출 수 있는 어엿한 냉장고로, 상부에는 물을 넣을 수 있는 탱크가 있습니다. 여기에 부은 물이 토기 내부로 스며들고, 진흙이 머금은 수분이 증발하면서 주변의 열에너지를 뺏고 내부 온도를 낮추게 됩니다. 밋띠 쿨의 개발자인 만수크 쁘라자빠띠 Mansukh Prajapati는 2001년 구자라뜨에 대규모의 지진이 일어났을 때 구호품으로 보급된 물과 식량의 보관이 어려운 상황을 보고는 전기 없이 사용할 수 있는 냉장고를 만들었다고 합니다.

밋띠 쿨은 주가드 정신을 발휘한 혁신의 대표적인 사례입니다. 주가드는 일이 되게 하는 장치나 수단을 가리키는 힌디어로, 인도인들이 보여주는 영리하고 즉흥적인 해결책을 의미하는 용어로 사용됩니다. 주가드는 영어로 '라이프 핵life hack'이라고 번역되곤 합니다. 이것은 새로운 방법이나 기술, 아이디어 등을 활용하여 삶을 보다 효율적이고 편리하게 만드는 것을 의미합니다. 예를 들어, 일상생활에서 시간을 절약하거나 더 많은 일을 처리하기 위해 유용한 조언, 팁, 또는 간단한 요령 등이 모두 라이프 핵에 해당합니다.

미국 실리콘밸리의 컨설턴트인 나비 라드조우Navi Radjou, 자이딥 쁘라부Jaideep Prabhu, 시몬 아후자Simone Ahuja가 2013년에 발간한 『주가드 혁신Jugaad Innovation』은 주가드에 '혁신'이라는 의미를 더하는 결정적 계기가 되었습니다. 이 책은 부족한 상황에서 창의력을 발휘하는 인도로부터 서양이 무엇을 배울 수 있는지를 이야기합니다. 이후 주가드는 인도의 기업가 정신을 상징하게 되었고, 사람들은 인도 기업 및 기업가들이 세계를 무대로 보여주는 저력의 근거를 주가드 정신에서 찾고 있습니다. 이 책에는 '알뜰하게 생각하고, 유연하게 대처하며, 획기적인 성장을 이루어라Think Frugal, Be Flexible, Generate Breakthrough Growth'라는 부제가 붙어 있습니다. 저자들은 주가드 혁신의 여섯 가지 원칙으로 역경에서 기회를 찾아내기, 적은 자원으로 더 많은 것을 이루기, 융통성 있게 생각하고 행동하기, 단순함을 유지하기, 소외 계층 포함하기, 마음이 시키는 대로 따르기를 제시합니다.

주가드는 21세기에 걸맞은 혁신을 위한 검소하고 유연한 접근 방식이라 할 수 있습니다. 주가드 정신의 핵심은 '절약성'에 있습니다. 이 절약혁신은 제한된 자원으로 영리한 제품을 만드는 것이고, 또한 가난한 인구를 자선의 대상으로 보는 대신 서비스를 제공할 시장으로 인식하는 것을 의미합니다. 밋띠 쿨 외에도 다양한 주가드 혁신 사례를 찾아볼 수 있습니다. 나무 상자, 플랙시 글래스, 100와트의 전구로 만든 미니멀 인큐베이터는 유아의 체온을 유지하는 기능만 있지만 유아 사망률을 절반으로 감소시켰고, 웹브라우징, 동영상 재생, 문서 작성 등 최소한의 핵심적인 기능만 담아 가격을 낮춘 태블릿 PC '아까시'는 인도 교육 시스템 환경 개선에 일조합니다. 이들은 불필요한 기능을 잔뜩 갖추어 사용법은 복잡하고 가격은 비싼 제품과는 다릅니다. 무리해서 자원을 쏟아붓는 것이 아니라 제한적인 조건을 최대한 활용하여 최선의 결과를 뽑아내는 주가드 혁신은 오늘날 가장 중요한 화두로 자리 잡은 '지속가능한 발전'이나 '친환경eco-friendly'이라는 키워드와 연결됩니다.

물론 주가드가 그때그때 상황을 모면하기 위해 둘러대는 즉흥적인 임기응변에 지나지 않으며, 혁신이 아니라 꼼수라는 비판이 나오기도 합니다. 문제가 생겼을 때 보다 본질적인 해결책 강구가 필요하기 때문에, 인도인들 자신도 주가드를 웃음거리로 취급하거나 부정적으로 보기도 합니다. 전문가들은 인도 정부가 두 팔 걷어붙이고 제조업 활성화에 뛰어들었음에도 별 성과를 보이지 못한 이유 중 하나로 주가드식 사고를 꼽기도 합니다. 따따 자동차가 개발한 10만 루피(약 200만 원)짜리 자동차 '나노'는 2009년 처음 출시되었을 때 '세계에서 가장 저렴한 자동차'로 주목받았습니다. 따따 자동차는 에어컨과 에어백과 같은 부품을 과감히 빼고, 차체는 플라스틱을 재료로 했으며, 화학 본드로 차를 조립하여 생산 단가를 낮추었습니다. 나노는 비록 안전과 편의를 등한시하였지만 차의 기본 기능인 운행과 저렴성을 무기로 탄생한 최대 시속 70km의 차였습니다. 나노는 판매 초기에는 반짝 흥행도 하였지만, 시간이 지나면서 판매 실적은 점점 줄어들었고, 오히려 따따 자동차 브랜드를 싸구려 이미지로 만들게 하였습니다. 사실 따따 자동차의 회장은 혼잡한 도로에서 오토바이 한 대에 대여섯 명의 가족이 껴서 타고 가는 위험한 모습을 보고 저소득층 사람들도 구매할 수 있는 저렴한 자동차를 만들기로 했다고 합니다. 우리 모두 너무나 당연하게 받아들이는 '가난하면 자동차를 끌 수 없다'라는 사고에 갇히는 대신 '가난해도 자동차를 가질 수 있는' 방법을 만들었다는 점에서 이보다 더 혁신이라 부르기 적합한 사례가 있을까 생각합니다. 비록 나노는 실패한 마케팅의 대표 사례일지 모르지만, 고정관념의 틀을 바꾸고자 한 주가드 정신에서 출발하였습니다.

우리도 그랬듯이 인도인들도 열악한 인프라와 무한경쟁 체계 속에서 살아남기 위해 겪는 고충은 이만저만이 아닐 것입니다. 주어진 현실 속에서 제한된 자원을 가지고 위기를 극복하려는 그들의 창의성과 도전정신, 시행 능력 그리고 수많은 다양성을 받아들이고 인정하며 예기치 못한 상황을 가정하고 그 속에서 무수히 많은 해결책을 찾으려는 그들의 주가드 정신은 인도인의 자랑스러운 DNA이며, 세계 주요 다국적 기업들의 CEO를 배출해 내는 원동력입니다. 늘 최고일 수는 없기에 그래서 최고가 아니더라도 열악한 환경을 극복하기 위한 그들의 작은 변화된 움직임이 있기에 인도는 내일을 꿈을 키울 수 있습니다. 우리도 눈을 뜨면 찾아오는 내일이 아니라 기다려지는 내일을 위해 우리의 DNA를 더욱더 활성화시키고 새로움을 받아들이고 존중하여 성장과 분배를 모두 이룩하면 어떨까요?

인도는 어떻게 우주 강국이 되었을까요?

2023년 5월 25일 누리호$^{KSLV-II}$는 실용 위성을 고도 550km에 올려놓는 데 성공하였습니다. 우리나라가 우주에 위성을 쏘아 올린 것이 처음은 아닙니다. 그렇지만 지금까지는 다른 나라 발사체에 위성을 실어 보냈다면, 누리호 2차와 3차 발사는 설계, 제작, 시험, 인증, 발사 그리고 성공까지 모두 우리의 독자 기술로 이루어냈다는 점에서 중요한 의의가 있지요. 이로써 우리나라는 1톤이 넘는 실용 위성을 직접 쏘아 보낼 수 있는 세계 일곱 번째 나라가 되었고, 세계 우주 강국 대열에 합류하게 되었습니다. 그런데 우리나라보다 앞서 자체 개발한 추진 장치와 로켓으로 실용급 인공위성을 쏘아 올리는 데 성공한 나라 중 인도가 있다는 사실을 알고 계실까요?

인도를 가난한 나라 또는 전통과 관습을 중시하는 나라로만 생각했다면 그것은 커다란 오해입니다. 21세기 새로운 고부가가치 산업의 대표주자인 우주 산업 분야에 있어서 인도는 눈에 띄는 약진을 보이는 신흥 우주 강국입니다. 특히 인도는 2014년 화성 탐사선 망갈얀^{Mangalyaan}을 세계 네 번째이자 아시아 국가 최초로 화성 궤도에 진입시킴으로써 명실공히 우주 강국으로 자리매김했지요. 전문가들은 순위만 두고 보았을 때 인도가 한국보다 겨우 한 단계 앞선 것일지 모르나, 그 한 단계의 격차가 매우 크다고 평가합니다. 다시 말해 인도가 지닌 경쟁력이 어마어마하다는 뜻이지요.

인도의 우주 산업은 50년이 넘는 오랜 역사를 자랑합니다. 인도우주연구기구$^{Indian\ Space\ Research\ Organisation:\ ISRO}$의 전신인 인도국가우주연구위원회$^{The\ Indian\ National\ Committee\ for\ Space\ Research:\ INCOSPAR}$가 설립된

것이 1962년입니다. ISRO는 인도 남부 벵갈루루에 본부를 두고 있으며, 약 17,000명의 직원이 소속되어 우주 기반 응용, 우주 탐사, 국제 우주 협력 및 관련 기술 개발과 관련된 업무를 수행합니다. 자체 발사 능력, 극저온 엔진 기술, 우주 탐사 프로젝트 운영 및 다수의 인공위성 운영 능력을 보유한 세계 6대 정부 우주 기관 중 하나이기도 하지요. 인도의 ISRO와 우리나라의 한국항공우주연구원Korea Aerospace Research Institute: KARI은 2010년 우주의 평화적 이용을 위한 협력 양해각서를 체결한 이후 우주를 포함한 광범위한 기술 분야에서 협력하고 있습니다. ISRO를 중심으로 인도는 첨단 기술의 중심지라는 것을 증명해 내며 우주 개발을 선도하고 있습니다.

2023년 8월 23일 인도의 짠드라얀 3호Chandrayaan-3가 세계 최초로 달 남극 착륙에 성공했습니다. 인도는 앞서 2019년 짠드라얀 2호Chadrayaan-2를 통해 달 남극 착륙에 도전했으나 착륙 시도 중 교신이 끊

짠드라얀 3호 발사 (2023.07.14.)

기면서 실패했는데요. 여기서 포기하지 않고 다시 시도한 끝에 전 인류적 쾌거를 이루게 되었습니다. 달 남극에는 태양의 빛이 닿지 않아 얼음이 있으며, 이는 향후 달 기지 건설에 핵심 기반 지역이 될 것으로 기대됩니다. 인도는 여기서 그치지 않고 무인 우주선을 발사할 계획을 갖고 있으며 금성에도 첫 번째 탐사선을 보낼 예정입니다. 화성에도 망갈얀에 이어 두 번째 탐사선을 보낼 예정이라고 합니다.

인도는 어떻게 우리나라보다도 한 걸음 앞서 나가는 우주 강국이 되었을까요? 앞서 언급한 인도의 화성 탐사선 망갈얀은 전 세계를 깜짝 놀라게 했습니다. 망갈얀을 쏘아 올리는 데 약 45억 루삐(7,500만 달러) 밖에 들지 않았기 때문인데요. 비슷한 시기 미국의 화성 탐사선 발사 비용의 10분의 1에 지나지 않았다는 점에서 더욱 화제가 되었습니다. 이를 두고 모디 총리는 할리우드 우주 영화 〈그래비티Gravity〉를 찍는 것보다도 크게 낮은 비용으로 실제 우주에 탐사선을 보낼 수 있었다고 강조하기도 했지요. 인도의 우주 산업이 지닌 경쟁력 중 하나는 바로 저렴한 비용입니다. 2008년 짠드라얀 1호의 발사 비용도 2007년 일본의 가구야 위성에 비하면 5분의 1 수준이었습니다. 이른바 저가低價 우주 개발 경쟁의 선두를 달리고 있는 것이지요. ISRO는 전체 예산 중 약 60%를 발사체 개발에 투입하여 인도의 경제적 이윤 최대화를 추구하고 있습니다. 저렴한 발사 비용 때문에 각국에서 인도의 발사체를 사용하고 있지요. 우리나라도 1999년 우리별 3호를 발사할 때 인도의 극궤도 우주발사체Polar Satellite Launch Vehicle: PSLV를 사용한 바 있습니다. 전문가들은 저렴한 발사 비용으로 인해 발사 기회가 많아질수록 관련 기술의 혁신이 빨라질 것이며 결과적으로 우주 산업이 크게 성장할 것으로 전망합니다. 가격 경쟁력의 요인으로는 역시 우수한 과학자와 기술

자로 구성된 풍부한 인력풀, 상대적으로 저렴한 국내산 부품과 기술 사용, 전 과정의 단순화 등을 꼽을 수 있습니다. 한편 인도 정부는 2020년 6월 새로운 인도 우주 정책을 발표하면서 정부 기관뿐 아니라 민간 기업도 우주 개발에 참여할 수 있도록 문을 열어주었습니다. 이에 우주 산업과 관련된 스타트업은 전년 대비 300%가 넘는 성장세를 보였고, 현재 최소 140개의 우주 기술 스타트업이 새롭게 등록되어 활동 중이라고 합니다. 이러한 변화를 통해 독창적이고 혁신적인 우주 기술 개발과 발전을 기대해 볼 수 있겠지요.

세계 최다 인구를 보유한 인도는 급속한 경제 성장을 이어가며 세계 다섯 손가락 안에 꼽히는 경제 규모를 자랑하고 있습니다. 그러나 1인당 GDP는 2022년 기준 2,301.418달러로 세계 138위 수준에 머물고 있습니다. 눈부신 경제 성장의 혜택이 모든 지역과 계층에 균등하게 분배되지 않아 극심한 빈부격차를 초래한 것입니다. 우주 탐사는 부유한 산업 국가들의 전유물로 여겨지며, 개발도상국들은 당장 눈앞에 닥친 사회 문제부터 해결해야 한다는 인식이 있습니다. 그렇기에 인도 정부의 우주 탐사 장려를 초강대국 지위를 추구하는 거대한 망상이라고 깎아내리며, 인도 정부가 더 이상 우주에 돈을 낭비하면 안 된다고 하는 사람들도 있었습니다. 이러한 비판은 인도가 우주 개발에 처음 뛰어들었던 1960년대부터 계속 이어졌습니다.

여전히 전기 없이 살거나 깨끗한 물을 마실 수 없고 화장실 시설을 이용하지 못하는 수억 명의 인도인들을 생각해 보면 우주 탐사는 중요한 문제가 아닐지도 모릅니다. 그러나 인도 정부가 주장해 왔듯이 과학과 기술에 대한 지출이 전방위적인 사회 개발로 이어지는 것도 사실입니다. 위성 발사 산업은 점점 더 수익성이 높아지고 있습니다. 그리고 망갈얀이나 짠드라얀 등의 발사 성공을 통해 인도는 저비용 대안이 가능하다는 것을 전 세계에 보여주며 위성 발사 산업의 중심지로 거듭나고 있지요. 이와 함께 인류의 오랜 꿈이었던 '우주 관광'이라는 사업에 본격적으로 뛰어들 준비를 하고 있습니다. 오늘날 인도가 우주 강국임을 부정하는 사람들은 없습니다. 불리한 조건 속에서도 포기하지 않고 계속해서 꿈을 꾸며 미래로 나아가는 것이야말로 중요하다는 것을 보여주는 것이 아닐까요?

인도의 힘은 무엇인가요?

대한민국에서 우리가 지금 누리고 있는 자유, 평등 그리고 보통의 삶은 저절로 이루어진 것이 아닙니다. 끊임없었던 외세의 침략, 봉건 체제, 가혹한 탄압과 수탈의 일제 강점기, 분단과 폐허의 참혹한 한국전쟁, 군부 독재 등 상상할 수도 없는 억압과 고통 속에서 민중이 저항하고 독립을 갈구했고 순국열사의 희생과 민주주의에 대한 열망으로 오늘날의 경이로운 기적을 만들어 낼 수 있었던 것입니다. 대한민국은 한국전쟁 이후 1인당 소득이 60여 달러 밖에 안되는 원조 없이는 살 수 없었던 최빈국이자 원조 수원국에서 이제는 당당히 원조 공여국이 된 나라로, 지금은 경제뿐만 아니라 문화강국으로도 눈부시게 성장한 선진국입니다. 물론 '한강의 기적' 이면에는 수많은 노동자의 희생이 있으며 빈부격차, 경쟁 심화, 스트레스 및 자살률 증가 등 부작용도 만만치 않았습니다. 그럼에도 불구하고 우리 대한민국은 제한된 자원과 분단된 좁은 국토에서 어떻게 지금을 일구어낼 수 있었을까요?

우리의 힘은 사람과 사회입니다. 그 핵심은 그때 그 시절에 필요한 사람과 충과 효를 근간으로 한 사회적 역동성과 도전정신이라고 할 수 있을 것입니다. 그 사람은 한의 정서를 갖고 효와 명예를 중시하며 빠름을 미덕으로 삼고 두려워하지 않는 깡과 쓰러지지 않는 용기로 두려움을 넘어 억척스럽게 살고 배우며 자식에 대한 희생으로 살았습니다. 그리고 그 사회는 정이 많으며 충과 권위를 중시하고 역동과 변화를 요구하며 실패에 대한 책임을 지게 하고 노동의 소중함을 강요하며 경쟁을 유도하고 절망 속에서 희망을 꿈꾸게 하였습니다. 지금 우리가 숨쉬는 당연한 이 하루는 그때 그 시절 그 사람과 그 사회가 꿈꾸던 날이었을 지도 모릅니다.

지금 우리에게 비친 인도의 모습은 열악해 보일 수도 있지만 인도는 유구한 역사와 찬란한 문화를 가진 대국입니다. 인도는 수많은 외침과 지배, 수탈과 분열로 얼룩진 영국 지배 시기, 인도-파키스탄 분리와 대립, 주변 국가와의 종교 및 국토 분쟁 등 갈등과 반목의 상황 속에서 심오한 사상과 철학, 포용과 용서, 다름에 대한 이해 등을 통해 어느덧 세계 5대 경제 대국의 반열에 올라섰습니다. 인도는 냉전 체제에서도 제3세계 비동맹을 이끌며 중도를 선택하고 실리를 추구하는 국가로, 느리지만 절대 멈추지 않으며 묵묵히 견뎌내고 나아가는 사회입니다. 물론 계급과 계층, 종교, 성, 인종 등 수많은 갈등, 극심한 빈부격차, 인권 침해, 실업률 증가 등 결코 쉽게 풀리지 않는 문제들도 산적해 있습니다. 그럼에도 불구하고 인도는 다양한 갈등 속에서도 어떻게 내일을 꿈꿀 수 있을까요? 풀어야 할 숙제가 많은 인도이지만 인도의 미래는 '장밋빛'이라는데, 그 이유는 무엇이고 그러한 힘은 어디에서 나오는 것일까요?

우선 인도는 젊고 거대한 인구를 가진 어마어마한 내수시장을 가진 국가입니다. 중위 연령이 28세이며 인구의 절반이 30세 미만이고 매분마다 50여 명의 아기 울음소리가 끊임 없이 들리는 세계에서 가장 젊은 나라로 고령화라는 단어를 모르고 삽니다. 그렇다고 많은 인구 자체로 장밋빛인 것은 아닙니다. 빈부 격차가 심하고, 일자리가 없는 사람들이 많으며, 저소득층의 교육과 의료 서비스도 불충분합니다. 그러나 인도는 세계 최대 농산품 수출 국가로 자급자족이 가능하며, 제도적으로는 무상의무교육이 있으며, 기업들의 대인도 투자에 속도가 붙어 실업률은 줄어들 것으로 보입니다. 정부의 대대적인 인프라 구축, 행정적 제도 개선, 기초 교육 및 노동 숙련도 향상, 저렴한 인건비 등은 더 많은 양질의 일자리를 제공하게 되며, 그들은 빈곤에서 탈출하여 중산층으로 도약하고 다시 소비하게 되는 끊임없는 생산과 소비가 이어지는 국가가 될 것입니다.

인도의 또 다른 힘의 원천은 외교정책이라 할 수 있습니다. 냉전 체제 속에서도 어느 진영에도 구속되지 않는 비동맹 외교를 펼치면서 인도는 제3세계 맹주국으로 우뚝 섰습니다. 그를 기반으로 지금도 러시아, 중국, 미국 등에 치우치지 않는 등거리 외교를 통해 실리를 추구하고 있는 국가가 바로 인도입니다. 외교정책은 원자력 개발에도 큰 영향을 미쳤습니다. 이미 핵을 보유한 강대국들에게만 유리한 핵확산금지조약에도 인도는 서명하지 않았습니다. 경제 개발을 위한 핵개발을 강조하면서 핵실험을 추진하는 인도를 사찰할 수 있었을까요? 인도는 핵무기확산금지조약 가입국이 아니기 때문에 사찰의 대상이 되지 않습니다.

인도는 비단 IT 정보기술뿐만 아니라 BT 생명공학기술, ST 우주항공기술, CT 문화기술 강국으로 알려져 있습니다. 세계 주요 IT 기업의 CEO가 인도인인 것은 이제 더 이상 뉴스거리가 아닐 정도로 그들의 활약은 대단합니다. 인도의 BT 산업이 아직은 저렴한 비용을 무기로 아웃소싱과 임상연구, 복제약으로 성장하고 있지만 앞으로는 백신, 바이오시밀러 등 특허와 기술에 있어서도 크게 성장하여, 2030년에는 300억 달러까지 성장할 것으로 예측합니다. 또한 인도는 우주항공기술에 있어서도 영화 〈마션The Martian〉의 제작비보다 저렴한 비용으로 화상 탐사선을 보냈을 뿐만 아니라 최근 2023년에는 세계 최초로 달의 남극의 비밀을 풀 달 탐사선까지 발사한 국가이기도 합니다. 무엇보다도 인도는 유구한 역사와 전통 속에 심오한 사상과 철학으로 무장한 나라입니다. 또한 아름다운 자연과 문화유산, 세계 최대 영화 제작 및 방송 채널 등 미디어 강국이자 문화강국이기도 합니다.

인도는 정부 주도로 세계 최대의 생체 인식 ID 프로그램인 아다르Aadhaar 카드를 도입하였습니다. 이제는 인도에 거주하는 사람이라면 모두가 디지털화된 자신의 고유한 식별 번호를 가지고 모바일 폰 개설, 은행계좌 개설, 임금, 대출, 물품 구매 및 거래, 연금, 보험, 복지 등에 모두가 쉽게 접근할 수 있도록 디지털 플랫폼을 구축하였습니다. 이전의 신분증은 발급 및 용도가 제한적이었고 이를 통한 복지 등의 거래가 부정하게 사용되기 일쑤였으나, 이제는 생체인식 프로그램을 통해 그 발급과 사용을 투명하게 하였습니다. 비록 보안과 개인정보보호 등 풀어야 할 과제도 있지만 아다르 카드로 인한 인도의 일상적인 삶은 크게 바뀌었을 정도로 많은 것이 투명하고 신속하게 진행되고 있습니다.

그리고 저렴한 데이터를 통한 모바일 인터넷 접속은 지식과 정보 접근의 용이성뿐만 아니라 가치의 공유 및 변화를 이끌고 있습니다. 교통과 전기 인프라가 미흡한 인도에서 모바일 폰은 다른 전자 제품에 비해 다양한 방법으로 쉽게 충전하며 TV와 컴퓨터가 없어도 소통뿐만 아니라 정보와 지식을 습득하게 하고 손쉬운 디지털 거래를 실현시키며 다른 이들의 삶을 관찰하고 비교하는 다름이 투영되는 거울로도 기능하여 자신의 가치와 생각을 표출하는 등 엄청난 삶의 변화를 이끌고 있습니다. 또한 인도정부는 디지털 인디아, 클린 인디아, 메이크 인 인디아 등 다양한 정책 도입과 시행을 통해 변화할 수 있는 사회적 분위기를 조성하고 지원하고 있어, 인도의 청사진은 머나먼 얘기가 아닐 것입니다.

한편으로 인도는 정치적으로 사회적으로 그리고 경제적으로 우호적인 환경뿐만 아니라 조용하고 강한 또 다른 힘이 있습니다. 그것은 유대의 힘, 믿음의 힘 그리고 명상의 힘입니다. 인도인의 유대는 가족과 커뮤니티에서 시작합니다. 그것은 나와 세상을 연결해주는 다리로 가족에 대한 사랑과 커뮤니티에 대한 결속으로 이어지며 나의 정체성 형성과 자존감을 높여주는 혈연관계입니다. 그곳에서 개개인은 교육받으며 정보를 얻고 기회를 얻으며 결혼하고 삶을 마감합니다. 물론 이런 유대감으로 인한 문제도 있습니다. 자신의 가족과 커뮤니티가 아닌 곳에서는 연결고리가 약하다는 것입니다. 그렇지만 인도인은 개인적이며 소외될 수 있는 디지털 시대에도 가족과 커뮤니티 속에서 유대의 힘을 은밀히 지켜가고 있습니다.

인도인이 믿음이 강하다는 것도 힘의 원천이 됩니다. 인도는 인종, 종교, 카스트, 언어, 문화 등이 다양하여도 신념을 갖고 자신의 길을 걸어갑니다. 설령 자신의 판단에 근거가 부족하더라도 그 믿음은 결코 타협의 대상이 아닙니다. 그리고 사회는 그것을 용인하고 받아줍니다. 그래서 인도 곳곳에는 우리의 상식으로는 이해하기가 힘든 많은 일들이 있습니다. 그 일은 누군가가 알아주는 것이 아니더라도, 효율적이지 않더라도, 경제성이 없더라도 스스로 부끄러워하지 않습니다. 그 일은 묵묵히 견뎌내는 업이며 사명이기에 결단코 자신의 믿음과 사랑을 배반하지 않습니다. 지금은 비록 세상이 원하거나 존중하는 일은 아니지만 그것은 인도의 무너지지 않는 근간이며 힘입니다. 인도인은 분석과 예측의 빅데이터 시대에도 신에 대한 사랑과 자신의 업을 부정하지 않는 믿음의 힘을 키워가고 있습니다.

인도인에게는 명상의 힘이 있습니다. 인도는 없기도 하며 무한이기도 한 숫자 0의 개념을 도입하였습니다. 아무것도 남지 않으나 사라지지도 않는 영원의 0은 아마도 삶과 죽음 사이에서 고통받고 갈등하는 가운데 참된 자아를 찾으려는 인도인의 성찰하는 사고와 유관해 보입니다. 인도인은 조화와 균형을 통해 몸과 마음이 하나가 되는 상태인 요가를 즐기며 두려움과 걱정에서 벗어나 내면의 평화를 추구하며 자신을 치유하는 명상을 중요하게 생각합니다. 명상은 억지로 도망가거나 통제하는 것이 아니며, 있는 그대로 자아의 모습을 통해 삶의 고통과 분노에서 벗어나 있는 자신을 발견하게 합니다. 명상은 방법에 따라 기도일 수도, 자신에 대한 사랑일 수도 마음의 파도를 타고 있는 호흡일 수도 있으며 참된 행복일 수도 있습니다. 인도인은 수천 년 동안 요가와 명상을 통해 마음의 평화를 추구하며 번뇌에서 벗어나려 한 힘이 있습니다. 인도인은 우리 사회를 뒤바꿀 수 있는 생성 AI의 등장에도 그 존재를 부정하지 않고 자신을 해방시키며 진정한 자아를 찾는 명상의 힘을 잃지 않고 있습니다.

우리나라 인사말 중의 하나는 밥과 관련된 표현들이 있습니다. "식사하셨어요?", "밥 한번 먹어요." 등과 같이 밥을 먹는다는 것은 생존의 문제였으며, 함께 식사한다는 것은 소통하며 친밀한 관계를 맺는 문화입니다. 우리는 한 집에서 함께 밥을 먹으면 식구라 하였습니다. 한국인의 힘은 밥심이라고도 하듯이, 한국인은 끼니를 거르지 않으며 나 홀로가 아닌 우리로서 함께 걸어오며 지금의 대한민국을 만들 수 있었습니다. 그러나 한편으로는 그러하였기에 우리 사회에서 다름은 불편하고 부정한 것으로 여기는 경향도 있었습니다. 그러나 이제 한국 사회는 다름을 인정하고 받아들이며, 그들도 함께 밥을 먹는 식구로 생각할 때가 된 것 같습니다. 우리는 정이 있는 사회이기에 일단 다름을 너그럽게 받아들이기만 한다면 한국인 특유의 따뜻함으로 함께 걸어가며 성장이 멈추지 않는 나라가 될 것입니다.

인도는 그 어느 곳보다 다름을 인정하는 수많은 다양성을 가진 사회입니다. 그러나 그 다름에 대한 인정은 어쩌면 같은 사람들끼리만 밥을 먹는 것이고, 다르면 함께 들지 않는다는 당연함에서 출발한 것일 수도 있습니다. 다름은 결코 인정에서만 끝나는 것이 아닙니다. 다름이 있는 사회는 자칫 차별의 정당성을 주는 빌미를 제공할 수도 있기 때문입니다. 인도는 다름에 대한 인정과 더불어 존중이 필요한 사회가 되어야 합니다. 그 존중은 서로 다름에도 불구하고 모두가 함께 밥을 먹는 식구에서 출발할지도 모릅니다. 나와 다르지만 내 식구가 될 수 있다는 인식의 변화가 이제는 필요해 보입니다. 인도는 다름을 받아들이는 사회이기에 일단 서로를 존중하기만 한다면 인도인 특유의 포용으로 무섭게 변화하며 세계를 이끄는 나라가 될 것입니다. 그간 인도가 다름을 인정하며 사회 속에 포용하였다면, 이제는 다름을 존중하며 가정 속에 포용하는 인식의 변화가 필요해 보입니다.

인도의 초경제대국 진입을 의심하는 이는 없습니다. 그러나 인간의 존엄성과 가치가 보장된 공정하고 평등한 사회 구현은 아직은 멀어

보이기만 합니다. 그간 우리 사회는 하나를 위해 다른 하나를 희생하였습니다. 그러나 희생의 대가와 분배는 결단코 공정하지 않았습니다. 우리는 항상 희생을 대가로 미래를 꿈꾸어왔습니다. 이제는 모두가 양보하고 내려놓으며 함께 변화할 때입니다. 내가 아닌 우리라는 생각, 서로 존중하는 마음, 숙명을 넘어 저항할 수 있는 용기만이 행복하고 아름다운 사회를 만들 것입니다. 서로에게 따뜻하고 끈끈하며 서로를 신뢰하고 서로의 갈등을 치유하는 그 힘이 나 자신이 아닌 우리를 위해서 드러나는 것, 그것이야말로 진정한 힘일 것입니다.

참고문헌

고태진(2012). "힌디어에 나타나는 코드 스위칭에 관한 연구", 『인도연구』, 17(2), 83-125.
_____(2014). "힌디어의 범위와 딜레마: 언어학적 측면과 언어 정책을 중심으로", 『남아시아연구』, 19(3), 1-12.
_____(2016). "국어로서 힌두스타니어에 대한 연구: 필요성과 국내에서의 번역교육을 통한 미래 준비", 『통번역교육연구』, 14(1), 23-52.
_____(2020). "우르두어의 딜레마: 델리에 거주하는 무슬림의 언어 사용과 인식을 중심으로", 『국제언어문학』, 47, 413-441.
고태진, 김도훈(2016). "인도영어, 왜 통역하기 힘든가? 힝글리시와 따밀리시의 음운적 특성을 중심으로", 『통번역교육연구』, 14(3), 171-192.
고태진, 이동원(2023). "힌디어 외래어 표기법 시안 개발 연구", 『남아시아연구』, 29(3), 1-29.
구하원, 박금표, 이동원(2020). 『인도인의 역사인식과 신남방정책』. 서울: 경제·인문사회연구회.
권기철(2020). 『인도 상식사전』. 서울: 길벗.
김경학 외(2007). 『글로벌 시대의 인도인 디아스포라』. 서울: 경인문화사.
김도영(2006). 『내가 만난 인도인』. 부산: 산지니.
김영규 외(2004). 『힌디어 발달사』. 서울: 한국외국어대학교출판부.
김형준(1998). 『인도 신화』. 서울: 청아출판사.
노영현(2023). "'위성 손님' 태우고 날았다…독자 기술 누리호 '뉴 스페이스' 첫발", (『일요신문』, 2023.05.26.).
류경희(2016). 『인도 힌두신화와 문화』. 서울:서울대학교출판문화원.
박금표(2018). "인도 신여성의 근대적 정체성: 간디와 사리(Sari)", 『인도철학』 52, 169-207.
박금표(2019). 『다시 읽는 인도사 108장면』. 서울: HUINE.
박정석(2007). 『카스트를 넘어서』. 서울: 민속원.
오화석(2010). 『구석구석 만져보는 인도이야기: 사리 속치마를 벗기다』. 서울: 매경출판.
유발 하라리(2022). 『21세기를 위한 21가지 제언』. 파주: 김영사.
유창엽(2023). "인도 달탐사 찬드라얀 3호 비용 900억대…'가성비' 비결은", (『연합뉴스』, 2023.08.25.).
이동원(2018). "라마 이야기 전통에서 뜨리자따의 변모 양상과 다르마", 『인도철학』, 54, 241-270.
_____(2019). "『라마야나』에 나타난 아슈와메다 야갸와 다르마", 『인문사회21』, 10(2), 1171-1184.
이영재(2012). "이제는 우주다, 항우연을 국가개발연구원에 집어넣겠다고?", (『신동아』, 2012.09.25.).

이옥순(2003). 『인도에는 카레가 없다』. 서울: 책세상.
이은구(2003). 『인도입문』. 서울: 가온.
인도연구소 언어문학분과 연구팀(2020). 『인도 언어 지도』. 서울: 한국외국어대학교 지식출판콘텐츠원.
임선영(2023). "모국에 113조 쏟다, 인도 파워, 구글·스벅·샤넬에 英총리도 접수", (『중앙일보』, 2023.01.09.).
전혜민(2020). "유엔 여성지위원회 1995년 베이징 선언 재확인", (『여성신문』, 2020.03.10.).
지연정(2023). "인도 출신, 정재계에서 맹활약 하는 이유, '다중언어'로 친밀감을 쌓다", (『교수신문』, 2023.01.13.).
최영진(2016). "인도 출신 CEO들의 무기 '주가드'", (『중앙일보』, 2016.10.11.).

Achaya, K. T. (1998). Indian Food: *A Historical Companion*. New Delhi: Oxford University Press.
Adluri, V., & Bagchee, J. (Eds.). (2011). *Reading the Fifth Veda: Studies on the Mahābhārat -Essays by Alf Hiltebeitel*, Volume 1. Leiden and Boston: Brill.
Arafath, P. K. Y., & Arunima, G. (2022). *The Hijab Islam, Women and The Politics of Clothing*. New Delhi: Simon & Schuster India.
Asokan, T., & Kasinathan, O. (2023). "The Nehru Era and Its Impact on Indian Space Research and Education", *Journal of Language and Linguistic Studies*, 16(3), 1661-1666.
Auerbach, A. M., Bussell, J., Chauchard, S., Jensenius, F. R., Nellis, G., Schneider, M., ... & Ziegfeld, A. (2022). "Rethinking the study of electoral politics in the developing world: Reflections on the Indian case", *Perspectives on Politics*, 20(1), 250-264.
Ayoob, M. (2020). "The Rise of Hindu Nationalism in Historical Perspective", *India Review*, 19(4), 414-425.
Baloch, B., & Vaishnav, M. (2020). "Introduction to a Special Issue of India Review: The Consequences of The 2019 Indian General Election For Politics and Policy In India", *India Review*, 19(2), 109-116.
Basu, B. (2020). "The people fighting 'light skin' bias", (BBC, 2020.08.19.).
Bhardwaj, M., Ranjan, A., & Sharma, J. (2024). "Curriculum and NEP 2020: Perspectives and Inter-connections", *Indian Journal of Public Administration*, 70(2), 237-255.
Bhat, R. M. (2022). "Historical Review of Indian Constitution", Traditional Journal of Law and Social Sciences, 1(02), 100-110.
Bose, M. (Ed.). (2004). *The Rāmāyaṇa Revisited*. Oxford and New York: Oxford University Press.
Carter, J. (2022). "Traditional Inequalities and Inequalities of Tradition: Gender, Weddings, and Whiteness", *Sociological Research Online*, 27(1), 60-76.
Chakrabarty, B., & Pandey, R. K. (2023). *Indian Political System : Institutions and Processes*. New Delhi: Routledge India.
Chatterjee, C. (2023). *The Partition of the Indian Subcontinent (1947) and Beyond : Uneasy Borders*. Abingdon: Routledge, Taylor & Francis Group.

Chatterjee, D. (2021). "Sartorial politics from street to screen: female leaders in India and Bollywood design", In *The Routledge Companion to Fashion Studies*, Abingdon: Routledge, 391-400.

Chatterjee, S., Chaudhuri, R., & Vrontis, D. (2024). "Influence of jugaad culture on business sustainability in India", *Asian Business & Management*, 23(2), 287-311.

Christoper, J. (1997). *Dying the good death : the pilgrimage to die in India's Holy City*. New York: State University of New York Press.

Committee on the Status of Women in India (1974). *Towards Equality: Report of the Committee on the Status of Women in India*. New Delhi: Government of India, Ministry of Education and Social Welfare.

Dalal, R. (2014). *Hinduism: An Alphabetical Guide*. Gurgaon: Penguin Books India.

Doron, A., & Jeffrey, R. (2018). *Waste of a Nation: Garbage and Growth in India*. Cambridge, Massachusetts, and London: Harvard University Press.

Eck, D. L. (1992). *Banaras: City of Light*. New Delhi: Penguin Books India.

Fitzgerald, J. L. (2003). *The Mahabharata*. Chicago: University of Chicago Press.

Gonda, J. (Ed.). (1975). *A History of Indian Literature: Vedic Literature*. Wiesbaden: Otto Harrassowitz.

Gonda, J. (Ed.). (1977). *A History of Indian Literature: Medieval Religious Literature in Sanskrit*. Wiesbaden: Otto Harrassowitz.

Gopal, S. (2019). *Jains in India : Historical Essays*. New Delhi: Manohar.

Gupta, D. (2000). *Social Stratification*. New Delhi: Oxford University Press.

Gupta, M. (2015). *Women, Power and Leadership: Case Studies of Indira Gandhi, Margaret Thatcher and Golda Meir*. New Delhi: Partridge Publishing India.

Gupta, S. (2024). "Big fat Indian wedding drives $130 billion industry, average spend/nupital at Rs 12.5 lakhs", (Times of India, 2024.06.25.).

Gupta, S. P., & Ramachandran, K. S. (Eds.). (1957). *Mahābhārata: Myth and Reality*. Delhi: Agam Prakashan.

Harris, M. (1992). "The Cultural Ecology of India's Sacred Cattle", *Current Anthropology*, 33(1), 261-276.

Hiltebeitel, A. (2001). *Rethinking the Mahābhārata*. Chicago: University of Chicago Press.

Hiltebeitel, A. (2021). *World of Wonders: The Work of Adbhutarasa in the Mahabharata and the Harivamsa*. New Yorl: Oxford University Press.

Hopkins, E. W. (1993). *The Great Epic of India: Character and Origin of the Mahabharata*. Delhi: Motilal Banarasidass Pulbishers.

Jain, P., & Long, J. D. (2023). *Modern Jainism : a Historical Approach*. Singapore: Springer Nature Singapore Pte Ltd.

Judd, D. (2004). *The Lion and the Tiger : the Rise and Fall of the British Raj, 1600-1947*. Oxford: Oxford University Press.

Kapur, R. (2024). The Ayodhya case, freedom of religion, and the making of modernist 'Hinduism'. *Contemporary South Asia*, 32(1), 10-25.

Khan, Y. (2007). *The Great Partition: the Making of India and Pakistan*. New Haven: Yale University Press.

Khanna, D., & Peterson, A. (2023). "State-Led Education Reform in Delhi, India a Case Study of the Happiness Curriculum", *Center for Universal Education*, February, 1-19.

King, C. R. (1995). *One Language, Two Scripts: The Hindi Movement In Nineteenth Century North India*. New Delhi: Oxford University Press.

Lipner, J. (1994). *Hindus: Their Religious Beliefs and Practices*. London: Routledge.

Lodrick D. O. (1981). *Sacred Cows, Sacred Places: Origins and Survivals of Animal Homes in India*. Berkeley, Los Angeles, and London: University of California Press.

Manhas, A. (2023). "Honour Killings: Socio-Legal Aspects". *Indian Journal of Integrated Research in Law*, 3(1), 157-162.

McLeod, J. (2020). *Modern India*. California: ABC-CLIO.

Menon, N. (2001). *Gender and Politics in India*. New Delhi: Oxford University Press.

Michaels, A. (2004). *Hinduism: Past and Present*. Princeton and Oxford: Princeton University Press.

Mittal, S., & Thursby, G. R. (2017). *Religions of India: an Introduction*. London: Routledge.

Mogul, R., & Suri, M. (2023). "What's in a name? India's Modi sits behind 'Bharat' placard at G20 summit", (*CNN*, 2023.09.09.).

Mukhopadhyay, N. (2021). *The Demolition and the Verdict: Ayodhya and the Project to Reconfigure India*. New Delhi: Speaking Tiger.

Nagla, B. K. (2020). "Problems of Sanitation in India: Does Culture Matter?", *Sociological Bulletin*, 69(2), 252-269.

Nielsen, K. B. (2024). "Vegetarianism, Meat and Modernity in India", *Journal of Contemporary Asia*, 54(2), 358-360.

Nigam, A. D. S. (2023). *Dowry Is a Serious Violence: Rethinking Dowry Law in India*. Delhi: Shalu Nigam.

Nursetiawati, S., Siregar, J. S., & Josua, D. P. (2022). "The New Implementation of Urban Wedding during The Covid-19 Pandemic in Improving Families Environmental Adaptation", *Journal of Positive Psychology and Wellbeing*, 6(1), 2283-2292.

Olivelle, P, (2004). *The Law Code of Manu. Oxford World's Classics*. Oxford: Oxford University Press.

Olson, C. (2007). *The Many Colors of Hinduism: A Thematic-historical Introduction*. New Jersey: Rutgers University Press

Olson, C., & Prebish, C. S. (2009). *Historical Dictionary of Buddhism*. London: Scarecrow Press.

Panchang, S. V. (2021). "Beyond Toilet Decisions: Tracing Sanitation Journeys among Women in Informal Housing in India", *Geoforum*, 124, 10-19.

Pandey, G. (2016). "#unfairandlovely: A new social campaign celebrates dark skin", (BBC 2016.03.12.).

Parel, A. (1969). "The political symbolism of the cow in India", *Journal of Commonwealth Political Studies*, 7(3), 179-203.

Patel, M. (2006). *Muslims in India*. Philadelphia: Mason Crest Publishers.

Pathania, G. J., Jadhav, S., Thorat, A., Mosse, D., & Jain, S. (2023). "Caste Identities and Structures of Threats", *CASTE: A Global Journal on Social Exclusion*, 4(1), 3-23.

Paulicelli, E., Manlow, V., & Wissinger, E. (2022). *The Routledge Companion to Fashion Studies*. Abingdon: Routledge.

Pender, S. R. (2022). *The 1857 Indian Uprising and the Politics of Commemoration*. New York: Cambridge University Press.

Penkower, L., & Pintchman, T. (Eds.). (2014). *Hindu Ritual at the Margins: Innovations, Transformations, Reconsiderations*. Columbia: University of South Carolina Press.

Preston, D., & Preston, M. (2007). *Taj Mahal: Passion and Genius at the Heart of the Moghul Empire*. New York: Walker.

Raaflaub, K. A. (Ed.). (2014). *Thinking, Recording, and Writing History in the Ancient World*. West Sussex: John Wiley & Sons.

Radjou, N., Prabhu, J., & Ahuja, S. (2010). "Jugaad: A New Growth Formula for Corporate America", (*Harvard Business Review*, 2010.01.26.).

Rajya Sabha Secretariat (2012). *Selected Speeches of Women Members of the Constituent Assembly*. New Delhi: Rajya Sabha Secretariat.

Ranavaade, V. P., & Karolia (2016). "The Study of the Indian Fashion System with Special Emphasis on Women's Occasion Wear", *International Journal of Textile And Fashion Technology* 6(4), 19-34.

Rao, P. B. M., & Radhakrishnan, P. (2012). *A Brief History of Rocketry in ISRO*. Hyderabadi: Orient Blackswan.

Richman, P. (Ed.). (1991). *Many Rāmāyaṇas: The Diversity of a Narrative Tradition in South Asia*. Berkeley: University of California Press.

Richman, P. (Ed.). (2008). *Ramayana Stories in Modern South India: An Anthology*. Blomington and Indianapolis: Indiana University Press.

Römer, S. (2008). *The Tibetan Government-in-Exile: Politics at Large*. New York: Taylor & Francis.

Saldanha, L., & Krishnaswamy, S. (2024). "Vegetarianism, Traditional Practices, and Belief Systems in India", *Nutrition Today*, 59(4), 142-148.

Saluja, A. (2023). "Education for Social justice: A Critique of National Education Policies of India", *Policy Futures in Education*, 21(2), 136-144.

Sarao, K. T. S. (2012). *The Decline of Buddhism in India: a Fresh Perspective*. New Delhi: Munshirm Manoharlal Publishers.

Sarfraz, I., Anwar, T., & Afzal, R. (2024). "Rise of Hindu Nationalism in Contemporary India:

An Analysis of Muslim Marginalization", *Journal of Development and Social Sciences*, 5(2), 218-225.

Saxena, S. (2023). "Policing Sati: Law, Order, and Spectacle in Postcolonial India", *Law and History Review*, 41, 341 – 363.

Sen, C. T. (2022). *Ashoka and the Maura Dynasty : the History and Legacy of Ancient India's Greatest Empire*. London: Reaktion Books.

Sharma, A. (1988). *Sati: Historical and Phenomenological Essays*. Delhi: Motilal Banarsidass.

Singh, N. (2009). *Indian Political System*. New Delhi: Omega Publications.

Sud, V., Mogul, R., Pratap, R., & Goel, A. (2022). "A trash heap 62 meters high shows the scale of India's climate challenge", (*CNN*, 2022.12.11.).

Sukumar, N. (2023). *Caste Discrimination and Exclusion in Indian Universities: A Critical Reflection*. London: Routledge.

Swargiary, K. (2023). *Evolution of Educational Policies in India: A Comparative Analysis of NEP*. London: LAP.

Talbot, I., & Singh, G. (2009). *The Partition of India*. Cambridge: Cambridge University Press.

Tapsell, R. (2021). "Social Media and Elections in Southeast Asia: The Emergence of Subversive, Underground Campaigning", *Asian Studies Review*, 45(1), 117-134.

Thapar, R. (2013). *The Past before Us: Historical Traditions of Early North India*. Cambridge, Massachusetts, and London: Harvard University Press.

Underhill, M. M. (1991). *The Hindu Religious Year*. New Delhi and Madras: Asia Educational Services.

Wagner, K. A. (2016). *Rumours and Rebels : a New History of the Indian Uprising of 1857*. Oxford: Peter Lang.

Wattles, J., Suri, M., & Sud, V. (2023). "India becomes the fourth country ever to land a spacecraft on the moon", (*CNN*, 2023.08.24,).

Willis, M. D. (2009). *The Archaeology of Hindu Ritual: Temples and the Establishment of the Gods*. Cambridge: Cambridge University Press.

Department of Drinking Water and Sanitation. Swachh Bharat Mission (https://swachhbharatmission.ddws.gov.in/).

Government of India. National Council of Educational Research and Training (NCERT, www.ncert.nic.in).

Indian Space Research Organisation ((ISRO). Department of Space (https://www.isro.gov.in/).

Office of the Registrar General & Census Commissioner. Census of India (https://censusindia.gov.in/census.website/).

Unique Identification Authority of India. Aadhaar Card (https://uidai.gov.in/en/).

사진 출처

14쪽   https://swachhbharatmission.ddws.gov.in//themes/custom/repo-theme-master/images/defaultBanner.jpg
16쪽   https://commons.wikimedia.org/wiki/Category:125_feet_Ambedkar_Statue,_Hyderabad#/media/File:125_feet_Ambedkar_Statue_in_Hyderabad,_Telangana_(cropped).jpg/2
23쪽   강물에 버려진 쓰레기, 사진제공 이동원
27쪽   연료용 말린 소똥, 사진제공 이동원
29쪽   인도 길거리의 소, 사진제공 이동원
38쪽   신랑 행렬, 사진제공 박수형
39쪽   화려하고 성대한 인도 결혼식, 사진제공 박수형
42쪽   붉은 색으로 꾸민 인도 신부, 사진제공 이동원
49쪽   https://commons.wikimedia.org/wiki/File:Himachali_people_covered_in_holi_colours,_dancing._01.jpg
50쪽   디왈리 축제 넷째 날 소똥으로 고바르단 산을 만드는 모습, 사진제공 이동원
58-59쪽 https://commons.wikimedia.org/wiki/File:Dasavatar,_19th_century.jpg
60쪽   힌두교 신과 씨크교 창시자가 함께 있는 인도 가정집의 뿌자가르, 사진제공 이동원
68쪽   https://paisaboltahai.rbi.org.in/rupees-ten.aspx
75쪽   "경적을 울려 달라"고 써있는 스쿨버스, 사진제공 이동원
90쪽   https://commons.wikimedia.org/wiki/File:Current_FSSAI_Veg_and_Non-veg_Labels.svg
91쪽   https://freefoodphotos.com/imagelibrary/bread/basmati_rice.jpg
94쪽   북인도 탈리, 사진제공 이종석
94쪽   남인도 탈리, 사진제공 박혜성
99쪽   인도의 주류 판매점, 사진제공 박혜성
103쪽   https://austria-forum.org/attach/Geography/Asia/India/Pictures/Konark/Konark_-_The_Sun_Temple_Ornamented_Wheel_5/DSC02167KonarkSonnenTempel.jpg
113쪽   바라나시 갠지스강의 화장터, 마니까르니까 가뜨, 사진제공 박혜성
117쪽   https://dwaraka.files.wordpress.com/2022/02/sadiq_bhima_uccide_lelefante_asvatthama_india_del_nord_periodo_mogul_1598.jpg?w=1146
131쪽   https://commons.wikimedia.org/wiki/File:Caste_reservations_in_India.png
135쪽   https://commons.wikimedia.org/wiki/File:Indira-Gandhi-in-Finland-1983.jpg
143쪽   https://commons.wikimedia.org/wiki/File:Styles_of_Sari.jpg
144쪽   일상에서 전통의상을 입는 인도 여성들, 사진제공 이동원
146쪽   https://commons.wikimedia.org/wiki/File:Pink_hijab_libya.jpg

147쪽 무슬림 여성의 가리개. 왼쪽에서부터 히잡, 차도르, 니캅, 부르카, AI생성
154쪽 세계문화유산으로 등재된 고아의 봄 지저스 대성당(The Basilica of Bom Jesus), 사진제공 이춘호
161쪽 https://commons.wikimedia.org/wiki/File:Madras_Sepoys,_1791.jpg
164쪽 https://commons.wikimedia.org/wiki/File:The_hanging_of_two_participants_in_the_Indian_Rebellion_of_1857..jpg
169쪽 짜이를 파는 짜이왈라, 사진제공 박혜성
172쪽 크리켓 선수, AI생성
175쪽 아흐메다바드(Ahmedabad)에 위치한 세계 최대 크리켓 경기장, 나렌드라 모디 스타디움(Narendra Modi Stadium), 사진제공 차은수
177쪽 인도와 파키스탄을 나누는 와가-아따리 국경 검문소(Wagah-Attari border checkpoint)에서 매일 열리는 국기 하강식, 사진제공 김동완
183쪽 꾸뜹 아이박에 의해 착공(1199년), 그의 사위인 일뚜뜨미슈에 의해 완성된(1220년) 델리의 꾸뜹 미나르, 사진제공 이동원
196쪽 https://commons.wikimedia.org/wiki/File:Acharya5.jpg
196쪽 https://commons.wikimedia.org/wiki/File:Acharya_Shree_Mahapragya_Ji.jpg
205쪽 황금사원의 인도인 가족, 스카프로 머리카락을 가린 모습, 사진 제공: 김동완
206쪽 https://commons.wikimedia.org/wiki/File:Sikh_Vaisakhi_Festival_In_MoD_Main_Building_MOD_45162437.jpg
217쪽 https://commons.wikimedia.org/wiki/File:Raja_Ravi_Varma_-_Mahabharata_-_Bharata.jpg
218쪽 https://www.g20.in/content/dam/gtwenty/gtwenty_new/gallery/september-23/g20-summit/session-of-g20/9.jpg
220쪽 인도 가정집 벽에 놓인 가네샤 신상, 사진제공 이동원
226쪽 https://commons.wikimedia.org/wiki/File:Rama_Sita_Lakshmana.jpg
231쪽 약초가 자라는 산을 통째로 옮기는 하누만, AI생성
233쪽 하누만 사원, 사진제공 박금표
235쪽 https://cdn.s3waas.gov.in/s3cd00692c3bfe59267d5ecfac5310286c/uploads/2018/03/2018032454-1024x683.jpg
237쪽 https://theprint.in/opinion/telescope/corona-jihad-to-holy-dip-indias-tv-channels-shocked-at-kumbh-but-its-no-human-bomb/640034/
244쪽 허황옥 이야기를 소재로 한국과 인도가 공동 발행한 기념 우표(2019년 7월 30일), 우정사업본부 우표사업과
259쪽 https://wcd.nic.in/sites/default/files/The%20dowry%20Prohibition%20Act%2C%201961_Hindi%20Version.pdf
259쪽 https://commons.wikimedia.org/wiki/File:Say_no_to_dowry.jpg
264쪽 https://commons.wikimedia.org/wiki/File:Suttee._Wellcome_V0041335.jpg
273쪽 https://commons.wikimedia.org/wiki/File:Sarnath_capital.jpg

273쪽 https://commons.wikimedia.org/wiki/File:Flag_of_India.png
276쪽 샤 자한과 뭄따즈 세밀화 기념품, 사진제공 이동원
278쪽 https://commons.wikimedia.org/wiki/File:Taj_Mahal-10_(cropped).jpg
281쪽 https://tibetanparliament.org/wp-content/uploads/2023/09/0-1-1024x683.jpg
289쪽 https://commons.wikimedia.org/wiki/File:Rashtrapati_Bhavan_1.jpg
294쪽 교복을 입은 학생들, 사진제공 이동원
303쪽 https://archive.library.iitb.ac.in/files/original/7b3d4c50e7bec4663f63dcadf51a7272.jpg
307쪽 https://commons.wikimedia.org/wiki/File:Satya_Nadella,_CEO_of_Microsoft,_with_former_CEOs_Bill_Gates,_and_Steve_Ballmer.jpg
317쪽 https://www.isro.gov.in/media_isro/image/index/Chandrayaan3/MRM_4847.JPG.webp

찾아보기

ㄱ

가그라(ghagra) 143
가네샤(Gaṇeśa) 46, 50, 60, 219, 222
가뜨(ghat) 51
가우따마 싯다르타(Gautama Siddhartha) 197
가우샬라(gaushala) 28
가즈나 왕국(Ghaznavid Caliphate) 182
가지뿌르(Ghazipur) 21
가타(gatha) 208
가톨릭 고아인(Catholic Goans) 153
간다르바(Gandharva) 224
간다르바 결혼(gandharva vivāha) 215
간디 자얀띠(Gandhi Jayanti) 97, 99
갸나빠띠(Ganapati) 219
고바르단(Govardhan) 51
고바르단 뿌자(Govardhan Puja) 51
고아(Goa) 95, 98, 153, 154
고안 탈리(Goan thali) 95
공동입학시험(Joint Entrance Examination: JEE) 299
공용어 64, 66, 68, 69, 70, 128, 295
괴테(Johann Wolfgang von Goethe) 214
구루 163, 204
구루 나낙(Guru Nanak) 60, 203, 204
구리 왕국(Ghurid Caliphate) 182
구자라뜨(Gujarat) 88, 95, 98, 100, 242, 312
국가교육정책 2020(National Education Policy 2020) 294~297
국립공과대학(National Institute of Technology: NIT) 299, 310
국립교육연구훈련원(National Council for Educational Research and Training: NCERT) 293
굽따(Gupta) 263

그리하스타(Gṛhastha) 107
극궤도 우주발사체(Polar Satellite Launch Vehicle: PSLV) 318
기(ghee) 26
까냐다나(kanyādāna) 38
까또리(katori) 94
까르나따까 탈리(Karnataka thali) 95
까르나띡 전쟁(Karnatic Wars) 158
까르띠까(Kārtika) 50
까르마(karma) 102, 111, 190
까마(kāma) 38, 100, 102, 103, 107, 108
까마데누(Kāmadhenu) 25
까마수뜨라(Kāmasūtra) 103
까뱌(kavya) 221
까슈미르(Kashmir) 92, 250
까슈미리 탈리(Kashmiri thali) 95
까심(Muhammad bin-al-Qasim) 182
까우띨랴(Kauṭilya) 271
까우라바(Kaurava) 116, 217, 221
까이께이(Kaikeyī) 225
까티아와디 탈리(Kathiawadi thali) 95
까티아와르(Kathiawar) 95
깐나디가 오다(Kannadiga Oota) 94
깐바(Kanva) 215
깐바 왕조(Kanva dynasty) 273
깐뿌르(Kanpur) 163
깔끼(Kalki) 59
깔라(kala) 신 110
깔리(Kali) 여신 50
깔리 유가(kali yuga) 59, 115, 116, 118
깔빠(kalpa) 115
깨끗한 인도 운동 13, 24

께랄라(Kerala) 97, 98
께랄라 탈리(Kerala thali) 95
께발라 갸냐(Kevala Jnana) 193
께사르 슈리칸드(kesar shrikhand) 95
꼬따(Kota) 299, 300
꼬살라(Kośala) 224, 270
꾸레 왈라 22, 23, 24
꾸루끄셰뜨라(Kurukshetra) 221
꾸르마(Kūrma) 57
꾸샤(Kuśa) 227
꾼띠(Kuntī) 263
꿈꾸마(kumkuma) 42
꿈브 멜라(Kumbh Mela) 234, 236
끄리따 유가(kṛta yuga) 115, 116
끄리슈나(Kṛṣṇa) 46, 58, 117
끄샤뜨리야(Kṣatriya) 122, 191, 214, 262
낀나라(Kinnara) 224

ㄴ

나갈랜드(Nagaland) 98, 167
나라씽하(Narasimha) 57
나락 짜뚜르다시(Narak Chaturdasi) 50
나렌드라 모디(Narendra Modi) 13
나비 라드조우(Navi Radjou) 313
나식(Nashik) 235
네루대학교(Jawaharlal Nehru University: JNU) 304
누르자한(Nur Jahan) 275
니간타 나따뿟따(Nigantha Naptaputta) 193
니르바나(nirbana) 198
니르바야 사건(Nirbhaya case) 247
니캅(niqab) 146

ㄷ

다깐(Deccan) 275
다깐 원정 276
다다바이 나오로지(Dadabhai Naoroji) 209
다람샬라(Dharamshala) 279, 280
다르마(dharma) 29, 38, 44, 50, 58, 76, 100, 101, 103, 108, 116~118, 191, 217, 228, 229, 234
다르마의 왕(dharmarāja) 117
다르질링(Darjeeling) 167
다샤라타(Daśaratha) 225
다샤바따라(daśāvatāra) 57
다히(dahi) 19, 26, 95, 109
단떼라스(Dhanteras) 50
달라이 라마(Dalai Lama) 279~281
달리뜨(Dalit) 15, 253
달 바띠 쭈르마(dal baati choorma) 94
담 알루(dum aloo) 95
델리(Delhi) 21, 75, 78, 91, 98, 163, 182, 207, 246
델리 술탄국(Delhi Sultanate) 183
도사(dosa) 93
동방견문록(Il Milione) 152
두르와사(Durvāsā) 215
두빳따(dupatta) 143
두샨따(Duṣyanta) 215, 216
드라비다어족(Dravidian languages) 67
드라우빠디 무르무(Droupadi Murmu) 137, 290
드라이데이(dry day) 96, 97, 99
드로나(Droṇa) 117
드와빠라 유가(dvāpara yuga) 115, 116
디감바라(Digambara) 195
디빠왈리(Deepavali) 49
디뽀뜨사브(Deepotsav) 51
디야(diya) 50
디왈리(Diwali) 47~51, 236, 243
따따 그룹(Tata Group) 209
따따 사회과학연구소(Tata Institute of Social Sciences: TISS) 210
따밀나두(Tamil Nadu) 77, 88, 98, 168
따와(tava/tawa) 92
딴두르(tandoor) 92
땅글리시(Tanglish) 71
뗀진 갸쵸(Tenzin Gyatso) 279

뗄랑가나(Telangana) 88
뚤시다스(Tulasīdāsa) 233
뚭뗀 갸쵸(Thubten Gyatso) 279
뜨레따 유가(treta yuga) 115, 116
뜨리뿌라(Tripura) 168
띠르탕까라(Tirthankara) 194

ㄹ

라그나-빠뜨라(lagna-patra) 37
라딴 따따(Ratan Tata) 210
라마(Rāma) 44, 50, 51, 57, 58, 222~225, 227~231, 233, 242, 244, 281
라마야나(Rāmāyaṇa) 44, 58, 191, 223, 227, 232, 233, 242
라마 이야기(Rāma-kathā) 223, 227~229, 232, 233
라만 나라야난(K. C. Raman Narayanan) 16
라메스와람(Rameswaram) 111
라바(Lava) 227
라바나(Rāvaṇa) 49, 58, 224~226, 230, 234
라슈까레 따이바(Lashkar-e-Taiba: LeT) 250
라자스타니 탈리(Rajasthani thali) 94
라자스탄(Rajasthan) 20, 88, 94, 265, 299
라지브 쑤리(Rajeev Suri) 306
락샤사(Rākṣasa) 224, 226, 230
락슈마나(Lakṣmaṇa) 224~226, 231
락슈만 나라싱한(Laxman Narasimhan) 306
람 끼 빼디(Ram ki Paidi) 51
람 나트 꼬빈드(Ram Nath Kovind) 16
람 사원(Ram Mandir) 243
람짜리뜨마나쓰(Rāmacaritamānasa) 233
랑골리(rangoli) 50
루(lū) 80
루소 인디언(Luso-Indians) 153~155
루스티켈로 다 피사(Rustichello da Pisa) 152
루찌(luchi) 93
룸비니(Lumbini) 197
리나 나이르(Leena Nair) 306

리뚜(ṛtu) 77, 80
리시 수낵(Rishi Sunak) 305
리오 버라드카(Leo Eric Varadkar) 305

ㅁ

마가(Māgha) 236
마가다(Magadha) 270
마누(Manu) 57
마누법전(*Manusmriti*) 12, 13, 43, 192, 255, 263
마니까르니까 가뜨(Manikarnika Ghat) 112
마니뿌르(Manipur) 98, 167
마드리(Mādrī) 263
마라타 왕국(Maratha Empire) 165
마랴다(maryādā) 101
마르코 폴로(Marco Polo) 152
마리짜(Mārīca) 225
마살라(masālā) 35, 170
마수리(Mussoorie) 280
마우랴 제국(Maurya Empire) 153, 270, 271, 273
마운트배튼(Lord Mountbatten) 180
마울라나 아자드(Maulana Azad) 179
마하뜨마 간디(Mahatma Gandhi) 15, 97, 99
마하라슈뜨라(Maharashtra) 134
마하바라따(Mahābhārata) 58, 116, 214, 217, 220, 221, 263
마하비라(Mahavira) 193, 194
마하쁘라갸(Mahapragya) 196
마하 유가(mahā yuga) 115
만달위원회(Mandal Commission) 131
만뜨라(mantra) 110
만모한 씽(Manmohan Singh) 131
만수크 쁘라자빠띠(Mansukh Prajapati) 312
맛쓰야(Matsya) 57
망갈얀(Mangalyaan) 316, 318, 320
망고 소나기(mango shower) 80
매다(maidā) 93
메갈라야(Meghalaya) 167
메나까(Menakā) 214

메라트(Meerut) 163
메흔디(mehndi) 37, 42
몬순(kār) 78
몬순(varṣā) 77~80
무갈 제국(Mughal Empire) 60, 157, 158, 163, 183, 204, 205, 274, 277
무니르까(Munirka) 246
무슬림 13, 28, 138, 146, 153, 162, 178, 179, 180, 181, 183, 184, 185, 218, 242, 243, 250, 277
무함마드(Muhammad) 182
뭄따즈 마할(Mumtaz Mahal) 274, 277
뭄바이(Mumbai) 74, 250
미조람(Mizoram) 98, 167
미타이(mithai) 50
민족봉사단(Rashtriya Swayamsevak Sangh: RSS) 243
밋띠 쿨(Mitti Cool) 312~314

ㅂ

바가바드 기따(*Bhagavad-Gītā*) 57, 101
바나쁘라스타(Vānaprastha) 107
바라나시(Varanasi) 111, 112
바라따(Bharata) 213, 217, 220, 225, 226
바라뜨(bārāt) 37
바라뜨(Bharat) 213, 217
바라하(Varaha) 57
바르나 44
바르담마(Vardhamma) 193
바르톨로메우 디아스(Bartolomeu Dias) 152
바마나(Vāmana) 57
바부르(Babur) 183
바브리 사원(Babri Masjid) 242, 243, 250
바수데바 깐바(Vasudeva Kanva) 273
바스마띠(Basmati) 91
바스쿠다가마(Vasco Da Gama) 151, 152, 155, 156
바스쿠 다 가마의 첫 항해일지 1497-1499A
　(*Journal of the First Voyage of Vasco da Gama 1497-1499*) 152

바이 두즈(Bhai Duj) 51
바이샤(vaiśya) 122, 123, 191, 262
바하두르 샤2세(Bahadur Shah II) 158, 163
박띠(bhakti) 232, 234
발라끄리슈난(K. G. Balakrishnan) 16
발라라마(Balarāma) 58
발리(Bali) 51, 57
발리쁘라띠빠다(Balipratipada) 51
발미끼(Valmiki) 22
발미끼(Vālmīki) 223, 224, 227, 233
발스와(Bhalswa) 21
밧싸(Vatsa) 270
밧지(Vajji) 270
방글리시(Banglish) 71
방기(Bhanghi) 22
뱀(Nāga) 224
뱌사(Vyāsa) 221, 222
베다(Veda) 38, 101, 106, 232
벵갈리 탈리(Bengali thali) 95
보드가야(Bodh Gaya) 197
부공용어 66
부르카(burqa) 146
부르한뿌르(Burhanpur) 276
불가촉천민(Untouchable) 13, 15, 131, 184, 202, 289
불교 55, 58, 102, 113, 114, 115, 146, 151, 189, 190, 193, 197, 200, 201, 202, 207, 224, 269, 270, 271, 272, 281
붓다(Buddha) 58, 60, 189, 193, 197, 198, 199, 200, 234, 272
브라흐마(Brahma) 110, 115, 116, 224
브라흐마나(Brāhmaṇa, Brahmin) 105, 106, 122~124, 137, 160, 190~192, 199, 214, 262, 271, 273
브라흐마나(Brāhmaṇa) 문헌 101
브라흐마짜랴(Brahmacarya) 106
브라흐만(Brahman) 106
비나야까(Vinayaka) 219

비노드 꾸마르 반살(Vinod Kumar Bansal) 300
비댜사가르(Vidyasagar) 196
비데하(Videha) 224
비라뜨 꼬흘리(Virat Kohli) 174
비르야니(Biryani) 91
비마(Bhīma) 117
비슈누(Vishnu) 51, 57, 58, 110, 190, 224, 233
비슈와미뜨라(Viśvāmitra) 214, 224
비자야 락슈미 빤디뜨(Vijaya Lakshmi Pandit) 134
비지정어(non-scheduled language) 66
비카지 까마(Bhikhaji Cama) 209
비토바(Vithoba) 58
비하르(Bihar) 98, 193
빈디(bindi) 41, 43
빠니그라하나(pāṇigrahaṇa) 38
빠라그 아그라왈(Parag Agrawal) 306
빠라슈라마(Parashurama) 57
빠라타(paratha) 93
빠르다(pardah, purdah) 147
빠르바띠(Parvati) 219
빠르시(Parsi) 208, 209
빠리닙바나(Parinibbana) 198
빠슈찜방갈(West Bengal) 88, 97, 100
빤다바(Pāṇḍava) 116~118, 217, 221
빤두(Pāṇḍu) 263
빤자비 드레스(punjabi dress) 144
빤잡(Punjab) 28, 88, 91, 97, 144, 163
빤짜갸뱌(pañcagavya) 26
빤짜야뜨(Panchayat) 139, 255
뿌닛 렌젠(Punit Renjen) 306
뿌둣쩨리(Puducherry Pondicherry) 98
뿌뜨(put) 107
뿌뜨라(putra) 107
뿌루샤르타(puruṣārtha) 100
뿌리(puri) 93
뿌자가르(puja ghar) 59, 60
쁘라띠바 빠띨(Pratibha Patil) 137
쁘라야그라즈(Prayagraj) 111, 235

쁘레따(preta) 111
쁘뜨르(pitṛ) 111
삔다빠따(piṇḍapāta) 204
삘라이야르(Pillaiyar) 219

ㅅ

상원(Rajya Sabha) 140, 288, 289
샤꾼따(śakunta) 215
샤꾼딸라(Śakuntalā) 213, 215, 216
샤 자한(Shah Jahan) 183, 274~277
서유기(西遊記) 229
세계 금주의 날(World No Alcohol Day) 98
세계사 편력(Glimpses of World History) 135
세계힌두연맹(Vishva Hindu Parishad: VHP) 243
세포이(sepoy) 158, 159, 162, 163, 165
술탄(Sultan) 183
슈드라(Śūdra) 122, 123, 190, 191, 192, 262
슈랏다(śrāddha) 111
슈르빠나카(Śūrpaṇakhā) 225
슈베르트(Franz Peter Schubert) 214
슈웨땀바라(Śvetāmbara) 195
슛디(shuddhi) 192
슝가 제국(Shunga Empire) 273
시몬 아후자(Simone Ahuja) 313
시바(Śiva, Shiva) 신 110, 219, 220, 233
신랑 행렬 38
싸땨 나델라(Satya Nadella) 303, 306
싸띠(sati suttee) 262, 263, 264, 265
싸르나트(Sarnath) 197
싸르바다마나(Sarvadamana) 216, 217
싸리(sari) 37, 42, 142, 144, 145
싸라유(Sarayu) 51
싸마바르따나(Samāvartana) 106, 107
싸바르까르(V. D. Savarkar) 164
싸쁘따빠디(saptapadī) 38
싸찐 뗀둘까르(Sachin Tendulkar) 174
싸하스라나마(sahasranāma) 56
싼냐사(Saṃnyāsa) 108

싼딥 비슈노이(Sandeep Vishnoi) 20
싼따누 나라옌(Shantanu Narayen) 303, 306
싼스끄리뜨어 49, 56, 77, 100, 102, 106, 107, 111, 221, 223
싼자이 간디(Sanjay Gandhi) 63
싼자이 메흐로뜨라(Sanjay Mehrotra) 306
싼자이 자(Sanjay Jha) 306
쌀레카나(sallekhanā) 196
쌀와르 까미즈(Salwar Kameez) 143~145
쌍기뜨(sangeet) 38
쌍기띠(saṃgīti) 200
쏨나트(Somnath) 242
쑤그리바(Sugrīva) 225, 229
쑨다르 피차이(Sundar Picha) 302, 306
씨따(Sītā) 44, 222, 224, 225, 227, 228, 230, 234
씨크(Sikh) 28, 130, 138, 162, 163, 178, 181, 203~205, 207
씨크교 55, 60, 88, 102, 113, 163, 181, 184, 190, 203, 204, 206
씩낌(Sikkim) 98, 167
씬두르(sindoor) 41, 43
씬두르 단(Sindoor Daan) 41
씬드(Sindh) 182

ㅇ

아그니(Agni) 226
아끄바르(Akbar) 183, 184
아다르(Aadhaar) 323
아드바니(L. K. Advani) 242
아따(āṭā) 93
아랴 사마즈(Arya Samaj) 28
아랴인 12, 44, 48, 122, 221
아루나짤쁘라데시(Arunachal Pradesh) 167
아르빈드 끄리슈나(Arvind Krishna) 306
아르주만드 바노(Arjumand Bano) 275
아르타(artha) 38, 100, 102, 103, 107, 108
아르타샤스뜨라(Arthaśāstra) 104, 271
아바따라(avatāra) 56, 58, 190, 233

아베스타(Avesta) 208
아비갸냐샤꾼딸라(Abhijyānashakuntalā) 214
아쇼까(Aśoka) 226, 270, 271, 273, 274
아수라(Asura) 57, 224
아슈라마(āśrama) 105, 108
아슈밧타마(Aśvatthāmā) 117
아쌈(Assam) 100, 167
아와디어(Awadhi) 233
아요댜(Ayodhyā) 51, 227, 241, 242, 244, 250
아우랑제브(Aurangzeb) 157, 163, 183, 184, 205
아유르베다(Ayurveda) 168
아이박(Qutb al Din Aybak) 183
IPL 174
아짜랴(Acharya) 196
아쭈뜨(Achūta) 15
아후라 마즈다(Ahura Mazdah) 208
안다만 니꼬바르 제도(Andaman and Nicobar Islands) 97
안드라쁘라데시(Andhra Pradesh) 88
안뗴슈띠(antyeṣṭi) 109
안부마니 라마도스(Anbumani Ramadoss) 98
안토니우 코스타(António Luís Santos da Costa) 305
암베드까르(Ambedekar) 15, 16, 202
압바스 왕국(Abbasid Caliphate) 182
압빰(appam) 93
압사라(apsarā) 214
야마(Yama) 신 110
약샤(Yakṣa) 224
여타후진계층(Other Backward Class) 131, 132, 253
오디샤(Odisha) 88, 270
오스트로아시아어족(Austroasiatic languages) 67
와그다나(vāgdāna) 36
와벨(Archibald Wavell) 178
와벨계획안(Wavell Plan) 178
와유(Vāyu) 233
왈리(Vālī) 230
왕오천축국전(往五天竺國傳) 151
요기 아디땨나트(Yogi Adityanath) 244

우마이야 왕국(Umayyad Caliphate) 182
우빠나야나(Upanāyanam) 106
우빠니샤드(Upaniṣad) 문헌 101
웃따라칸드(Uttarakhand) 91, 167
웃따르쁘라데시(Uttar Pradesh) 21, 28, 51, 91, 235, 242, 243
웃따빰(uttapam) 93
웃자인(Ujjain) 235
유가(yuga) 115
유대교 56, 208
유디슈티라(Yudhiṣṭira) 117, 118
이들리(idli) 93
이띠하사(itihāsa) 221
이제 인도를 떠나라(Quit India) 178
인도공과대학(Indian Institute of Technology: IIT) 299
인도국가우주연구위원회(The Indian National Committee for Space Research: INCOSPAR) 316
인도 국립 법률 서비스국(National Legal Services Authority) 48
인도국민회의(India National Congress: INC) 131
인도-아랴어군(Indo-Aryan languages) 67
인도여성지위위원회(The Committee on The Status of Women In India: CSWI) 135
인도 왼손잡이 클럽(Indian Left Hander Club) 20
인도우주연구기구(Indian Space Research Organisation: ISRO) 316
인도-유럽어족(Indo-European languages) 67
인도자나따당(Bharatiya Janata Party: BJP) 140
인드라(Indra) 214
인드라 누이(Indra Krishnamurthy Nooyi) 306
인드라지뜨(Indrajit) 231
인디라 간디(Indira Gandhi) 63, 134

ㅈ

자간나타(Jagannatha) 58
자뜨까(jhaṭkā) 88
자띠(Jati) 22, 123

자와하르랄 네루(Jawaharlal Nehru) 135
자이나교 55, 88, 102, 113, 190, 193, 195, 196, 271, 272
자이딥 쁘라부(Jaideep Prabhu) 313
자항기르(Jahangir) 183, 184, 204, 275
작은 디왈리(Choti Diwali) 50
잠세뜨지 따따(Jamsetji Tata) 209
전인도무슬림연맹(All-India Muslim League: AIML) 178
조로아스터교 56, 208, 209
졸라다 로띠(jolada roti) 95
주가드(Jugaad) 309, 311, 313, 314, 315
주가드 혁신(*Jugaad Innovation*) 313
주립교육연구훈련원(State Council for Educational Research and Training: SCERT) 293
중국티베트어족(Sino-Tibetan languages) 67
중앙 티베트 정부(Central Tibetan Administration: CTA) 280
지나(Jina) 193
지정부족(Scheduled Tribe: ST) 131, 137, 290
지정어(scheduled language) 66
지정카스트(Scheduled Castes) 15, 130, 131, 253
지하드(Jihad) 249
진나(Muhammad Ali Jinnah) 180
짜나꺄(Chanakya) 271
짜라투스트라(Zarathustra) 208
짜이(chai) 166, 168, 170
짜이왈라 168, 169
짠드라얀 2호(Chadrayaan-2) 317
짠드라얀 3호(Chandrayaan-3) 317
쫄리(choli) 142
쭈흐라(Chuhra) 22

ㅊ

차도르(chador) 146

ㅋ

카락뿌르(Kharagpur) 302

카멀라 해리스(Kamala Devi Harris) 305
카미유 클로델(Camille Claudel) 214
카스트 13, 16, 48, 89, 109, 121, 123, 124, 125, 127, 128, 130, 132, 136, 137, 139, 162, 175, 191, 192, 199, 200, 203, 253, 255, 258, 271, 272, 300, 309, 324
칼리페이트(Caliphate) 182
칼리프(Caliph) 182
쿠시나가르(Kushinagar) 197
크리켓 96, 172, 174, 175
크립스(Stafford Cripps) 178
크립스제안(Cripps Proposals) 178

ㅌ
타르사막 79
탈리(thali) 93~95
티베트 망명 정부(Tibetan Government-in-Exile) 279
티베트-버마어파(Tibeto-Burman languages) 67

ㅍ
팔구나 뿌르니마(Phalguna Purnima) 48
평등을 향하여(Towards Equality) 135
프라빈드 주그노트(Pravind Jugnauth) 305
플라시 전투(Battle of Plassey) 158, 160
피로즈샤흐 메흐따(Pherozeshah Mehta) 209

ㅎ
하누만(Hanumān) 225, 229, 230, 231, 233
하리드와르(Haridwar) 111, 235, 236
하리야나(Hariyana) 88, 91, 98
하리잔(Harijan) 15
하스띠나뿌라(Hastināpura) 215
하원(Lok Sabha) 134, 140, 288
한국항공우주연구원(Korea Aerospace Research Institute: KARI) 317
혜초 스님 151, 155
홀리(Holi) 47~49, 52, 236

후마윤(Humayun) 183
히마짤쁘라데시
히마짤쁘라데시(Himachal Pradesh) 91, 98
히말라야산맥 79
히잡(hijab) 146
힌두 12, 13, 25, 28, 39, 40, 41, 89, 105, 106, 109, 112, 132, 147, 153, 155, 162, 179, 180, 181, 182, 183, 184, 185, 191, 201, 218, 242, 243, 250
힌두교 25, 26, 28, 38, 39, 41, 48, 55, 58, 60, 88, 100, 102, 109, 110, 111, 113, 115, 147, 151, 189, 191, 201, 203, 219, 221, 232, 253, 271
힌두뜨바(Hindutva) 218
힌디어 19, 66, 68, 72, 83, 126, 128, 129, 170, 213, 221, 313
힝글리시(Hinglish) 71, 127